JAMES STAVRIDIS

SEGELN GEN NORD

JAMES STAVRIDIS

SEGELN GEN NORD

ZEHN HELDENREISEN AUF DEM WEG ZU WAHREM CHARAKTER

Bibliografische Information der Deutschen Nationalbibliothek
Die Deutsche Nationalbibliothek verzeichnet diese Publikation in der Deutschen Nationalbibliografie. Detaillierte bibliografische Daten sind im Internet über http://dnb.d-nb.de abrufbar.

Für Fragen und Anregungen
info@finanzbuchverlag.de

1. Auflage 2020

© 2020 by FinanzBuch Verlag, ein Imprint der Münchner Verlagsgruppe GmbH,
Nymphenburger Straße 86
D-80636 München
Tel.: 089 651285-0
Fax: 089 652096

SAILING TRUE NORTH
Copyright © James Stavridis, 2019
All rights reserved

Die englische Originalausgabe erschien 2019 bei Penguin Press unter dem Titel *Sailing true North*.

Alle Rechte, insbesondere das Recht der Vervielfältigung und Verbreitung sowie der Übersetzung, vorbehalten. Kein Teil des Werkes darf in irgendeiner Form (durch Fotokopie, Mikrofilm oder ein anderes Verfahren) ohne schriftliche Genehmigung des Verlages reproduziert oder unter Verwendung elektronischer Systeme gespeichert, verarbeitet, vervielfältigt oder verbreitet werden.

Übersetzung: Almuth Braun
Redaktion: Karla Seedorf
Korrektorat: Anja Hilgarth
Umschlaggestaltung: in Anlehnung an das Cover der Originalausgabe Pamela Machleidt, München
Umschlagabbildung: Design: Evan@EvanGaffneyDesign.com; Background/Map: Bridgeman Images: BL66817; Compass: Getty 172656415; Ship: wiki commons/File:K-9451.jpg
Abbildungen: S. 20: Ernst Wallis et al., Illustrerad Verldshistoria vol. I (Stockholm, Central Tyckeriet: 1875), Tafel 116 (Wikimedia); Seite 42: Statue von Zheng He im Quanzhou Overseas Relations Museum, Foto von jonjanego (Flickr); S. 64: Porträt von Sir Francis Drake (ca. 1540–1596) (Bonhams); S. 84: Lemuel Francis Abbott, Porträt von Rear Admiral Sir Horatio Nelson, 1799 (Wikimedia); S. 102, 122, 144, 166, 188, 216: US Navy, Naval History und Heritage Command; S. 243: US Navy; S. 249: Department of Defense, Foto von Claudette Roulo
Satz: Bernadette Grohmann, Röser MEDIA GmbH
Druck: GGP Media GmbH, Pößneck
Printed in Germany

ISBN Print 978-3-95972-322-0
ISBN E-Book (PDF) 978-3-96092-596-5
ISBN E-Book (EPUB, Mobi) 978-3-96092-597-2

Weitere Informationen zum Verlag finden Sie unter

www.finanzbuchverlag.de

Beachten Sie auch unsere weiteren Verlage unter www.m-vg.de

Auch von Admiral James Stavridis, USN (a. D.)
Sea Power
The Accidental Admiral
Partnership for the Americas
Destroyer Captain

Bücher in Co-Autorenschaft
Command at Sea
The Leader's Bookshelf
Watch Officer's Guide
Division Officer's Guide

Für die Mitglieder des US-Marinekorps
Colonel George und Shirley Stavridis,
meine Eltern,
die meinen Charakter formten,
lange bevor ich zur See fuhr.

Inhalt

Vorwort 11

KAPITEL I
Die Kunst der Überzeugung 21
Themistokles

KAPITEL II
Der Marinekommandeur aus dem Reich der Mitte. 43
Zheng He

KAPITEL III
Pirat und Patriot 65
Sir Francis Drake

KAPITEL IV
Brüder im Geiste 85
Vizeadmiral Lord Viscount Horatio Nelson

KAPITEL V
Der Einflussreiche 103
Konteradmiral Alfred Thayer Mahan

INHALT

KAPITEL VI
Rum, Sodomie und die Knute **123**
Admiral Lord John Arbuthnot Fisher

KAPITEL VII
Der Admiral der Admirale **145**
Flottenadmiral Chester W. Nimitz

KAPITEL VIII
Der Meister des Zorns **167**
Admiral Hyman Rickover

KAPITEL IX
Der Reformer **189**
Admiral Elmo R. »Bud« Zumwalt Jr.

KAPITEL X
Nicht zu nah ans Wasser gehen! **217**
Flottillenadmiralin Grace Hopper

KAPITEL XI
Resilienz und Admirale aus der heutigen Zeit **239**

Schlussfolgerungen **255**

Danksagung **273**

Ausgewählte Bibliografie und Lektüreempfehlungen **275**

Personen- und Sachregister **283**

Über den Autor **301**

Vorwort

Als ich das Buch mit dem Titel *Sea Power: The History and Geopolitics of the World's Oceans* schrieb, hoffte ich, die weite Welt der Ozeane aus der Perspektive eines Seemanns zu beschreiben. Bei meiner Betrachtung aller Weltmeere versuchte ich, drei Dinge miteinander zu verbinden: die faszinierende Geschichte der verschiedenen maritimen Regionen, ihre gegenwärtigen geopolitischen Herausforderungen – lokale und globale – und meine eigene vierzigjährige Erfahrung in der Seefahrt. Diese drei Aspekte sollten sich zu einem kohärenten Argument für die Bedeutung der Ozeane verbinden. Es war ein Buch über eine lange, komplizierte, aber letztlich äußerst lohnende Reise über die Ozeane dieser Welt. Auf die Frage, wie lange ich gebraucht habe, um *Sea Power* zu schreiben, antwortete ich stets wahrheitsgetreu »ungefähr 40 Jahre«. Dieses Buch war die Krönung meiner beruflichen Karriere, die ich zum großen Teil auf See verbracht habe.

In dem vorliegenden Buch, *Segeln gen Nord*, habe ich den Blick weg vom physikalischen Universum der Ozeane gelenkt und mich auf die biografischen, persönlichen, verhaltensbezogenen und psychologischen Eigenschaften von zehn Admiralen konzentriert, deren Karrieren sich über 2500 Jahre Geschichte erstrecken. Indem ich die von der Seefahrt geprägten Biografien dieser Gruppe historisch bedeutsamer, aber sehr unterschiedlicher Führungspersönlichkeiten der US Navy als eine Art Leinwand verwende, hoffe ich, dem Leser die wichtigsten

Charaktereigenschaften dieser Persönlichkeiten zu verdeutlichen und zu zeigen, welchen Beitrag sie zu einer effektiven Führung geleistet haben. Außerdem argumentiere ich, dass jeder mit diesen Informationen seinen eigenen Weg vorzeichnen und beschreiten kann, um das Beste aus sich zu machen. Ein Leben auf See ist ein anspruchsvolles Unterfangen, das neben vielen anderen Qualitäten innere Stärke, Energie, Voraussicht und Intelligenz erfordert. Dabei ist die physische Reise wesentlich leichter als die innere Reise, die wir alle tagtäglich antreten. Die Entwicklung des Charakters ist bei dieser Reise der wichtigste Aspekt überhaupt.

Was mich weiterhin motiviert, ist das wachsende Gefühl, dass wir in diesen postmodernen Zeiten Zeuge eines schleichenden Charakterverlustes werden, getrieben von einer globalen Populärkultur, die sich zunehmend von klassischen Tugenden entfernt – Ehrlichkeit, Selbstverpflichtung, Belastbarkeit, Rechtschaffenheit, Mäßigung – und auf eine Welt zustrebt, die sich in atemberaubender Geschwindigkeit bewegt, ohne auch nur einen Moment innezuhalten und zu überlegen, was richtig und gerecht ist. Die Aufmerksamkeitsspanne der Menschen hat sich dramatisch verringert. Nehmen wir zum Beispiel das Lesen: Einst waren wir bereit, ein mehrbändiges Werk zu lesen. Heute sind viele (zahlreichen Berichten zufolge auch der US-Präsident) nicht einmal mehr bereit, ein einziges dickes Buch zu lesen. Einige Leser vermeiden lange Zeitschriftenartikel und verlangen nach immer kürzeren Beiträgen in immer dünneren Zeitschriften. Im Internet wächst die Ungeduld über lange Blogposts, und unsere gegenwärtige Situation sieht folgendermaßen aus: eine Twitter-Welt, in der viele Beobachter vor Kurzem angaben, sie bedauerten die Heraufsetzung der Tweets-Länge von 140 auf 280 Zeichen, da es »zu lange dauert, lange Tweets zu lesen«. Eine hervorstechende Eigenschaft der zehn Admirale, die in diesem Buch porträtiert werden, ist, dass sie besonnene, intellektuell solide Menschen waren. Vielleicht haben die langen Aufenthalte auf See, die sie alle absolviert haben, etwas damit zu tun. Natürlich haben sie ganz unterschiedliche Eigenschaften gehabt, und einige waren besser und bewundernswerter als andere. Ich habe sie ausgewählt, um den Reichtum und die Vielseitigkeit des menschlichen Charakters anhand unterschiedlicher Persönlichkeitstypen in ganz unterschiedlichen Zeitaltern darzustellen. Vor allem lernen wir von diesen Admiralen, dass ein maßgeblicher Teil der

VORWORT

Charakterbildung darin besteht, sich ausreichend Zeit zum Nachdenken und zur Introspektion zu nehmen. In unserer heutigen hektischen Welt sollten wir von ihrem kollektiven Beispiel lernen.

Zur kulturellen Anforderung an kurzfristiges, kontraintuitives und wertneutrales »Denken« kommt heute die vollkommene Transparenz. Wie ich im Verlauf dieses Buches wiederholt erwähnen werde, ist Charakter das, was man macht, wenn man sich unbeobachtet glaubt. In der heutigen Welt wird man *immer* von irgendjemandem beobachtet. Wir haben die Fähigkeit verloren, unseren Charakter im Privaten zu pflegen, und scheinen unser Leben von Geburt an auf einem Präsentierteller zu verbringen. Unsere ausgeprägte Selbstbesessenheit spiegelt sich in dem Bedürfnis wider, unser Image in den endlosen sozialen Netzwerken ständig aufzupolieren – ein Phänomen, mit dem keiner der zehn Admirale konfrontiert war –, und diese Eigenschaft hat uns ärmer gemacht. Wir breiten jedes Details unseres Daseins öffentlich aus, aber denken nicht darüber nach, worin der Sinn unseres individuellen Lebenswegs eigentlich besteht. Ist es eine wichtige Reise? Ist das Ziel der Reise wichtig? Wenn wir spätnachts über unser Leben nachdenken, können wir ehrlich sagen, dass der Pfad, den wir eingeschlagen haben, wichtig ist? Oder treiben wir wie Strandgut in einem Ozean der Gleichgültigkeit? Die Antwort auf diese Fragen ist unauflöslich mit dem Kern unseres Charakters verbunden.

Und schließlich haben wir einen Großteil unserer Fähigkeit eingebüßt, zu lernen und Geschichten zu erzählen, um unsere intellektuellen Bestrebungen voranzubringen. In vielfacher Hinsicht ist die Geschichte unseres Lebens wenig mehr als eine Sammlung an Geschichten, die wir gehört und uns eingeprägt haben und aus denen wir dann unsere eigene Lebensgeschichte zimmern. Die meisten wollen Teil einer Gesellschaft sein, die verlässlich, vorhersagbar und stabil ist. Allerdings entfernt sich das turbulente 21. Jahrhundert unserer eng vernetzten Welt immer weiter von dieser Wunschvorstellung – das gilt für unser Heimatland genauso wie für das internationale Umfeld. Die Geschichten, die wir hören, wirken chaotisch, unzusammenhängend und inhaltlich wertlos: Kinder, die in Schießereien an Schulen andere Kinder töten, endlose Kriege im Nahen Osten, biologische »Fortschritte«, die eine gottähnliche Macht prophezeien, bar jeder humanistischen, ethischen Perspektive;

13

VORWORT

Führungspersonal, das routinemäßig lügt, betrügt und stiehlt, und Wutbürger, die Alexis de Tocquevilles trübselige Vorhersage aus dem 19. Jahrhundert erfüllen, die Tragödie der Demokratie werde darin bestehen, dass wir am Ende die Regierung wählen, die wir verdienen. Der innere Monolog ist wichtig; wir müssen lernen, uns selbst, unseren Mitmenschen und vor allem unseren Kindern Geschichten zu erzählen, die zu einer besseren Welt inspirieren.

In dieser Hinsicht wollte ich mit diesem Buch andere Geschichten erzählen als die, die wir in immer neuen Wiederholungen in den Nachrichten sehen. Ich glaube, dass man von Menschen, die vor uns durch das Leben navigiert sind, viel über Charakter und die Kernwerte dieser Männer und Frauen lernen kann. Weil ich selbst zur See gefahren bin, habe ich zehn illustre, interessante und äußerst unterschiedliche Führungspersönlichkeiten aus der Seefahrt porträtiert. Jeder von ihnen bekleidete über mehrere Jahrzehnte und in unterschiedlichen Jahrhunderten und Gegenden eine hohe Führungsposition. Ihre Geschichten unterscheiden sich voneinander und ihre Charaktere wurden in höchst unterschiedlichen Umständen geformt. Die Lektionen, die sich daraus ziehen lassen, sowohl was ihren Führungsstil betrifft, aber vor allem auch was ihren Charakter angeht, sind daher entsprechend vielfältig. Und nicht alle sind uneingeschränkt heldenhaft. Ich möchte ihre Geschichten vorstellen, weil ich glaube, dass sie zusammengenommen ein überzeugenderes Narrativ bilden als das unaufhörliche Nachrichtengewirr auf den Fernsehkanälen.

Lassen Sie uns mit dem Unterschied zwischen zwei Begriffen beginnen, die oft miteinander verwechselt werden: Führung und Charakter.

Unter Führung versteht man grob gesprochen die Fähigkeit, andere zu beeinflussen – im Allgemeinen, um ein bestimmtes Ziel zu erreichen. Führung ist ein Instrument, keine Eigenschaft, und lässt sich daher für gute und schlechte Zwecke einsetzen. Wir halten Franklin Delano Roosevelt für einen guten Führer, und das war er in der Tat. Roosevelt besaß die Fähigkeit, Menschen so zu beeinflussen, dass sie gewaltige und sehr schwierige Aufgaben übernahmen – von der Überwindung der Großen Depression bis zum Sieg im Zweiten Weltkrieg. Böse Menschen können jedoch ebenfalls sehr effektive Führer sein,

VORWORT

allerdings bedienen sie sich der Führung, um unmoralische und grausame Zwecke zu verfolgen. Pol Pot, Anführer der Roten Khmer, der im vergangenen Jahrhundert in Kambodscha einen grauenhaften Genozid anführte, war ebenfalls ein äußerst fähiger Führer, denn es gelang ihm, in einer gewaltigen nationalen Anstrengung eine kommunistische Ideologie zu etablieren und alle Dissidenten und viele Unschuldige gnadenlos zu massakrieren – von acht Millionen Einwohnern fielen rund drei Millionen der Herrschaft der Roten Khmer unter seiner Führung zum Opfer. Schockierend? Grauenhaft? Kriminell? Absolut. Aber Pol Pots Geschichte ist auch eine Demonstration einer starken Führung, wenngleich im Dienste des Bösen. Führung hat mit Wirkung nach außen und der Fähigkeit zu tun, andere zu beeinflussen.

Charakter hat dagegen mit der inneren Wirkung und der Fähigkeit zur Selbstbeeinflussung zu tun. Der berühmte UCLA-Basketballtrainer John Wooden, der auch ein sehr guter Führer war, fasste das sehr treffend zusammen: »Achte mehr auf deinen Charakter als auf deinen Ruf, denn dein Charakter sagt, wer du bist, während dein Ruf lediglich sagt, was andere von dir denken.« Von ihm hörte ich auch zum ersten Mal den Satz, dass sich der wahre Charakter eines Menschen darin offenbart, was er tut, wenn niemand hinsieht. In seinem Kern ist Charakter die Fähigkeit, das innere Selbst zu rechtem und gerechtem Handeln anzuleiten. Er entsteht aus der Überwindung starker unmoralischer Impulse – das, was Sigmund Freud als »Es« bezeichnete – und dem Streben nach dem metaphorischen Licht der moralischen Entscheidung. Anders als Führung hat Charakter moralisches und ethisches Gewicht und lässt sich besser als gut oder schlecht beschreiben.

Seeleute haben oft die einzigartige Chance, einen guten Charakter zu entwickeln. Die See ist eine gnadenlose Umgebung, die tagtäglich große Herausforderungen bereithält, deren Überwindung von den tiefen individuellen Charakterreserven abhängt. Die Seefahrt ist harte und gefährliche Arbeit; allein die See ist eine ständige Bedrohung, von den zusätzlichen menschengemachten Gefahren wie Piraterie, feindlichen Flugzeugen oder lauernden U-Booten ganz zu schweigen. Es ist aber auch eine kontemplative Welt, in der jeder Seemann nachts über ein rollendes Deck gehen und in die Ferne starren kann, fixiert auf jenen Punkt am Horizont, an dem Himmel und See miteinander verschmelzen, und erkennt, dass wir nur der kleinste Teil eines riesigen, vielfältigen Universums sind, das sich in alle Ewigkeit bis in den Geist Gottes erstreckt und noch lange nach dem Zeitalter der Menschheit existieren wird. Diese Kombination aus Eigenschaften – die ständigen physischen und moralischen Herausforderungen des Alltags und die Vision von Ewigkeit, die sich vor unseren Augen auftut – bewirkt bei den besten Seeleuten eine profunde Charakterbildung. Meine These lautet, dass jeder von uns, ob er zur See fährt oder nicht, seinen eigenen Charakter verbessern und vertiefen kann, indem er sich mit dem Leben dieser zehn Admirale beschäftigt.

Führungsstärke und Charakter sind allerdings zwei ganz unterschiedliche Attribute, die in einem Menschen oft zusammentreffen, was ganz gewiss auf eine Reihe ranghoher Führungspersönlichkeiten der Seefahrt zutrifft, darunter auch auf die in diesem Buch porträtierten Admirale. Das ist nicht zwangsläufig der Fall, aber ein Mann oder eine Frau mit einem starken, positiven Charakter ist oft auch eine sehr effektive Führungspersönlichkeit. Das liegt daran, dass die meisten Menschen eine ausgeprägte moralische Stärke anerkennen und sich zu ihr hingezogen fühlen. Insbesondere bei vielen Führungspersönlichkeiten aus der Seefahrt, die vor dem besonderen Hintergrund der naturgewaltigen Ozeane agieren, wird der Charakter zu einem maßgeblichen Teil ihrer Führungskompetenz. Es ist daher höchst lehrreich, eine Handvoll Admirale zu untersuchen, ihre individuellen, von der Seefahrt geprägten Biografien zu verstehen und die Tiefgründigkeit ihrer Charaktere zu erforschen – alles mit der Idee, jedem Einzelnen von uns dabei zu helfen, erfolgreicher durch die inneren Gewässer zu navigieren; eine Reise, die wir alle antreten müssen.

In diesem Buch werden wir unsere Reise vor mehr als 2500 Jahren mit dem Admiral Themistokles aus der griechischen Antike beginnen, dessen Stadtstaat Athen mit einer existenziellen Gefahr konfrontiert war. Wir werden unsere lange Reise durch die Geschichte im 20. Jahrhundert mit der Admiralin Grace Hopper beschließen, die die US Navy in das Cyber-Zeitalter führte. Anschließend werden wir uns mit dem Thema Belastbarkeit beschäftigen und kurz zwei noch lebende Admirale, Michelle Howard und Bill McRaven, vorstellen. Alle porträtierten Persönlichkeiten sind ganz unterschiedliche Seeleute; die innere Charakterbildung, die

VORWORT

jeder von ihnen durchlaufen hat, bietet jedoch breite Lektionen, die wir studieren und auf unser eigenes Leben übertragen können. Die Grundsteine der Charakterbildung sind bei allen zehn Admiralen ungefähr die gleichen: die Suche nach Wahrheit, Gerechtigkeit, Empathie, Kreativität, Demut, Humor, Widerstandsfähigkeit und Ausgewogenheit und die Vermeidung von Arroganz, Wut, Kleinlichkeit, Grausamkeit, Begehren, Verrat, Neid und Hass. Wir werden sehen, dass keine dieser Persönlichkeiten vollkommen war – einige waren sogar alles andere als das. Gelegentlich lässt sich aber aus Charakterschwächen mehr lernen als aus Triumphen. Die charakterliche Beschaffenheit eines Menschen wird nicht davon bestimmt, was er in einer Schönwettersituation macht oder wie er sich verhält, wenn die Entscheidung auf der Hand liegt, sondern was er macht, wenn er sich in unruhigem Fahrwasser und einem moralischen Dilemma befindet.

Was mich persönlich anbelangt, stützt sich das abschließende Kapitel dieses Buches auf meine eigene innere Reise, die ich auf meinem Lebensweg absolviert habe, den ich zu einem großen Teil auf See verbracht habe. Als Übung habe ich kürzlich meine alten Logbücher durchgesehen und alle Tage zusammengezählt, die ich auf hoher See fernab vom Festland verbracht habe. Insgesamt waren es mehr als neuneinhalb Jahre – Tag für Tag. Viel Zeit, die mit geschäftigen Verrichtungen verbracht wurde, von Schießübungen über den Abschuss von Lenkraketen bis zu den langen Wachen, während derer sich das Schiff seinen Weg durch die Ozeane bahnte, auf denen sich alle Spuren sofort verwischen. Es gab aber auch viel Zeit zum Lesen, zum Nachdenken und für innere Monologe über die Frage, was ein charakterfestes Leben lebenswert macht. Führung war für einen jungen Offizier, der in einer uralten Profession aufwuchs und von einem sehr unerfahrenen Leutnant zu dem nahezu unerreichbaren Dienstgrad eines Vier-Sterne-Admirals aufsteigen wollte, ein allgegenwärtiges Thema. Jeder Tag war eine Übung in Menschenführung. Die Herausforderungen, mit denen ich allerdings am meisten zu kämpfen hatte, waren meine inneren Hürden auf der Suche nach Orientierung und einem moralischen Kompass sowie der Wunsch, meine selbst gesetzten Standards zu erfüllen. Daran bin ich nicht nur einmal gescheitert. Die Charakterbildung ist eine lange Reise, und in meinem Fall ist sie noch nicht abgeschlossen, wenngleich ich sie nicht mehr auf See fortsetze – etwas, das ich mehr vermisse, als ich mir selbst eingestehen möchte.

Wie die hier porträtierten Admirale war ich gelegentlich erfolgreich, oft war ich es aber auch nicht. Am Ende wird unser Leben an unseren Entscheidungen gemessen, wobei die Fähigkeit, sich selbst in klarem Licht zu sehen, für die Charakterbildung unverzichtbar ist. In gewisser Hinsicht haben wir drei Leben: ein *öffentliches*, das von unseren beruflichen Gesprächen bis hin zu unseren Posts in sozialen Netzwerken geprägt wird; ein *privates* Leben, das wir nur mit unseren engsten Angehörigen und einigen ausgewählten Freunden teilen, und ein ganz *persönliches* Leben, das nur wir selbst kennen und das von – oft verzweifelten – Kämpfen um die richtigen Entscheidungen geprägt ist.

Man sollte nie vergessen, dass man die Messlatte, die man an sein eigenes Leben anlegt, selbst bestimmt und sie im Verlauf des Lebens immer wieder ein wenig nachjustieren wird. Hier, in dem zutiefst persönlichen Bereich, der an unserer eigenen Messlatte gemessen wird, markieren moralische Bojen die Fahrrinne, in der wir uns bewegen sollten, wenn unsere Reise in den Hafen der inneren Zufriedenheit führen soll. Wie bei jeder Seereise lauern Gefahren, und zwar sowohl durch Hindernisse, die uns die Außenwelt auferlegt, als auch durch solche, die wir uns selbst in den Weg legen. Die Reise gar nicht erst anzutreten, um schwierigen Entscheidungen aus dem Weg zu gehen, ist keine Option. Oliver Wendell Holmes (1841–1935), Richter des Obersten Gerichtshofs der Vereinigten Staaten, formulierte es einst sehr zutreffend mit dem Satz: »Um einen Hafen zu erreichen, müssen wir segeln – manchmal mit dem Wind, manchmal gegen den Wind. Wir dürfen nur nicht vom Kurs abkommen oder vor Anker liegen bleiben.« Meine Hoffnung ist, dass dieses schmale Buch mit seiner kleinen Flottille an Biografien aus der Seefahrt einige Navigationsempfehlungen geben kann, einige gut markierte Seebojen und vielleicht sogar ein oder zwei Leuchttürme für all diejenigen, die sich auf die Reise der Charakterbildung begeben haben. Leinen los.

SEGELN GEN NORD

KAPITEL I

Die Kunst der Überzeugung

THEMISTOKLES

GEBOREN UM 524 V. CHR. IN ATHEN, GRIECHENLAND

GESTORBEN UM 459 V. CHR. IN MAGNESIA AM MÄANDER (HEUTIGE TÜRKEI)

KAPITEL I

M it acht Jahren hörte ich zum ersten Mal von Themistokles. Meine Familie war gerade nach Athen gezogen, weil mein Vater, ein Major des Marinekorps der Vereinigten Staaten*, als stellvertretender Marineattaché der amerikanischen Botschaft nach Athen versetzt worden war. Für seine Ernennung gab es einen einfachen Grund: Er war Amerikaner griechischer Herkunft und seine Muttersprache war Griechisch. Zwar war er in den Vereinigten Staaten geboren, aber in seiner Familie wurde nur Griechisch gesprochen, und bis zu seiner Einschulung konnte er keine andere Sprache. Nach Kampfeinsätzen im Koreakrieg und einem Studium an der Purdue University, wo er seinen Master-Abschluss erwarb, wurde er nun, Mitte der 1960er-Jahre, in das Land seiner Vorväter entsandt. Meine Mutter, selbst keine Griechin, begann, Griechischunterricht zu nehmen. Mich interessierte damals nur, ob auch mein Fahrrad mit verladen worden war.

Als Teil der Umzugsvorbereitungen erzählte mir mein Vater von Griechenland. Er erzählte mir die Legenden der griechischen Mythologie und fesselte mich mit den Geschichten der Götter des Olymps. Zeus, Poseidon, Athene, Hephaistos, Ares und viele andere begannen sich in meinen Träumen zu tummeln. Nachdem wir mit den Göttern fertig waren, wechselte er zu Homer und ich lernte die Geschichten über die Trojanischen Kriege, über Odysseus und seine lange Reise zurück nach Ithaka. Schon als kleines Kind wusste ich, dass es Fabeln und Legenden waren, die wenig mit der Wahrheit zu tun hatten. Nach Homer begannen wir jedoch über die echte Geschichte der griechischen Antike zu sprechen.

Mein Vater erzählte mir von dem Albtraum der persischen Invasion in Griechenland, die ein halbes Jahrhundert dauerte, genauer gesagt von 499 bis 449 vor Christus. Er war ein fesselnder, von Natur aus begabter Geschichtenerzähler und beschrieb mir die Sage aus jenen Jahren in lebhaften, eindrucksvollen Farben. Ich erinnere mich noch immer besonders gerne an seine Schilderung der Schlacht von Marathon im Jahr 490 vor Christus und (natürlich) den heroischen Widerstand der drei Spartaner

---

*   Das US Marine Corps ist eine der fünf US-Teilstreitkräfte und eine Art Elitetruppe, die unter anderem für amphibische Operationen und Rettungsoperationen eingesetzt wird. Es wird zum Teil auch als Marineinfanterie bezeichnet und hat mit der US Navy (»Marine«) nichts zu tun, teilt sich aber mit ihr einige administrative Bereiche. (A.d.Ü.)

DIE KUNST DER ÜBERZEUGUNG

in der Schlacht bei den Thermopylen im Jahr 480 vor Christus. Ich liebte die Geschichte über das dortige Denkmal mit der Inschrift:»Wanderer, kommst du nach Sparta, verkündige dorten, du habest uns hier liegen gesehn, wie das Gesetz es befahl.«[*] In jenen Jahren, als wir in Griechenland lebten, ließ mein Vater all diese Legenden lebendig werden, indem er mit uns zu den berühmten Schlachtfeldern der Antike fuhr.

Sosehr ich die Geschichten meines Vaters über die Spartaner liebte, mochte – und mag – ich am liebsten die von Themistokles, dem Admiral aus Athen, der – ebenfalls im Jahr 480 vor Christus – die entscheidende Schlacht bei Salamis gewann. Die Zahlen, die aus den Schlachten der Antike überliefert sind, sind naturgemäß sehr ungenau, aber den meisten Schätzungen zufolge verfügten die persischen Streitkräfte ungefähr über fünfmal so viele Trieren[**] mit ihren in Dreierreihen gestaffelten Ruderern als die Griechen. Nachdem Themistokles die Perser in die Meerenge bei Salamis vor der Küste Athens gelockt hatte, führte er die freien Griechen unter seinem Kommando zu einem überwältigenden Sieg über die Rudersklaven des persischen Feindes.

Immer wieder bat ich meinen Vater, mir die Geschichte von Themistokles noch einmal zu erzählen. Damals war mir die Komplexität des Lebens und des Charakters dieses Admirals aus der Antike nicht bewusst – als Sieger einer der wichtigsten Seeschlachten, die die alten Griechen geschlagen hatten, wirkte er auf mich einfach überlebensgroß. Und obwohl ich die Schlacht mit Spielzeugschiffen auf einer handgemalten Landkarte der Bucht von Salamis oft nachstellte, war es Themistokles' Fähigkeit, seine Männer zu inspirieren, die meine Fantasie am stärksten gefangen nahm. Ich fragte mich, welche Eigenschaft er wohl besessen hatte, die ihm ermöglichte, seine Soldaten in die Schlacht zu führen. Mein Vater versuchte mir die komplexe Mischung aus Charisma, Inspiration und Rhetorik zu erklären, derer sich Themistokles bedient hatte. Zwar überstiegen diese Begriffe mein damaliges Verständnis, aber ich habe seitdem viele Male auf sie zurückgegriffen.

---

[*]   Friedrich Schiller, *Der Spaziergang* (1795) (A.d.Ü.)

[**]   Auch als »Dreiruderer« bezeichnet; es war vom 3. bis 6. Jahrhundert vor Christus das wichtigste Kriegsschiff im Mittelmeer. (A.d.Ü.)

KAPITEL I

Bei einer Gelegenheit suchte ich bei der Vorbereitung einer Rede für eine große Abendgesellschaft im Rahmen einer patriotischen Feier in New York City im November 2007 nach den richtigen Worten. Die Veranstaltung stand unter dem Motto »Eine Ehrenbezeugung für die Freiheit«. Nach einigem Nachdenken sprach ich schließlich über unsere heldenhaften US Navy SEALs*, indem ich die Geschichte von Themistokles und sein Gebet schilderte, das die Griechen vor 2500 Jahren so tief inspiriert hatte. In den darauffolgenden Jahren habe ich noch viele Male über die Schlacht und Themistokles' Charakter gesprochen.

Zu dem Zeitpunkt, als ich 2007 besagte Rede hielt, war mein Vater, der als Colonel (Oberst) der US Marines in den Ruhestand ging und nach seiner Promotion in Pädagogik ein großes Community College leitete, bereits verstorben. Ich wusste allerdings, dass er sehr stolz darauf gewesen wäre, dass sein Sohn, der es inzwischen zu einem Vier-Sterne-Admiral gebracht hatte, die Geschichte von Themistokles vor einem großen Publikum in New York erzählte. Fast ein halbes Jahrhundert, nachdem er mir die zeitlosen Geschichten eines griechischen Admirals aus der Antike vermittelt hatte, gelang es mir, das Andenken an diese inspirierende Persönlichkeit wach und lebendig zu halten und viele Jahrhunderte zu überbrücken, indem ich seine Worte wiederholte, dass wir alle »für die Freiheit rudern müssen«. Das ist eine eindrucksvolle Lektion, die ich im steten Angedenken an Themistokles immer in meinem Herzen getragen habe.

Was wissen wir über diesen Admiral und was können wir von seiner Charakterreise lernen? Verschiedene Quellen aus der Antike zeichnen ein lebhaftes, aber inkonsistentes Bild von Themistokles. Anstelle einer knappen, klaren, tatsachenbasierten Erzählung bietet sich uns ein Mosaik aus eindrucksvollen kurzen Episoden seines Lebens aus der Feder zweier der frühesten griechischen Geschichtsschreiber: Herodot und Thukydides. Zwar werden sie als die ersten modernen Historiker bezeichnet, allerdings würden ihre Werke die modernen Standards nicht erfüllen. Außerdem führten ihre unterschiedlichen Ansätze und Einstellungen zu einer ganz unterschiedlichen Bewertung der Person des

---

*   Sondereinheit der US Navy. SEAL steht für die Einsatzorte See, Luft und Boden (*Sea, Air, Land*) (A.d.Ü.)

DIE KUNST DER ÜBERZEUGUNG

Themistokles. Herodot, der über die Perserkriege schrieb, die Themistokles' Karriere prägten, hielt den Admiral für einen gierigen Schwindler. Thukydides, der Jahrzehnte später vom Peloponnesischen Krieg berichtete, sah in Themistokles einen tragischen Helden, der Griechenland rettete, nur um anschließend aus seiner eigenen Stadt verbannt zu werden. Beide sind sich jedoch einig, dass Themistokles eine äußerst einflussreiche und selbstbewusste Stimme im militärischen und politischen Leben seiner Zeit war.

Themistokles wurde ungefähr im Jahr 524 vor Christus geboren. Im Jahr 508, als er gerade zum Mann heranreifte, begann Athen mit seinem demokratischen Experiment, indem die Stadt allen freien Männern das Wahlrecht gewährte. Das war damals ein radikaler Schritt, allerdings muss man dabei bedenken, dass nur sehr wenige Einwohner der Stadt Athen dieses Privileg genossen. Nichtsdestotrotz ermöglichte es dem jungen Themistokles, der aus der soliden Mittelschicht stammte, zu gleichen Bedingungen in das politische Leben von Athen einzutreten. Er wuchs in einer Zeit radikaler Umwälzungen auf, die ebenso viele Chancen wie Herausforderungen bot, und konnte sich schnell als ernst zu nehmende Stimme im blühenden Stadtstaat etablieren. Von Kindesbeinen an war er Teil einer Gesellschaft, die einerseits die Hierarchie der griechischen Stadtstaaten anführte, aber auch unter dem Druck und den Herausforderungen der kleineren Nationen der hellenischen Welt sowie unter der Bedrohung des mächtigen Feindes im Osten, des Perserreichs, stand.

Über das Leben, das Themistokles führte, bevor er mit 31 Jahren zum Archonten, dem höchsten Beamten Athens, gewählt wurde, ist nicht viel überliefert. In dieser Rolle stach Themistokles schon früh durch seine rhetorischen Fähigkeiten heraus, auf die die athenische Demokratie großen Wert legte. Kaum im Amt, plädierte Themistokles eindringlich dafür, Athen zu einer Seemacht aufzubauen. In seiner Rolle als Archont gab er den Auftrag, bei Piräus (dem nächstgelegenen Hafen nur wenige Kilometer entfernt von Athen) einen geschützten Hafen zu bauen, der die Stadt praktisch über Nacht in eine Seemacht verwandelte und bis heute als Hafen dient. Themistokles verfolgte eine strategische Vision, die sich mit seiner praktischen Fähigkeit verband, Unterstützer zu gewinnen, in öffentlichen Diskussionen zu überzeugen und den langfristigen Wert

KAPITEL I

eines Meereszugangs darzustellen. Ich bin oft von Athen nach Piräus gefahren; heute sind die beiden antiken Städte Teil einer endlosen, nahtlos
ineinander übergehenden Metropole. Als Junge aus einem Athener Vor-
ort fuhr ich in den 1960er-Jahren nach Piräus, um mit meinen Eltern eine
Fähre zu einer der Inseln zu besteigen. Später, in den 1980er-Jahren, kam
ich als junger Offizier der US Navy nach Piräus und verließ mein Schiff,
um in die Nachtwelt des Vergnügungsviertels Plaka einzutauchen; dann
als NATO-Oberbefehlshaber für Europa – in eiliger Fahrt von Polizei-
eskorten in gepanzerten schwarzen Limousinen begleitet, und jüngst
als Mitglied der Onassis Foundation (und Reederei), um eines unserer
Schiffe im Hafen zu besichtigen. Bei jeder Gelegenheit dachte ich an
Themistokles' Vision, der schon früh die Macht ahnte, die ein echter,
verteidigbarer Hafen dem antiken Stadtstaat verleihen würde. Seine
Fähigkeit, »um die Ecke zu denken« und einen Hafen zu bauen, trug
ein Jahrzehnt nach seiner Amtszeit als Archont dazu bei, die griechische
Demokratie zu retten.

Wie mehrere Jahrhunderte später der amerikanische Admiral Alfred
Thayer Mahan verstand auch Themistokles den geopolitischen Kontext
besser als die meisten, betrachtete Seemacht und Seehandel als natürliche Bestimmung seines Volkes und widmete die ersten Jahre in der
Blüte seiner jungen Karriere dem Ziel, diese Vision zu verwirklichen.
Themistokles wusste, dass die Kombination aus Athens Küstenlage,
seine expandierenden Handelsinteressen sowie die wachsende Gefahr
einer Ausdehnung des Perserreiches nach Osten den Aufbau einer See-
streitkraft als Bindeglied zwischen Athen und der Außenwelt und als
Schutzmacht des Stadtstaates unverzichtbar machte. Er wusste auch um
die Bedeutung der Koalitionsbildung, trotz aller Herausforderungen, die
eine Vereinigung der für ihre Zersplitterung berühmten griechischen
Städte in rudimentäre Bündnisse darstellte. Dabei demonstrierte er nicht
nur Visionskraft, sondern stellte auch die Art von Charakterstärke unter
Beweis, die es einem Führer ermöglicht, eine Position auszufüllen, die
weder intuitiv klar noch besonders populär ist.

Als die Perser das politisch zersplitterte griechische Festland wie
vorhersehbar im Jahr 490 vor Christus angriffen, gehörte Themistokles zu den Griechen, die dazu beitrugen, den verhassten Feind in der
Schlacht von Marathon zurückzuschlagen. Nach diesem verzweifelten

DIE KUNST DER ÜBERZEUGUNG

Kampf prägte sich Themistokles nicht nur auf unauslöschliche Weise die Kampferfahrung ein, anders als viele seiner athenischen Mitbürger blieb er auch stets äußerst wachsam für eine neuerliche persische Attacke. Themistokles, der ein aufmerksamer Beobachter war, sagte nicht nur eine Rückkehr der Perser voraus, sondern auch, dass sie das nächste Mal mit viel leistungsfähigeren Kriegsschiffen angreifen würden. Um einem solchen Angriff standhalten zu können, würde Athen eine eigene See-streitkraft aufbauen müssen. Zunächst musste er seine Landsleute jedoch von der Notwendigkeit des Aufbaus einer eigenen Seeflotte überzeugen. Themistokles wiederholte im Athener Stadtstaat beharrlich seine Über-zeugung, der Bau eines Hafens sei notwendig, das allein werde den Be-dürfnissen des Staates jedoch nicht gerecht. Sowohl seine Vision als auch sein Charakter spielten eine große Rolle hinsichtlich der Überzeugungs-kraft seines Arguments, für wirkliche Sicherheit zu sorgen. Denn immer-hin handelte es sich bei seinen Vorschlägen um teure Vorhaben, die zum Teil auf harsche Kritik stießen.

Um seine Landsleute von der Notwendigkeit einer schlagkräftigen See-streitkraft zu überzeugen, bediente sich Themistokles seiner berühmten rhetorischen Fähigkeiten und verwies dabei nicht nur auf abstrakte Ge-fahren, sondern hob vor allem eine damals sehr reale Bedrohung hervor: die Piraterie. Als frisch ernannter Kommandeur der gerade erst ent-stehenden Seeflotte sprach er über die Gefahren, die Piraten für die nahe gelegene Insel Ägina bedeuteten, um den Athenern einen konkreten Grund zu liefern, dem Bau der Flotte zuzustimmen – ohne die Bedrohung durch das Perserreich direkt zu erwähnen. Zu seinem Glück erwies sich dieses Argument als zugkräftig und das Finanzierungsproblem löste sich durch unerwartete Gewinne aus einer nahe gelegenen Silbermine. In einer letzten rhetorischen Anstrengung überredete Themistokles seine Landsleute außerdem dazu, diese überschüssigen Einnahmen in den Aufbau der Flotte zu investieren, für die er so fieberhaft warb, augen-scheinlich zum Schutz vor Piraten. Dabei bewies er die Fähigkeit, seine Argumentation pragmatisch an die Verfolgung eines übergeordneten Zwecks anzupassen. Wie oft sehen wir Führungskräfte, die sich in einer rhetorischen Position verhaken und nicht die Flexibilität aufbringen, ihre Argumente so anzupassen, dass sie ihr Ziel erreichen. Charakter er-fordert beides, Überzeugung *und* Flexibilität.

27

KAPITEL I

Themistokles bekam seine Flotte, und das gerade noch rechtzeitig. Er musste erleben, dass sich seine Befürchtungen eines erneuten Angriffs der Perser bewahrheiteten – dieses Mal wurden die feindlichen Truppen von dem jungen, fähigen und äußerst entschlossenen Kaiser Xerxes I. angeführt. Xerxes stellte eine Eroberungsarmee aus den entlegensten Winkeln des Perserreiches zusammen und griff Griechenland vom Norden aus an. Wie Themistokles vorhergesagt hatte, brachten die Perser außerdem eine mächtige Kriegsflotte mit. So begann der Zweite Persische Krieg, der schon bald von erbitterten Gefechten zu Wasser und zu Land geprägt war. Dieser Krieg stellte eine existenzielle Bedrohung für Griechenland dar. Man kann sich nur schwer vorstellen, wie die Weltkarte heute aussehen würde, wenn die Perser damals gewonnen hätten. Wären sie weiter nach Westen vorgedrungen? Wäre ganz Kontinentaleuropa unterworfen worden? Wäre der Iran, der 2000 Jahre später das Perserreich beerbte, heute eine Supermacht? Wäre die Demokratie, der größte griechische Beitrag zur Zivilisation, damals überhaupt entstanden? Das sind Fragen, die natürlich unbeantwortet bleiben. Zweifellos wäre die Welt, wie wir sie heute kennen, jedoch ein wenig anders. Wir sind so an den Verlauf der Geschichte gewöhnt, wie wir ihn kennen, dass wir ihn für eine unumstößliche Kraft halten. Große Tore hängen allerdings an kleinen Scharnieren, und die Tatsache, dass Themistokles einen Hafen und eine Flotte gebaut hatte und es ihm gelang, die persische Flotte zu schlagen, war ein scheinbar kleines Scharnier, das das große Tor schließlich nach Westen öffnete und nicht nach Osten.

Trotz der Kapazitäten Athens war Griechenland insgesamt zunächst nicht auf den Ansturm vorbereitet. Politische Spaltung und operatives Gezänk zwischen den verbündeten Stadtstaaten verhinderten eine kohärente Reaktion. Schließlich einigte man sich auf eine zweigleisige Strategie. Um die Invasion zu Land aufzuhalten, nahmen die alliierten Kräfte Aufstellung am Thermopylenpass an der Ostküste des griechischen Festlands, wo König Leonidas und seine dreihundert Spartaner (plus eine Handvoll anderer griechischer Krieger) ihr legendäres letztes Gefecht schlugen, um Zeit zu gewinnen, damit sich die übrigen Griechen sammeln konnten. Währenddessen besetzte die Seeflotte von Athen bei Artemision (einem Seehafen auf der Insel Euböa, nördlich von Athen und in der Nähe der Thermopylen) eine Meerenge, wo sie die Perser

28

DIE KUNST DER ÜBERZEUGUNG

zwar zunächst aufhalten, aber nicht zum Rückzug zwingen konnten. Die griechischen Land- und Seestreitkräfte mussten sich schließlich bis vor die Tore Athens zurückziehen, wo sie sich auf die entscheidende Schlacht gegen Xerxes und seine Invasoren vorbereiteten. Themistokles, der stets Gehör fand, plädierte beharrlich für einen Angriff der Kriegsflotte. Er erkannte korrekterweise, dass sich die Perser aufgrund ihrer zahlenmäßigen Überlegenheit in Sicherheit wiegten, aber logistisch von der Versorgung und Verstärkung auf See abhängig waren.

Anstatt die Einwohner des belagerten Athens zu opfern, hielt es Themistokles für besser, die Stadt als solche zu opfern, und überredete die Athener dazu, die Stadt zu verlassen. Man stelle sich die Schwierigkeit vor, dieses Argument überzeugend vorzutragen – die Einwohner einer ganzen Stadt dazu zu bewegen, alles zurückzulassen, was ihnen vertraut war, ihr gesamtes Hab und Gut aufzugeben und sich in die dichten Wälder rund um die Stadt zu flüchten. Themistokles argumentierte, man könne Athen wieder aufbauen und neu bevölkern, aber dafür müsste die Bevölkerung erst einmal überleben und die Perser müssten auf See geschlagen werden. Und so flüchteten sich die Einwohner vor dem persischen Ansturm in die bewaldeten Hügel, während Themistokles und seine Truppen die Kriegsschiffe bestiegen und in Richtung der Meerenge von Salamis segelten, um sich auf der Insel gegenüber dem Hafen von Piräus zu verschanzen. Die Bevölkerung und die Seeleute beobachteten aus ihren sicheren Verstecken, wie die persische Armee Athen niederbrannte und sich die persische Kriegsflotte vor dem Eingang der Meerenge versammelte.

Dieser Moment muss dem jungen Admiral eine außerordentliche Standfestigkeit abverlangt haben. Stellen Sie sich vor, wie er zwischen den Seeleuten umherging, die mitansehen mussten, wie alles, was ihnen bekannt und vertraut war, in Flammen aufging, und die nicht wussten, ob ihre Familien überlebt hatten. Themistokles sprach bestimmt und mit Selbstvertrauen über die Chance, dem Feind im folgenden Morgengrauen einen Schlag zu versetzen. Dabei ging er von Lagerfeuer zu Lagerfeuer und bewies seine Führungsqualitäten vor jedem einzelnen Soldaten, während er in seinem Herzen wusste, dass sie gegen eine derart übermächtige feindliche Kriegsflotte kaum eine Chance hatten. Damit bewies er Charakter.

KAPITEL I

All das war so offensichtlich – jeder einzelne seiner Seeleute konnte mühelos erkennen, dass die athenische Kriegsflotte zahlenmäßig weit unterlegen war; einige nachgeordnete griechische Kommandeure wollten sich daher weiter zurückziehen, vielleicht bis zur südlichen Peloponnes, um die Truppen zur Verteidigung der letzten Rückzugsorte der Griechen auf der Halbinsel zu sammeln. Themistokles wollte die Schlacht jedoch in der Meerenge herbeiführen, wo der zahlenmäßige Vorteil der Feinde auf natürliche Weise begrenzt war. Womöglich hätten die Perser eine größere Reserve, aber in der Meerenge würde es ihnen, anders als auf offener See, nicht ohne Weiteres gelingen, die griechischen Schiffe zu umzingeln und zu zerstören.

In der ihm eigenen selbstsicheren Art trug Themistokles nicht nur seine Argumente vor, sondern entwarf auch einen Plan, um die Perser in die Schlacht zu locken. Heimlich schickte er einen Gesandten an die feindliche Flotte, der den Persern fälschlicherweise weismachte, die griechischen Truppen planten einen Rückzug, und sie dazu drängte, sofort anzugreifen, um den Vorteil der Meinungsverschiedenheiten in den griechischen Streitkräften auszunutzen. Gleichzeitig sandte er eine weitere heimliche Botschaft an die ethnischen Griechen, die in der persischen Flotte dienten, um sie dazu zu überreden, sich in der kommenden Schlacht gegen ihre Befehlshaber zu stellen. Als Reaktion auf die falsche Nachricht setzte sich die persische Kriegsflotte rasch in Bewegung, um den Griechen den Rückweg abzuschneiden, und damit waren die Würfel gefallen. Wie Themistokles gehofft hatte, fand die entscheidende Schlacht nun in der Meerenge von Salamis statt.

Als am Morgen der Schlacht hinter den Bergen östlich der Insel Salamis der Tag anbrach, konnte man zwischen den Berghängen die rauchenden Ruinen von Athen sehen. Das Tageslicht breitete sich rasch über der Meerenge zwischen Stadt und Insel aus, vor der eine Flotte aus griechischen Trieren, mächtige Kriegsschiffe mit in Dreierreihen gestaffelten Ruderern und schweren Rammböcken am Bug, vor Anker lag und sanft in der Morgenbrise schaukelte. Als die Truppen gerade dabei waren, ihr Morgenmahl zuzubereiten, trat ihr Kommandeur in voller Kriegsmontur aus dem Zelt. Auf einen Blick registrierte Themistokles die Morgendämmerung, die vor Anker liegenden Kriegsschiffe und die ein wenig unsicheren Mienen seiner Leute – von denen zweifellos viele ihren

30

DIE KUNST DER ÜBERZEUGUNG

Blick auf die See und die Meerenge richteten, in der über ihr Schicksal entschieden werden würde. In der Luft dieses Morgens lag vermutlich eine Mischung aus Angst und erwartungsvoller Anspannung. Die frühmorgendliche Windstille war ein Glücksfall – stärkere Winde hätten die persische Flotte begünstigt, die stärker von Segeln abhängig war.

Der Kampf gegen die persische Flotte würde Themistokles ein Höchstmaß an strategischer Brillanz und persönlichem Charisma abverlangen sowie eine konzertierte Anstrengung aller Männer und Ruderer der griechischen Flotte erfordern. Die persische Kriegsflotte war fünf Mal so groß wie die griechische und ihre Besatzung setzte sich aus den besten Seeleuten der Welt (einschließlich einiger griechischer Verräter) zusammen. Nachdem die Männer ihre Mahlzeit beendet hatten, löschten sie die Feuer und begaben sich zu ihren Schiffen. Themistokles war klar, dass ihnen ihre Unterlegenheit und die Folgen einer Niederlage voll bewusst waren. Er wusste auch, dass er nur eine letzte Chance hatte, sie zu einem scheinbar unmöglichen Sieg zu inspirieren. Sein gesamtes Wissen und seine Erfahrung als inspirierender Anführer kulminierten in diesem Augenblick. War er nervös? Verspürte er Selbstvertrauen? Das werden wir nie genau erfahren, doch alles, was wir über seinen Charakter und sein Temperament wissen, deutet darauf hin, dass sein stolzes Auftreten natürlich und ungezwungen wirkte. Es war einfach Teil seiner Persönlichkeit und Erfahrung und gab ihm wahrscheinlich das Gefühl, er befinde sich zur richtigen Zeit am richtigen Ort für seine Nation und seinen eigenen Ruhm.

Themistokles ging vermutlich hinunter zum Wasser, um zu seinen Männern zu sprechen, die ihn erwartungsvoll anblickten. Ich bin sicher, dass er tief einatmete, die Spannung mit der eingeatmeten Luft aus seinen Lungen entweichen ließ, anschließend einen noch tieferen Atemzug tat und dann die Stimme erhob, die über den stillen Strand und die glatte Wasseroberfläche widerhallte. Was waren wohl seine Worte? Ich stelle mir vor, dass er ungefähr Folgendes sagte:

»Männer von Athen! Blickt zurück über eure rechte Schulter. Seht dort – Athen, eure Heimat, in der unsere Familien davon abhängen, dass wir sie aus der persischen Gefahr befreien. Und nun blickt über eure linke Schulter: Seht die Meerenge. Dort wartet die persische Kriegsflotte darauf, unsere Stadt verwüsten

KAPITEL I

und unser Volk versklaven zu können, so wie sie selbst versklavt sind. Und nun blickt euch gegenseitig an: griechische Brüder und freie Männer – das letzte Hindernis zwischen den Persern und ihrem Ziel. Einige von euch sind gerade erst zum Mann herangereift und haben keine Kriegserfahrung. Viele von euch haben bereits in anderen Schlachten dieses langen Krieges gekämpft. Und alle von euch – *alle* – wissen: Wenn wir heute unterliegen, wird unsere Stadt fallen, unsere Familien werden sterben und alle, die überleben, ihre Freiheit einbüßen. Ich frage euch: Falls wir verlieren, würde dann nicht jeder Überlebende augenblicklich einem Schicksal entgegensehen, das schlimmer ist als der Tod? Stellt euch eure Mütter, Frauen und Töchter vor, verschleppt und zum Vergnügen der Perser missbraucht; eure männlichen Nachkommen zu Tausenden abgeschlachtet, eure betagten Eltern niedergemetzelt.

Männer von Athen! *Freie* Männer von Athen! Wenn ihr heute eure Ruder in die Hände nehmt, nehmt ihr das Schicksal unserer Stadt, unserer Familien und unserer Lebensart in die Hände. Wenn wir heute verlieren, wird mit uns die Hoffnung aller und die Hoffnung auf Freiheit für jeden sterben. Wir dürfen nicht verlieren, und wir *werden* nicht verlieren.

Auf die Schiffe, Männer – und an die Ruder.

Denn heute werden wir mit Leib und Seele rudern.

Wir werden für unsere Heimat rudern, für Athen ...

Wir werden für unsere Kinder, unsere Frauen und unsere Eltern rudern ...

Wir werden am heutigen Tag für unsere Stadt rudern ...

Heute müssen wir um unser Leben rudern!

Denn heute, Männer von Athen, *rudern wir für unsere Freiheit!*«

Nachdem er seine Männer davon überzeugt hatte, »für die Freiheit zu rudern«, stach Themistokles mit seiner Flotte in See. Wie er sich erhofft hatte, machte die Meerenge die zahlenmäßig große Überlegenheit der persischen Kriegsschiffe zunichte, und seine motivierten Ruderer versetzten den feindlichen Schiffen, deren Ruderer Sklaven waren, einen vernichtenden Schlag – sie versenkten fast zehn Mal so viele Schiffe, wie sie selbst verloren. Auf einen Schlag fand sich die persische Armee, die gerade erst Athen niedergebrannt hatte, von jeder Versorgung abgeschnitten und war gezwungen, den eiligen Rückzug nach Persien anzutreten. Nachdem die wichtigsten feindlichen Truppen von der Peloponnes vertrieben und die Nachhut nicht lange nach Themistokles'

DIE KUNST DER ÜBERZEUGUNG

Sieg bei Salamis bei Platea besiegt worden war, war die persische Gefahr gebannt.

Es war ein außergewöhnlicher Sieg, der an der Marineakademie der Vereinigten Staaten (US Naval Academy) bis heute studiert wird. Er spiegelt nicht nur Themistokles' taktische Brillanz wider, sondern auch seinen Charakter, nämlich die Fähigkeit, in einem Moment, in dem alle um ihn herum vor Angst erbebten, tief aus seinem Inneren Mut, Kraft und Entschlossenheit zu schöpfen und seine Leute auf seinen Kurs einzuschwören. Diese Kombination aus visionärer Kraft, Energie und Charisma sucht in der Geschichte der Kriegsmarine ihresgleichen. Themistokles errang einen beeindruckenden Sieg, und die Perser traten den Rückzug an, sodass die Athener – wie er vorhergesagt hatte – in ihre Heimat zurückkehren und ihre zerstörten Häuser wieder aufbauen konnten.

Die Einwohner Athens bauten ihre Stadt und ihre Demokratie in der Tat wieder auf; dem Mann, der das ermöglicht hatte, blieben die Früchte seines Sieges jedoch verwehrt. Nachdem die Gefahr gebannt war, wurde die Dankbarkeit für Themistokles' militärisches Genie schnell von der Erinnerung an seinen harschen, streitbaren und gnadenlosen politischen Stil überschattet. Von der Angst vor ausländischen Invasoren befreit, fühlten sich alte politische Feinde ermutigt, sich für seinen arroganten Führungsstil zu rächen. Ähnlich wie Winston Churchill, der gegen Ende des Zweiten Weltkrieges von der britischen Öffentlichkeit praktisch verstoßen wurde, erlebte auch Themistokles eine dramatische Wendung seines Schicksals, die ihn fast augenblicklich vom Sockel stieß.

Angesichts seiner abnehmenden Popularität war sein politischer Bewegungsspielraum schon bald sehr eingeengt. Am Ende wurde er von einer Handvoll politischer Opponenten gestürzt, die ihm vorwarfen, er versuche, seinen Sieg in eine Tyrannei zu verwandeln. Nachdem er aus Athen in die neutrale Stadt Argos verbannt worden war, beteiligte er sich dort an einem Sklavenaufstand und an einem Putsch in Sparta. Welch eine Ironie des Schicksals – nun war Themistokles gezwungen, über die Ägäis in das Land seines alten Feindes Persien zu fliehen. Dort schwor er dem neuen Herrscher Artaxerxes Treue. Der Legende zufolge lernte er innerhalb eines Jahres Persisch, um sich mit seinem neuen Gebieter verständigen zu können. Sein natürliches Charisma – und wahrscheinlich

33

KAPITEL I

auch die Ungeheuerlichkeit, dass ein griechischer Admiral die Seiten ge-
wechselt hat – sicherten ihm einen Platz am Hof, wo er zweifellos eine
Art öffentlich dargebotene Trophäe des Herrschers darstellte. Themistokles fand Schutz bei seinen ehemaligen Feinden und wurde schon bald
zum *satrap* – Statthalter – einer Provinz in der heutigen Türkei ernannt,
wo er seine restlichen Tage verbrachte.

Seine letzte Ruhestätte ist unbekannt. Griechischen Legenden zufolge
überquerte er im Tod noch einmal die azurblauen Gewässer der Ägäis, als
seine sterblichen Überreste womöglich illegal zurück nach Griechenland
geschmuggelt und heimlich in dem Land bestattet wurden, zu dessen
Rettung er beigetragen hatte. Zumindest ist das die Version, die mir mein
Vater immer erzählt hat.

Themistokles' Leben und das Leben der meisten Admirale wirft eine
Frage auf, die für dieses Buch zentral ist: Ist visionäre Kraft eine Folge des
Charakters? Ich meine, dass visionäre Kraft in der Tat eine der herausragenden Merkmale des menschlichen Charakters ist, die gewöhnliche
Menschen oftmals von außergewöhnlichen Menschen unterscheidet. Es
ist immer leichter, das Leben einfach als eine Abfolge von Ereignissen
zu betrachten, in die man möglichst nicht eingreift – oder bestenfalls ein
oder zwei Schritte vorauszublicken und sich mit banalen Ergebnissen
zufriedenzugeben, weil einem die Vision für Größeres gefehlt hat. Oscar
Wilde sagte einst: »Wir alle schreiten durch die Gasse, aber einige wenige
blicken zu den Sternen auf.« Eine der wertvollsten Eigenschaften, die
eine Führungspersönlichkeit von Format und Charakter besitzt, vor
allem auf wettbewerbsintensiven Gebieten wie Wirtschaft, Politik oder
Militär, ist die Fähigkeit, ein langfristiges Ziel zu verfolgen und auf dem
Weg dahin stets den nächsten Schritt zu bestimmen. Wie Themistokles
beweist, setzt das keine angeborene oder okkulte visionäre Kraft voraus,
sondern vielmehr zwei täuschend einfache Denkgewohnheiten, die jede
Führungskraft mit entsprechender Anstrengung entwickeln kann.

Die erste ist die allgemeine Weigerung, sich von einer augenblick-
lichen Stimmung gefangen nehmen zu lassen. Themistokles ließ sich
weder von der Welle der Euphorie forttragen, die nach Griechenlands
Sieg im Ersten Persischen Krieg das Land erfasst hatte, noch gab er
sich in den dunkelsten Momenten des Zweiten Persischen Krieges der
Verzweiflung hin. Im Sieg riet er zu Wachsamkeit und bereitete sich

34

DIE KUNST DER ÜBERZEUGUNG

innerlich und äußerlich richtigerweise auf einen weiteren Krieg vor. In der folgenden Schlacht, in der seine Truppen dem Feind zahlenmäßig weit unterlegen waren, entwarf er eine vorausblickende Strategie und erzielte einen weiteren Sieg. Beide Ergebnisse waren im Wesentlichen das Produkt seiner ruhigen und besonnenen Voraussicht. Alle Führer sollten sich diesen analytischen Stil zu eigen machen, der auf die Vermeidung einer Überreaktion beziehungsweise einer emotionalen Reaktion abzielt.

Die zweite Eigenschaft, die wir bei Themistokles beobachten können, war eine herausragende Weitsicht, die seiner Fähigkeit zugrunde lag, Chancen und Risiken gegeneinander abzuwägen und für jede Situation eine realistische Einschätzung möglicher Ergebnisse zu treffen. Nach dem Ersten Persischen Krieg wusste er, dass das besiegte Persien mit stärkeren Truppen zurückkehren würde, dass diese unter den richtigen Umständen aber durchaus besiegt werden können. Das ist eine Fähigkeit, die man erlernen kann und die von einem Anführer verlangt, dass er bewusst über mögliche Folgen und Ergebnisse nachdenkt. Eine analytische Betrachtung, die die Chancen und Risiken quantifiziert, ist eine sehr nützliche Angewohnheit, die man kultivieren sollte.

Im Verlauf der Zeit und mit zunehmender Erfahrung können Führer lernen, ihre Gefühle zu beherrschen, ihre Situation klar zu analysieren und die Wahrscheinlichkeit verschiedener Szenarien zu kalkulieren. Kein Führer kann zukünftige Ereignisse minutiös vorhersagen, aber die hier beschriebenen Denkgewohnheiten können dabei helfen, ein oder zwei Züge auf dem Schachbrett im Geiste vorwegzunehmen – ein ungeheurer Vorteil gegenüber dem Feind. Themistokles wusste, dass ein Gefecht bei Salamis riskant war, aber er kalkulierte ganz richtig, dass die Perser sich die Chance, die kleinere griechische Kriegsflotte zu umzingeln, nicht entgehen lassen und dabei die Gefahren der Meerenge übersehen würden. Auch ohne absolute Gewissheit konnte Themistokles mithilfe seiner visionären Gaben vorhersagen, dass seine motivierten Truppen eine realistische Chance hatten, mit geschickten Taktiken und einem strategischen Schlachtplan siegreich aus der Schlacht hervorzugehen.

Mit visionärer Kraft ein Ergebnis vorherzusagen, ist eine Sache; die eigenen Leute zu motivieren, sich diese Vision zu eigen zu machen und umzusetzen, ist jedoch eine ganz andere. Wäre es Themistokles nicht gelungen, Athen zum Aufbau einer Kriegsflotte vor dem Zweiten

KAPITEL I

Persischen Krieg zu bewegen oder seine Truppen zu inspirieren, dem Feind bei Salamis den entscheidenden Schlag zu versetzen, würde sich seine – und die griechische – Geschichte heute möglicherweise ganz anders darstellen. Und dann würden Sie dieses Buch womöglich auf Farsi lesen.

Ob als griechischer Archont, der seine Landsleute zur Investition in eine Kriegsmarine überredete, als Kommandeur, der seine Truppen zum Sieg anführte, oder als Geflüchteter, der seine ehemaligen Feinde dazu überredete, ihm Asyl zu gewähren, stets bewies Themistokles die einzigartige Fähigkeit, seiner Umgebung seine Vision zu vermitteln. Selbst sein unerbittlicher Kritiker Herodot gestand zu, dass die Ansprache, die Themistokles vor der Schlacht von Salamis hielt, maßgeblich für den späteren Sieg war. Die Rede wurde schon bald zu einem Bestandteil zeitgenössischer griechischer Theateraufführungen und blieb ein Charakteristikum späterer römischer Geschichten. Wie im Altertum üblich, hat uns jeder Geschichtsschreiber eine etwas andere Version der Rede überliefert – alle betonten jedoch ihre zentrale Bedeutung für den Sieg, der die athenische Demokratie rettete.

Nicht alle Führungskräfte sind geborene Rhetoriker, aber selbst die besten Redner kultivieren die Redekunst. Themistokles erwies sich schon sehr früh in seiner Rolle als Archont als Redner von großer Inspirationskraft. Wir können jedoch mit ziemlicher Gewissheit davon ausgehen, dass er im Verlauf seiner Jugend, über die es kaum Aufzeichnungen gibt, bereits erhebliche Anstrengungen unternommen hatte, seine möglicherweise angeborene Begabung weiterzuentwickeln. Nur wenige Führer werden sich heute in einer derart aussichtslosen Lage wiederfinden wie Themistokles, aber alle können davon profitieren, die Kunst der inspirierenden, überzeugenden Kommunikation zu kultivieren. Zwar kommunizieren heutige Führungskräfte auf zahlreichen Plattformen, doch rhetorische Kompetenz bleibt ein unverzichtbares Werkzeug im Repertoire einer jeden Führungspersönlichkeit – ob im persönlichen Austausch, im Fernsehen, in einer Videokonferenz oder über Tweets und Facebook-Posts. Diese Kompetenz ist im Wesentlichen das Ergebnis von Übung, des Studiums und vor allem der aufrichtigen Überzeugung, dass die Botschaft augenblicklich von der Zielgruppe verstanden wird. Inspiration erwächst aus dem Charakter.

36

DIE KUNST DER ÜBERZEUGUNG

Letztendlich ist ein grundlegender Teil des menschlichen Charakters der Glaube an sich selbst. Das kann sich als ruhiges Selbstvertrauen ausdrücken oder, traurigerweise, die Grenze zur Arroganz überschreiten. Themistokles war ein brillanter Führer, ein begabter Stratege und ein meisterhafter Kommunikator – in vielfacher Hinsicht war er ein Mann auf der Höhe seiner Kraft, der richtige Anführer für die äußerst schwierige Situation, in der er sich befand, bereit, als Retter seines Volkes zu handeln. Und dennoch übertrat er allzu oft die entscheidende Linie zwischen Selbstvertrauen und Anmaßung und dem Wissen um seine eigene Machtfülle. Am Ende wurde er ein Opfer seiner Arroganz. In der Politik wie im Krieg, ob er das hinterlistige Argument für den Bau einer Kriegsflotte vortrug oder einen heimlichen Abgesandten zu den Persern schickte, um die Schlacht von Salamis zu forcieren, stets war Themistokles bereit, alles zu tun, um seinen Willen durchzusetzen. Er strahlte Selbstvertrauen aus, aber mit der Zeit wurde er von seinen Landsleuten immer mehr als anmaßend und machtbesessen wahrgenommen.

Vor allem in der heutigen Welt mit ihrer enormen Transparenz müssen Führungskräfte die Gratwanderung zwischen hilfreichem Selbstvertrauen (das anderen so oft als Inspirationsquelle dient) und toxischer Arroganz hinbekommen. Mit dieser feinen Unterscheidung haben viele talentierte Menschen Probleme, insbesondere, wenn sie jung und von dem Ehrgeiz beseelt sind, eine wichtige Rolle im Leben zu spielen. Allzu oft schlägt gerechtfertigtes Selbstbewusstsein, das ruhig und beständig ist, in laute, prahlerische Arroganz um, die potenzielle Gefolgsleute entfremdet. Oft ist das beste Mittel, um dieser Gefahr entgegenzuwirken, ein aufrichtiger, intensiver (und bisweilen schonungsloser) Austausch mit Kollegen und Gleichgesinnten. Am Ende sind sie es, die uns ungeschminkt sehen können und uns am besten verstehen. Ihnen aufmerksam zuzuhören, kann dazu beitragen, dass man die feine Linie zwischen Selbstbewusstsein und Arroganz nicht überschreitet. Themistokles geriet weit über diese Linie hinaus, und am Ende wurde ihm das zum Verhängnis und hinterließ einen dunklen Schatten auf seinem Vermächtnis.

Das war die dunkle Seite seines visionären, inspirierenden Charakters, wofür er später teuer bezahlen musste. Man könnte durchaus sagen, dass seine Geschichte eine griechische Tragödie der eigenen Art ist. Themistokles' letztliche Niederlage und Demütigung sollte ihn uns nicht nur

KAPITEL I

menschlicher erscheinen lassen, sondern verdeutlicht auch zwei ewige Herausforderungen der Charakterbildung und Führungskompetenz. Erstens kann fast kein Anführer auf immer und ewig seine Führungsdynamik beibehalten: Verhaltensweisen, über die in Kriegszeiten hinweggesehen wurden, wurden für ihn zu einem Problem, kaum dass durch seinen überragenden Sieg der Frieden wiederhergestellt war. Zweitens werden Anführer, die eine Politik der verbrannten Erde pflegen, oft vom Sockel gestürzt, wenn die Ressentiments, die sie bei der Verfolgung kurzfristiger Ziele erzeugen, zu einem späteren Zeitpunkt offen zutage treten (wie es häufig nach einer unvermeidlichen Veränderung der politischen Landschaft geschieht).

Zu lernen, wie man die Balance zwischen Führen und richtigem Handeln findet, ist oft eine der größten Herausforderungen an den Charakter – vor allem für besonders visionäre und charismatische Führer. Jungen Nachwuchsführungskräften rufe ich gerne die Worte von Ernest King, Flottenadmiral aus dem Zweiten Weltkrieg, in Erinnerung: »Ein herausragender Kapitän zeichnet sich dadurch aus, dass er niemals in eine Situation gerät, in der er sich als herausragender Kapitän beweisen muss.« Ebenso zeichnet sich eine reife Führungspersönlichkeit dadurch aus, dass sie tunlichst vermeidet, in eine Position zu geraten, in der der einzige Weg zur Überzeugung seiner Gefolgsleute eine fast schon magische rhetorische Kunstfertigkeit ist. Dieser Trick lässt sich nicht wiederholen, das zeigt die Geschichte von Themistokles. Niemand kann darauf vertrauen, dass sein Glück ewig anhält.

Themistokles mag ein geschickter Überredungskünstler gewesen sein, allerdings verließ er sich nicht allein auf seine Rhetorik, um seine Ziele zu erreichen. Wenn man sich noch einmal an seine eindringliche Warnung vor der Gefahr der Piraterie und die geheime Gesandtschaft zur persischen Flotte in Erinnerung ruft, wird deutlich, dass Themistokles kreativ in seinen Methoden war, und das in einer äußerst traditionellen Gesellschaft. Ich würde Führungskräften zwar nicht empfehlen, zu der Art politischer Intrige zu greifen, derer sich Themistokles regelmäßig bediente, aber ich möchte den übergeordneten Punkt betonen, dass Führungskräfte oft »einen Weg« aus einer scheinbar aussichtslosen Lage finden müssen. Ein wohlmeinender Beobachter würde das als Pragmatismus bezeichnen; wer böswillig ist, könnte es auch als »Spiel mit

DIE KUNST DER ÜBERZEUGUNG

gezinkten Karten« betrachten. Sowohl was den Aufbau der Kriegsflotte als auch die List betraf, mit der er die Perser in einer für sie ungünstigen Situation zum Angriff verleitete, stets gelang es ihm, seine Gegner durch strategische Überlegenheit und die Fähigkeit auszumanövrieren, sein Urteil flexibel an die jeweilige Situation anzupassen. Bei umsichtiger und vernünftiger Anwendung kann diese Art Kreativität dazu beitragen, dass ein Führer sich gegen seine Kontrahenten behauptet, die sich nicht allein durch clevere Worte umstimmen lassen.

Dazu noch ein wichtiger Hinweis: Die Charaktereigenschaften Kreativität und Innovationsfähigkeit werden nicht selten von der Angst vor dem Scheitern gelähmt. Oftmals fallen dynamische Führungskräfte ihren Versagensängsten zum Opfer, insbesondere wenn sie schon älter sind und eine lange Erfolgsbilanz zu verteidigen haben. Das habe ich im Verlauf meiner Karriere wiederholt erlebt, und deswegen habe ich mich bewusst bemüht, offen für Neues zu bleiben.

Das bedeutet nicht, dass man jeden neuen Trend mitmacht, sondern dass man selektiv auswählt, was man ausprobieren möchte, und sich klarmacht, dass Wagnisse gelegentlich zu Misserfolgen führen. Den Mut aufzubringen, Misserfolge hinzunehmen, ist Teil der lebenslangen Charakterreise und das Tor zu Kreativität. Ich erinnere mich besonders daran, dass ich als relativ junger Offizier feststellte, dass meine Empfehlungen konservativer wurden – von der Art, wie wir das Schiff navigierten, bis hin zur Art und Weise, wie wir unsere Waffen im Kampf einsetzten –, und das beeinträchtigte meine Fähigkeit, das Potenzial meiner Beiträge im Rahmen der Missionen unter meinem Kommando voll auszuschöpfen. Es ist immer schwer, Risiken einzugehen, aber gemessen an einer ganzen Lebensspanne überwiegt der Lohn des Erfolgs bei Weitem das Risiko eines Misserfolgs. Die Schlacht von Salamis wurde Themistokles nicht aufgezwungen; vielmehr führte er sie gegen den Widerstand seiner Landsleute bewusst herbei und sicherte sich durch die geheime Gesandtschaft an die persischen Truppen zusätzlich ab. Insbesondere wenn sehr viel auf dem Spiel steht – und das war in Salamis gewiss der Fall –, müssen Führungskräfte gelegentlich ihrem eigenen Rat folgen und handeln.

Themistokles' Entscheidung, die Schlacht herbeizuführen, zeigt, dass sich kein Risiko vollständig kontrollieren lässt, sondern dass

KAPITEL I

herausragende Führungskräfte lernen müssen, wie sie die inhärente Ungewissheit durch ein umfassendes Verständnis des Kontextes ausbalancieren, um entschlossen handeln zu können. Themistokles wollte sich nicht auf ein Desaster einlassen, indem er eine Schlacht auf offener See suchte, auf der die weit überlegene persische Kriegsflotte seine Flotte womöglich vernichtet hätte. Er ließ sich aber auch nicht von dem Pessimismus seiner anderen Kommandeure anstecken, die die Chance, welche die Meerenge bot, nicht erkannten und stattdessen darauf drängten, den Rückzug anzutreten. Glücklicherweise müssen die meisten Anführer nicht derart folgenschwere Entscheidungen treffen wie Themistokles, aber kein Führer kann bis in alle Ewigkeit entschlossenes Handeln vermeiden.

Seine Charaktereigenschaft – Entschlossenheit – ist ein gutes Beispiel für das Sprichwort, dass ein nicht perfekter Plan, der mit Entschlossenheit umgesetzt wird, oft besser ist, als darauf zu warten, dass sich alle Umstände perfekt zusammenfügen. Bei meinen eigenen Entscheidungsprozessen habe ich versucht, bei wirklich großen, riskanten Entscheidungen – vor allem in Gefechtssituationen – die 90-Prozent-Regel anzuwenden: Entschlossen zu handeln und 10 Prozent dem Glück zu überlassen, hat sich von Afghanistan bis Libyen für mich als Kommandeur im Allgemeinen bezahlt gemacht. Entschlossenheit hat den positiven Nebeneffekt, dass es den Truppen Vertrauen einflößt, da sie ihren Anführer als eine Person wahrnehmen, die die Optionen abwägt, eine Entscheidung trifft und diese dann auch konsequent umsetzt. In der Navy sagen wir, »lasst uns Stahl schneiden«, was bedeutet, dass man früher oder später schwere Entscheidungen treffen muss. Entschlossenheit ohne Fakten ist Irrsinn, allerdings wird man nie alle Fakten kennen. Die richtige Balance zu finden ist nicht nur die Basis jeder Art von Führung, sondern bildet auch den Kern des eigenen Charakters, denn am Ende ist es die innere Stimme, vor der man seine Entscheidungen rechtfertigen muss. Trotz all seiner Schwächen traf Themistokles Entscheidungen in äußerst schwierigen Situationen, und daher lohnt es sich, seinen Charakter mit größter Aufmerksamkeit und tiefstem Respekt zu studieren.

KAPITEL II

Der Marinekommandeur aus dem Reich der Mitte

ZHENG HE

GEBOREN 1371 IN YUNNAN, CHINA

GESTORBEN 1433 AUF SEE, INDISCHER OZEAN

KAPITEL II

Ich bin erst relativ spät in meinem Leben und meiner Karriere auf den chinesischen Admiral Zheng He gestoßen, nämlich als ich 1999 zum ersten Mal als Captain und Executive Assistant/Senior Aide* des US-Marinestaatssekretärs nach China reiste. Zuvor war ich schon viele Male in Hongkong gewesen und einmal in Taiwan, aber nie in der Chinesischen Volksrepublik. Mein Vorgesetzter, der Marinestaatssekretär Richard Danzig, ein brillanter globaler Denker und promovierter Rhodes-Stipendiat**, betonte stets, wie wichtig es sei, dass man sich mit der Geschichte und Kultur des Gastlandes vertraut mache. China bilde da keine Ausnahme. In den Wochen vor unserer Reise stellte er viele Fragen über die chinesische Marine und versuchte, sich ein Bild über ihr Ethos und ihren Führungsstil zu machen.

Ich war Mitte 40 und hatte soeben eine erfolgreiche Fahrt als Kommodore der US-Navy abgeschlossen, bei der ich das Oberkommando über sieben Zerstörer hatte, darunter vier Lenkwaffenzerstörer der *Arleigh-Burke*-Klasse (damals die neueste Generation). Auf dieser Fahrt hatten wir eine Reihe an Übungen und operativen Einsätzen im äußerst konfliktträchtigen Südchinesischen Meer durchgeführt. Bei der Leitung dieser Einsätze hatte ich einiges über die chinesischen Territorialansprüche auf das gesamte Südchinesische Meer erfahren, denen die Vereinigten Staaten und die Anrainerstaaten energisch widersprechen, da sie die Auffassung vertreten, dass es sich dabei um internationale Gewässer handelt. Ich konnte mich dunkel an einen chinesischen Admiral und Erforscher aus dem Altertum erinnern, der den historischen Präzedenzfall geschaffen hatte, der China teilweise als Grundlage für seine Ansprüche diente, aber ich hatte mich weder mit seiner Person noch mit seinem Leben, seinem Charakter oder seinem Führungsstil näher beschäftigt.

Als Marinestaatssekretär Danzig eindringliche Fragen über die Gründe stellte, weswegen China das gesamte Südchinesische Meer für sich beanspruchte (ein gewaltiges Meer mit einer Ausdehnung von fast einer Million Quadratmeilen – das ist ungefähr die Größe der Karibik),

---

* unterstützende/beratende Funktion in der Koordination, Organisation, Kontaktpflege und Entscheidungsvorbereitung (A.d.Ü.)

** Das Rhodes Scholarship ist eines der prestigeträchtigsten Stipendien der Welt und wird für ein Studium an der renommierten britischen Oxford University vergeben. (A.d.Ü.)

44

DER MARINEKOMMANDEUR AUS DEM REICH DER MITTE

wurde mir klar, dass es an der Zeit war, dass ich mich näher über diesen Erforscher informierte, auf dessen Wirken diese außerordentlichen Gebietsansprüche basierten. Dieser Erforscher war Zheng He. Schon nach kurzer Zeit war ich von seiner Lebensgeschichte gefesselt. Mehrere Wochen lang las ich alles, was ich über diesen außergewöhnlichen Mann und seinen noch ungewöhnlicheren Aufstieg von einem kastrierten Gefangenen zum wahrscheinlich führenden internationalen Flottenkommandeur der damals bekannten Welt und seiner Zeit in die Hände bekam. Seine Lebensgeschichte ist die Geschichte einer bemerkenswerten Zähigkeit und Kreativität und eines ausgeprägten Tatendrangs, die die Psychologie des größten potenziellen Gegners der US-Seestreitkräfte in unserem turbulenten Jahrhundert geprägt haben – der chinesischen Marine als Teil der sogenannten chinesischen Volksbefreiungsarmee.

Mit meinem nun umfangreichen Wissen über den herausragendsten Admiral in der Geschichte Chinas im Kopf wollte ich nach meiner Ankunft in China auf meiner Reise mit Marinestaatssekretär Danzig ausloten, wie Zheng He heute von den Chinesen gesehen wird und auf welche Weise sein Charakter die zweitgrößten Marinestreitkräfte der Welt bis in die Gegenwart beeinflusst. Auf unserer Reise sprach ich mit meinen chinesischen Amtskollegen viel über Zheng He und seine psychologische Rolle für die chinesische Marine und schlug bei gesellschaftlichen Anlässen oft vor, auf ihn anzustoßen. Das kam sehr gut an und wurde ebenso oft mit einem Toast auf den US-Flottenadmiral Chester Nimitz erwidert, den chinesische Marineoffiziere in sehr guter Erinnerung haben, weil er Japan – eine Nation, der China nach Jahrhunderten der bewaffneten Konflikte und der japanischen Eroberung Chinas im Zweiten Weltkrieg mit Misstrauen und Bitterkeit begegnet – in die Kapitulation gezwungen hatte.

Was ich bei meinen Studien lernte, war, dass Zheng Hes Lebenssicht, sein inspirierender Führungsstil und sein tiefgründiger Charakter trotz seiner ungewöhnlichen Herkunft weit über seine eigene schmerzliche Geschichte hinausreichte und ihn in der gesamten Pazifikregion berühmt machte. Sein Leben, das in den Vereinigten Staaten kaum bekannt ist, bildet einen wichtigen Teil der Geschichte der Nationen der Pazifikregion und ihrer Ozeane. Ich habe aus meinen Studien über seine Person und sein Wirken meine eigene Lektion gezogen: Um den Charakter

KAPITEL II

anderer Nationen, Regionen und Kulturen zu verstehen, müssen wir uns mit ihren Geschichten und Legenden befassen, sie umfassend und methodisch studieren und Lektionen aus den herausragenden Marine-kommandeuren der Welt ziehen – eine Gruppe, bei der Admiral Zheng He nicht fehlen darf.

Die multiethnische Zusammensetzung und die schwelenden Grenz-konflikte des modernen China gemahnen an die großen historischen Umbrüche, Menschen und Territorien betreffend, die die chinesische Zivilisation seit Jahrhunderten bestimmen. Einige der größten Um-brüche gingen auf Dynastiewechsel zurück, und einer dieser Wechsel war für die Entstehung der Voraussetzungen verantwortlich, die den Auf-stieg Zheng Hes begünstigten.

Mitte des 14. Jahrhunderts, als Europa noch im Mittelalter verhaftet war und sich von den vorausgegangenen Pestepidemien erholte, entstand eine der wichtigsten Dynastien in der chinesischen Geschichte: die Ming-Dynastie. Nur wenige Jahre, nachdem die Ming formal das »Mandat des Himmels« übernommen hatten, wurde in einer muslimischen Familie aus der Provinz Yunnan im Südwesten Chinas, nördlich von den heutigen Ländern Myanmar, Laos und Vietnam, ein Junge mit dem Namen Ma He geboren. Die Ming-Herrscherfamilie war noch dabei, ihre Macht über ganz China zu konsolidieren, und Yunnan war eine der Provinzen, die noch von den Gouverneuren regiert wurde, die von der gestürzten Yuan-Dynastie ernannt worden waren. Wie alle neuen Dynastien brauchten auch die Ming eine Weile, bis sie alle Gebiete unter ihre Kontrolle ge-bracht hatten. In der Provinz Yunnan dauerte es bis 1381. Der Legende zufolge hielt der General, der nach Yunnan gesandt worden war, um den bereits geflüchteten Gouverneur abzusetzen, bei seiner Verfolgungs-jagd an, um einen zehnjährigen muslimischen Jungen zu befragen. Der Junge weigerte sich nicht nur, den Aufenthaltsort des Gouverneurs preis-zugeben, sondern leistete offen Widerstand. Und so wurde er gefangen genommen, nach üblicher, aber unangenehmer Sitte kastriert und als Eunuch in den Dienst des Hofes gestellt.

Der neue Meister des Jungen war Prinz Zhu Di, der vierte Sohn des Ming-Herrschers und Aide-de-Camp des Generals der Yunnan-Kampagne. Trotz seiner Kastration wurde Ma He ein herausragender Krieger und wuchs zu stattlicher Größe heran. Er studierte Politik und Kriegsführung

DER MARINEKOMMANDEUR AUS DEM REICH DER MITTE

und löcherte alle Mitglieder des Hofes mit Fragen zu ihrer Meinung über alle möglichen Dinge, von den besten Waffen für einen Nahkampf bis zu astronomischer Navigation. Er stach in jeder Hinsicht hervor und nahm allmählich den Prinzen immer mehr für sich ein. In den folgenden Jahrzehnten kämpften die beiden gemeinsam gegen mongolische Invasoren, aufständische Provinzen und einen Herausforderer, der Anspruch auf den Ming-Thron erhob. Ma He wurde zum Vertrauten des Prinzen und als dieser den Herausforderer besiegt hatte und Yongle-Kaiser wurde, gewährte er Ma He die hohe Ehre, seinen eigenen Nachnamen bestimmen zu dürfen. Im Folgenden wurde Ma He als Zheng He bekannt, in Anlehnung an eine wichtige Region in Zentralchina.

Die Einzelheiten des äußerst ungewöhnlichen Aufstiegs eines kleinen Jungen und Eunuchen zum Günstling am Kaiserhof und Vertrauten des Prinzen sind nicht bekannt. Die chinesischen Dynastien zeigten eine gewisse Bereitschaft, eroberten »Barbaren« in begrenztem Rahmen einen gesellschaftlichen Aufstieg zu ermöglichen, vor allem, wenn sie entmannt und nicht mehr anfällig für die Verlockungen des Weibes waren, da ihre natürlichen Ambitionen erstickt waren. Diese Praxis, die auch im Ottomanischen Reich gepflegt wurde, bot den Kaiserhöfen ein Reservoir an fähigen Männern, die beratende Funktionen ausübten. Gelegentlich findet man historische Beispiele von Männern, die in erhebliche Machtpositionen aufstiegen, allerdings stets an der Seite von Herrschern, die sich die gesellschaftliche Isolation und den mangelnden Rückhalt ihrer Protegés außerhalb des Hofes zunutze machten. Das galt auch für Zheng He, der in zahlreichen Feldzügen an der Seite seines Herrschers kämpfte und sich über einen Zeitraum von mehr als einem Jahrzehnt dessen Vertrauen erworben hatte.

Nach einer Phase der Grenzkriege machte sich der neue Kaiser daran, das Land zu erneuern und zu modernisieren. Zu diesem Zweck beauftragte er Zheng He mit einem seiner ehrgeizigsten Vorhaben: Chinas erste Hochseeflotte zu bauen und sie auf Erkundungsfahrten jenseits der traditionellen Reichweite der chinesischen Küstenschifffahrt zu schicken. Zwar sind die ursprünglichen Gründe für den Bau der Flotte nicht überliefert – die Spekulationen reichen von Eroberungsfeldzügen über Handelsexpeditionen bis zu reiner Neugier –, aber den Wünschen des Herrschers wurden selbstverständlich entsprochen und Zheng He, sein

47

KAPITEL II

langjähriges Faktotum und de facto Stabschef, wurde mit der Aufgabe seines Lebens betraut. Der Herrscher hatte eine weise Wahl getroffen; er kannte Zheng Hes Qualitäten: geschicktes Management, ein gemäßigtes Temperament, ein unabhängiger Geist, der von unverbrüchlicher Loyalität zu seinem Herrscher gebändigt wurde, und vor allem ein hohes Maß an Zähigkeit gegenüber den Widrigkeiten eines unbekannten Meeres.

Seine Mission bestand jedoch nicht nur darin, einfach in See zu stechen. Zunächst musste er die Flotte bauen. Im damaligen China wurden üblicherweise große, beeindruckende Bauwerke errichtet – eine Tradition, die die Volksrepublik China auch heute noch pflegt. In diesem Fall bedeutete es die Erweiterung und Vergrößerung bestehender Schiffe und den Bau der größten Holzschiffe der damaligen Zeit, massive Kriegsschiffe mit einer Länge von mehr als 150 Metern. Um das zu erreichen, bedurfte es keiner militärischen Stärke, sondern der weitaus weniger glamourösen Administration, Aufsicht und Logistik.

Man kann sich gut vorstellen, wie Zheng He durch die Werft von Longjian schritt, versunken in den ohrenbetäubenden Lärm um ihn herum. Selbst nach mehreren Monaten, die er den Schiffsbau bereits beaufsichtigte, hatte er sich immer noch nicht ganz an das unglaubliche Getöse gewöhnt: Es überstieg alles, was er bisher erlebt hatte. Das gilt übrigens auch für moderne Werften – die lautesten und schmutzigsten Zeiten meiner eigenen Marinelaufbahn waren die anstrengenden Monate, die ich im Schiffsbau beziehungsweise der Schiffreparatur in verschiedenen Werften an der Küste der Vereinigten Staaten verbracht hatte. Selbst als der Schiffsrumpf noch aus Holz und nicht aus Metall gebaut wurde, muss der Krach ungeheuer gewesen sein. Allerdings brachte jeder Tag, an dem gehämmert, gesägt und geschrien wurde, das gewaltige Projekt seiner Vollendung näher. Am Ende fertigten die Werftarbeiter von Longjian einige der größten Holzbauwerke, die je aus menschlicher Hand entstanden sind. Anfang der 1400er-Jahre, als Zheng He das Kommando über seine Flotte übernahm, bemühten sich die Europäer, die gerade in ihr eigenes Zeitalter der Erforschung der Weltmeere aufbrachen, Segelschiffe zu bauen, deren Größe ein Bruchteil der chinesischen Flotte betrug. Nach Fertigstellung segelte das chinesische Flaggschiff an der Spitze der Flotte aus zwölf sogenannten Schatzschiffen, die alle von beeindruckender Größe waren, wenngleich sie nicht die Dimensionen des

48

DER MARINEKOMMANDEUR AUS DEM REICH DER MITTE

Flaggschiffes erreichten, und brach zu einer Reihe von Expeditionsreisen auf, die die Reichweite und den Einfluss der Ming-Dynastie auf weit entfernte Länder ausdehnten.

Die Arbeit in den Schiffswerften beschäftigte Zheng He fast vier Jahre. Zu seinen Aufgaben gehörte unter anderem die Beschaffung von Holz, Pech, Nägeln, Eisen und allen übrigen Baumaterialien. Der komplexeste Teil seiner Arbeit war jedoch die Führung der ungebärdigen Arbeiter. Zheng He wusste, dass es die zwischenmenschlichen Probleme waren, die am ehesten außer Kontrolle gerieten, und dass dies oft die schlimmsten Folgen hatte. Daher kümmerte er sich oft höchstpersönlich um Personalangelegenheiten. Tagsüber löste er die Probleme, die mit dem Schiffbau zu tun hatten, und nachts bereitete er sich auf die Expedition vor. Zu diesem Zweck studierte er Navigation, wofür er die wenigen erfahrenen chinesischen Hochseeleute zurate zog, und erlernte die Kunst der maritimen Kriegsführung. Für die gewaltigen Schiffe, die unter seinen wachsamen Blicken entstanden, brauchte er große Besatzungen, die auf hoher See und unter noch beengteren Verhältnissen als in der Werft ihre Konflikte austragen mussten, ohne dass die Männer abends nach Hause gehen und ihre erhitzten Gemüter beruhigen konnten.

Im Jahr 1405 setzte die Flotte Segel und brach zu ihrer ersten Expedition auf. Mit mehr als 300 Schiffen und einer Gesamtbesatzung von mehr als 27 000 Matrosen war dies die größte See-Expedition in der bisherigen Geschichte. Zum Vergleich: Neun Jahrhunderte später stach Kolumbus mit nur drei Segelschiffen in See, die zusammen nur ungefähr eines der kleineren von Zheng Hes Schatzschiffen ausmachten, und einer Besatzung von nur 90 Matrosen – weniger als 1 Prozent der Besatzung, die Zheng He befehligte. Wenn der Yongle-Kaiser sich etwas in den Kopf gesetzt hatte, wurde es auf möglichst spektakuläre Weise umgesetzt. Dies war keine reine Aufklärungsreise; es war die Armada, mit der sich China anschickte, die Welt zu erobern.

Die erste Expedition führte die Schatzflotte in die Handelsstadt Kalikut (heute Kozhikode) an der Südwestküste Indiens. Als natürlicher Bestimmungshafen für Kaufleute, die den Indischen Ozean in alle Himmelsrichtungen überquerten, war Kalikut bereits seit tausend Jahren ein wirtschaftliches Drehkreuz. Schon die Römer trieben in diesem Teil Indiens Handel und brachten Glas und Wolle im Austausch für Gewürze.

KAPITEL II

Die Regierung von Kalikut war ein Spiegelbild ihres chinesischen Pendants: wohlhabend, effizient von der Bürokratie verwaltet und eine Oase der Künste. In Kalikut knüpfte die Ming-Dynastie ihre ersten dauerhaften Kontakte zur Außenwelt. Die Reise trug auch dazu bei, Chinas historische Ansprüche auf das Südchinesische Meer zu begründen. Der Widerhall von Zheng Hes Mission bildet Teil des Arguments, das China dem internationalen Rechtssystem als Beleg für seine Souveränität über dieses ausgedehnte Gebiet präsentiert hat – das Echo aus lang vergangenen Jahrhunderten, das die Gewässer der modernen Welt erneut aufwühlt.

Von Anfang an war es ein ehrgeiziges Vorhaben. Die Flotte musste von ihrem Heimathafen in Südchina das Südchinesische Meer entlangfahren, durch die Straße von Malakka, den Golf von Bengalen und in das Arabische Meer, um nach Kalikut zu gelangen. Ein hoher Seegang und stürmische Winde setzten ihnen auf dieser Reise zu. Diese hölzerne »schwimmende Stadt« konnte selbst bei günstiger Witterung nicht in einem Stück durchfahren. Die Flotte musste oft Nachschub besorgen, neue Nahrung für ihre Besatzung beschaffen, Medizin gegen alle möglichen Krankheiten und Materialien, um die Schäden zu reparieren, die Mensch und Natur verursacht hatten. Zwar war die Flotte in den meisten ihrer Bestimmungshäfen die erste offizielle Gesandtschaft der chinesischen Regierung, aber glücklicherweise waren die Matrosen nicht die ersten Chinesen, die jemals einen Fuß auf fremden Boden gesetzt hatten. Die Flotte wurde unterstützt von Mitgliedern der lokalen chinesischen Gemeinden. Ich befuhr diese Gewässer jahrelang in massiven stählernen US-Kriegsschiffen und lief in Häfen von Hongkong über Taiwan bis zu den Philippinen und Singapur ein. Und überall lagen chinesische Schiffe: Kriegsschiffe, Trawler, Küstendampfer, Abfallentsorgungsschiffe und stets die Fischereiflotten.

Die Piraterie ist eine der größten anhaltenden Gefahren in der Geschichte der Seefahrt (man erinnere sich an Themistokles' ursprünglichen Appell an seine Landsleute, eine Flotte zur Verteidigung gegen Piraten zu bauen). Zu Zheng Hes Zeiten wie heute war und ist die überaus enge und stark befahrene Straße von Malakka, an deren Spitze sich der gleißende moderne Stadtstaat Singapur befindet, Schauplatz ständiger Überfälle durch Piraten vor Ort. Zu Zheng Hes Zeiten war der gefährlichste von ihnen Chen Zuyi, ein chinesischer Pirat, der Herrscher (der Stadt Palembang, Hauptstadt der indonesischen Provinz Süd-Sumatra) und Bandit zugleich war. Es fand ein monatelanges Katz-und-Maus-Spiel statt, bis sein Piratennetzwerk zerschlagen war, aber am Ende konnte die Schatzflotte den berüchtigtsten Räuber seiner Zeit ausschalten. Zwar waren die Schiffe der Schatzflotte keine speziellen Kriegsschiffe und auch nicht für diesen Zweck gebaut, aber sie erwiesen sich als effektiv in der Ausbreitung der Außenpolitik der Ming-Dynastie über das chinesische Festland hinaus.

Der Schlüssel zu Zheng Hes Erfolg ist ganz offensichtlich. Er war bestens organisiert, von ruhigem Wesen, seinem Prinzen treu ergeben und wagemutig. In Kombination mit seiner Zähigkeit bewährten sich diese Eigenschaften auf seinen langen Reisen sehr, vor allem auf der ersten, die ein umfassender Erfolg war. Der enthusiastische Kaiser befahl eine zweite Expedition nach Kalikut, um die Macht des Königs von Kalikut durch Chinas Anerkennung zu sichern. Die Flotte diente auch dazu, chinafreundliche Könige und Regenten in südostasiatischen Königreichen und Stadtstaaten zu installieren, denn der Drachenthron pflegte eine regionale Ordnung, um seine Interessen durchzusetzen. Damit antizipierte China Alfred Thayer Mahans Theorie von der Seemacht als maßgeblichem Element der nationalen Macht um ein halbes Jahrtausend.

Die nachfolgenden Reisen führten die Flotte weit über Kalikut hinaus bis in die großen Handelsstädte der arabischen Halbinsel und nach Ostafrika. Zheng He führte diese Expeditionen an und brachte dem Hof des Kaisers Reichtum und Ansehen. Die Nutzen waren nicht nur auf die traditionellen Wertgegenstände beschränkt. Von ihrer vierten Reise kehrte die Flotte mit einer Giraffe nach China zurück – ein persönliches Geschenk des Königs von Malindi (das heutige Kenia) an den Kaiser von China. Die Giraffe war das erste exotische Tier, das nach China gelangte, und ähnelte stark dem chinesischen Fabelwesen *qilin*. Die Befürworter der Expeditionen sahen darin den Beweis, dass der Himmel Chinas Auslandsreisen billigte.

Die Expeditionen genossen jedoch keine uneingeschränkte Unterstützung. Die Kosten stiegen rasant an, denn für dieses gewaltige Unternehmen mussten Materialien aus allen Ecken des Landes herbeigeschafft werden. Der Warenverkehr machte eine neue einheimische Infrastruktur

KAPITEL II

erforderlich. Die Eunuchen am Hofe unterstützen diese Reisen, denn sie begrüßten den Reichtum, den sie dem Hof bescherten. Die Hofbeamten, die in den kaiserlichen Ministerien arbeiteten, waren jedoch dagegen. Im Hinblick auf die Rolle der Regierung und der Gesellschaft bevorzugten sie die traditionelle, konfuzianische Sichtweise. Handel und Gewerbe waren in ihren Augen räuberische Aktivitäten – gesellschaftlich notwendige Übel, die ihrer Ansicht nach unter der Würde eines Herrschers waren. Wie bei jedem politischen Dissens ging es bei diesen Verwerfungen genauso sehr um persönliche Macht als um hochfliegende Ideale. Den Beamten missfiel, dass sie vom Kaiser an den Rand gedrängt wurden, während die Eunuchen darum kämpften, ihre privilegierte Rolle zu wahren.

Die erbitterten Palastintrigen zwischen Eunuchen und Hofbeamten, die sich an der Kontroverse über die Schatzflotte entzündet hatten, erstreckten sich über Jahrzehnte. Nach dem Tod des Yongle-Kaisers bestieg sein eher konfuzianisch gesinnter Sohn den Thron. Der neue Kaiser stoppte die Expeditionsreisen und konzentrierte sich stattdessen mehr auf die inneren Angelegenheiten des Landes. Allerdings saß er nicht lange auf dem Thron; schon nach wenigen Monaten erkrankte er und verstarb. Der nächste Kaiser unternahm eine siebte und letzte Expeditionsreise. Zheng He wurde zurück in den Dienst berufen, um seine letzte Mission zu erfüllen. Der einstige Junge aus der Provinz, der zu einem herausragenden Admiral aufgestiegen war, verstarb auf der Rückreise. Seine Matrosen bestatteten ihn auf hoher See.

Ohne ihren mächtigen Schutzherrn gelang es den Eunuchen bei Hofe nicht, ihre einstige privilegierte Stellung zurückzugewinnen. Die Hofbeamten gewannen schließlich den Machtkampf, und die Schatzflotte vermoderte im Hafen. Das vielleicht Traurigste für alle Menschen, die sich für diese einzigartige Periode der chinesischen Geschichte interessieren, ist der Umstand, dass Zheng Hes persönliche Tagebücher den Palastintrigen zum Opfer fielen – zerstört von denjenigen, die die Erinnerung an die Schatzflotte auslöschen und zukünftiges Abenteurertum unterbinden wollten. Daher bleibt uns nichts anderes übrig, als uns auf Sekundärquellen zu stützen, um einen Eindruck von dem Leben und den Abenteuern des Admirals zu gewinnen.

DER MARINEKOMMANDEUR AUS DEM REICH DER MITTE

Sein Vermächtnis ist dennoch bis heute lebendig geblieben: Zheng He bleibt ein Volksheld in den chinesischen Gemeinden Südostasiens, und wie ich auf meiner ersten Reise nach China feststellte, werden sein Name und die Erinnerungen an seine Verdienste oft genannt, nun da China seine Verbindung zum Meer wiederentdeckt. In diesem Zusammenhang sei erneut daran erinnert, dass seine Reisen zum Teil die historischen Ansprüche auf Souveränität über das gesamte Südchinesische Meer begründen, die China mehrfach vor internationalen Gerichtshöfen vorgetragen hat. Die Öl- und Gasvorkommen, die sich unter dem Meer befinden, sind aus chinesischer Perspektive für den strategischen Weg der Nation in das 21. Jahrhundert unverzichtbar. Zheng Hes Expeditionen, die seinem Kaiser vor Jahrhunderten großen Reichtum bescherten, verkörpern somit unter anderem Chinas Streben nach einer Vormachtstellung in der heutigen Zeit. Man kann praktisch eine zielgerade Linie von den Charaktereigenschaften dieses Admirals aus dem Altertum bis zu den Leistungen und Ambitionen des modernen China ziehen.

Was können wir von Zheng He lernen? Welches sind die Charaktereigenschaften, die sein Leben prägten? Die erste dieser Eigenschaften war in vielfacher Hinsicht die einfachste: ein gut organisierter Geist, der von einer besonnenen Persönlichkeit gezähmt wurde. Wie im Fall von Chester Nimitz, jenem US-Admiral, auf den meine chinesischen Gastgeber anstießen, nachdem ich meinerseits einen Toast auf Zheng He ausgesprochen hatte, waren Zhengs unleugbare Errungenschaften als Kriegskommandeur der Marine nicht nur das Ergebnis seiner Organisationsfähigkeit – sie überstrahlten diese geradezu. Die Überwachung des Schiffsbaus wäre unter allen Umständen eine gewaltige Aufgabe gewesen; sie wurde umso beeindruckender durch den Umstand, dass es Chinas erster groß angelegter Versuch war, sich in eine Seefahrernation zu verwandeln. Zum Vergleich: Stellen Sie sich vor, die Vereinigten Staaten hätten beschlossen, Menschen mit der ersten Rakete, die gebaut wurde, zum Mond zu fliegen, und hätten Erfolg gehabt. Der Bau der Schatzflotte setzte enorme organisatorische Fähigkeiten voraus, wobei die Herausforderungen nicht endeten, als die Schiffe fertig waren. Zheng He und seine Besatzung hätten kaum lernen können, wie man derart riesige Schiffe baut und navigiert, bevor sie nicht lernten, wie man auf hoher See ihre Versorgung sicherstellt und sie an Ankerplätzen

KAPITEL II

repariert, die auf keiner damaligen Weltkarte verzeichnet waren. Wenn ein bemannter erster Testflug zum Mond wie eine große Herausforderung klingt, dann stellen Sie sich vor, wie es wäre, wenn die Rakete ihre Reise anschließend zum Mars fortsetzen würde und die Astronauten nach ihrer Ankunft einen Marsbewohner fragen müssten, ob er vielleicht Ersatzteile hat, mit denen sie ihre Rakete reparieren können.

Wie ich bei meinem ersten Kommando über den Zerstörer USS *Barry* lernte, hängt ein Großteil des Erfolgs eines Kommandeurs und seiner Besatzung auf See von der Organisation vor dem Einsatz ab. Wenn die Kommunikation, die Verfahren und das Training vor dem Auslaufen aus dem Hafen reibungslos vonstattengehen, hat die Besatzung eine gute Chance, die Herausforderungen, mit denen sie auf hoher See unvermeidlicherweise konfrontiert wird, zu meistern. Das ist einer der Hauptgründe, warum Marinekulturen in aller Welt Schiffskapitänen eine derart weitreichende Autorität und Verantwortung übertragen: Jeder trägt zur Vorbereitung einer Reise bei, aber die Hauptverantwortung in Bezug auf eine angemessene Versorgung und Unterweisung trägt der Kapitän. Nicht alle Führungskulturen sind so hart wie die, die man bei der Marine findet, aber alle Führer müssen lernen, zu organisieren und die Verantwortung für ihre Leute, ihre Ausrüstung und ihre Mission zu übernehmen.

Organisation ist mehr als eine Fähigkeit – sie ist eine Charaktereigenschaft. Sie beinhaltet einen disziplinierten, linearen, vernünftigen Analyse- und Problemlösungsansatz und lehnt fadenscheinige Argumente, emotionale Analysen und die Art von geistiger Unordnung ab, unter der so viele Menschen leiden. Das Beste daran ist, dass Organisation eine Charaktereigenschaft ist, die man entwickeln und üben kann. Glücklicherweise haben wir in der heutigen elektronikbeherrschten Welt zahlreiche Geräte, Software und Anwendungen, die uns dabei helfen, uns zu organisieren – von simplen Aufgabenlisten auf unseren Smartphones bis zu Programmen der künstlichen Intelligenz, die mithilfe von »maschinellem Lernen« erkennen, was uns wichtig ist, und unsere tägliche Arbeit nach diesen Kriterien priorisieren. Die Verwendung dieser Instrumente ist ein einfacher, aber maßgeblicher Teil der Kompetenzentwicklung, um organisiert handeln zu können. Wir können außerdem den Impulsen widerstehen, die zu einem Mangel an Organisation führen

DER MARINEKOMMANDEUR AUS DEM REICH DER MITTE

und dem Drang nach einer unmittelbaren Bedürfnisbefriedigung und einer Art geistiger Faulheit entspringen, die unsere heutige Gesellschaft so sehr prägen. In vielfacher Hinsicht ist unser Charakter die Summe der Entscheidungen, die wir im gegenwärtigen Augenblick treffen, und des Kurses, den wir mit Blick auf die Zukunft einschlagen. Methodisches, organisiertes Vorgehen hat einen großen Einfluss auf unseren Charakter. Belastbarkeit war ebenfalls ein zentrales Element von Zheng Hes Charakter. Er hatte kein einfaches Leben. Man kann sich nur schwer die Brutalität seiner Gefangennahme und Kastration vorstellen, aber dennoch machte Zheng He nicht nur einfach weiter, sondern machte sich für genau die Leute unersetzlich, die ihn so misshandelt hatten. Die Strenge des administrativen Dienstes, sein Kommando über die Schatzflotte und seine politische Position innerhalb der Beamtenschaft des Kaisers bleiben zum größten Teil unserer Fantasie überlassen, da es kaum historische Aufzeichnungen darüber gibt, aber man kann gewiss davon ausgehen, dass Zheng He wohl eine sehr große Widerstandsfähigkeit und ein ebenso ausgeprägtes Taktgefühl benötigte, um das Vertrauen des Herrschers zu gewinnen, sieben ausgedehnte Expeditionsreisen durchzuführen und sich die Gunst von drei aufeinanderfolgenden Kaisern mit unterschiedlichen Prioritäten zu sichern. Sein Charakter war eindeutig von Widerstandskraft geprägt, die vielleicht die wichtigste menschliche Eigenschaft ist, und zwar aus dem einfachen Grund, dass wir alle auf unserem Lebensweg wiederholt hinfallen und wieder aufstehen müssen.

Glücklicherweise bleiben den meisten Führungskräften, um nicht zu sagen, den meisten Menschen, heute ähnliche Herausforderungen erspart. Dennoch müssen alle Führungskräfte widerstandsfähig sein, wobei diese Eigenschaft oft erst entwickelt wird, wenn man unter Druck handeln muss. Viele Menschen haben für einen anspruchsvollen, fordernden Vorgesetzten gearbeitet, Verantwortung für ein Projekt übernommen, das sie an die Grenzen ihrer organisatorischen Fähigkeiten gebracht hat, oder mussten sich im übertragenen Sinne in unbekannten Gewässern beweisen. Wichtig ist, dass man sich daran erinnert, dass Widerstandsfähigkeit eine Art Stressimmunisierung ist, und man entwickelt sie am besten in langsam steigenden Dosen. Zu dem Zeitpunkt, als Zheng He mit dem Bau und dem Kommando der Schatzflotte beauftragt wurde, hatte er schon viele Tests bestanden. Diese neue Herausforderung mag

KAPITEL II

zwar die größte gewesen sein, allerdings hatte er bereits große Aufgaben übernommen, aus denen er alles gelernt hatte, was er für die Flotte brauchte. Wie können wir unsere Widerstandskraft steigern?

Die beiden besten Mittel, die ein Individuum anwenden kann, um seine Widerstandskraft zu erhöhen, sind eine stoische Haltung und die Angewohnheit, die Dinge in die richtige Perspektive zu rücken. Stark vereinfacht ausgedrückt besteht der Stoizismus, der auf die griechischen Philosophen der Antike zurückgeht, darin, dass man eine allgemeine Lebenseinstellung der Akzeptanz gegenüber der Schmerzhaftigkeit und Unerbittlichkeit der Welt entwickelt und sich klar macht, dass Jammern und Klagen nichts bringt. Die Stoiker waren davon überzeugt, dass wir Menschen unfähig sind, die Dinge so zu akzeptieren, wie sie sind, und auf der Suche nach Schmerzvermeidung stets nach dem Angenehmen streben. Zwar wirkt der Stoizismus auf den ersten Blick wie eine einfache Philosophie, die meisten von uns brauchen jedoch ein ganzes Leben, um diesen Gleichmut beziehungsweise diese Gelassenheit zu entwickeln, was in erster Linie daran liegt, dass ein Großteil der heutigen Gesellschaft auf dem Freude/Schmerz-Kalkül basiert. Der herausragende griechische Schriftsteller Nikos Kazantzakis war zwar kein Stoiker im eigentlichen Sinne, aber sein Grabstein trägt die schlichte Inschrift: »Ich begehre nichts. Ich fürchte nichts. Ich bin frei.« Inwieweit es uns gelingt, uns diese Lebenseinstellung zu eigen zu machen, bestimmt den Grad der Freiheit, den unser Charakter erlangt, um Großes leisten zu können.

Zweitens ist es bei der Entwicklung der persönlichen Widerstandskraft hilfreich, unterschiedliche Perspektiven einnehmen zu können und ein Gespür für den Gesamtkontext zu entwickeln. Das bedeutet, sich bewusst zu machen, dass die Situation noch wesentlich schlechter sein könnte, als sie ist. Hier kommen zahlreiche Faktoren ins Spiel, denn alle Umstände werden subjektiv wahrgenommen. Natürlich fällt es schwer zu sagen: »Nun, mein Kind hat eine furchtbare Krankheit, aber es gibt andere, die noch schlechter dran sind, denn ihre Kinder sind bei der Geburt gestorben.« Einige Umstände sind so schmerzhaft und tragisch, dass es keine positive Art und Weise gibt, sie in ein freundlicheres Licht zu tauchen, indem man sie »im Kontext betrachtet«. Allerdings regen wir uns oft über Banalitäten auf wie einen verpassten Flug, eine aufgeschobene Beförderung, eine kleine Auseinandersetzung mit einem

DER MARINEKOMMANDEUR AUS DEM REICH DER MITTE

anderen Kunden im Supermarkt, eine lange Warteschlange in der Apotheke und tausend andere Stolpersteine, die das Leben uns tagtäglich in den Weg legt. Das Gefühl für den Kontext und die richtige Perspektive bei gleichzeitiger stoischer Haltung, wie sie die alten Griechen pflegten, trägt zur Entwicklung der Charaktereigenschaft bei, die wir als Widerstandskraft oder Resilienz bezeichnen. Ein wenig Stoizismus zu praktizieren und die Dinge in die richtige Perspektive zu rücken, ist ein Weg zur Stärkung unseres Charakters und unserer Widerstandskraft für wirklich widrige Situationen – denn diese werden früher oder später eintreten.

Ein weiteres wesentliches Merkmal von Zheng Hes Charakter war eine gesunde Wertschätzung und Toleranz für die Vielfalt des Lebens. Sie entsprang zum Teil seiner eigenen Erfahrung, aber auch einer ganz pragmatischen Überlegung. Zheng He, der sein Leben lang praktizierender Muslim war, gehörte am Kaiserhof einer religiösen Minderheit an. Die Vielfalt der Glaubensrichtungen der übrigen Höflinge wurde von der religiösen Vielfalt seiner Schiffsbesatzungen noch weit in den Schatten gestellt. Im Umgang mit einem derart breiten Spektrum an Ethnien, Kulturen und Religionen war Toleranz eine maßgebliche Eigenschaft, um die Seeleute motiviert und kooperationswillig zu halten. In dieser Hinsicht glich Zheng Hes Flotte einem modernen Arbeitsplatz, und der Admiral tat, was moderne Führungskräfte tun: Er zeigte sich tolerant gegenüber seinen Untergebenen und warb für Toleranz zwischen ihnen, ohne seine eigenen Werte und Überzeugungen zu kompromittieren. Obwohl selbst ein Muslim, ließ er Schreine zu Ehren von Tianfei errichten, einer Figur aus der chinesischen Volksreligion und Göttin des Meeres und der Matrosen. Er erlaubte nicht nur, dass Letztere ihre buddhistischen und taoistischen Rituale praktizierten, sondern nahm auch häufig daran teil, um dem religiösen Glauben seiner Männer Respekt zu zollen.

Da die zeitgenössische Forschung immer wieder die zahlreichen Vorteile der Diversität für die Teamarbeit hervorgehoben hat und immer mehr Projekte eine grenz- und kulturüberschreitende Zusammenarbeit beinhalten, ist es für Führungskräfte heute wichtiger denn je, Toleranz zu lernen und in ihrer Organisation zu kultivieren. Das ist nicht immer leicht, aber es lohnt sich. Die Entwicklung von Toleranz als Charaktereigenschaft ist eine Frage des Studiums und des Übens. Wir müssen andere Kulturen studieren, uns mit ihrer Geschichte auseinandersetzen und sie anerkennen, um eine Erklärung dafür zu finden, warum jemand völlig anders ist.

Nach dem Studium anderer Kulturen, Ethnien und Religionen machen wir den anspruchsvollsten Schritt in der Charakterbildung: Wir bringen anderen tagtäglich bewusst Respekt entgegen. Zheng He scheint das sein Leben lang gemacht zu haben. Die großartige Rede mit dem Titel »Das hier ist Wasser«, die der gefeierte amerikanische Schriftsteller David Foster Wallace hielt, erforscht dies anhand der Empathie, einer Eigenschaft, die eng mit der Toleranz verwandt ist. »Die wahre Freiheit hat mit Aufmerksamkeit, Bewusstsein, Disziplin und Mühe zu tun und bedeutet, sich ernsthaft für andere zu interessieren und ihnen jeden Tag immer wieder unzählige kleine, unscheinbare Opfer zu bringen.« Diese brillante Rede, die ich mindestens einmal pro Jahr lese, inspiriert mich dazu, mich noch stärker um Toleranz zu bemühen – die in den heutigen Vereinigten Staaten traurigerweise so wenig vorhanden ist. Als ich vor Kurzem durch einen überfüllten Flughafen ging, musste ich daran denken. In der Warteschlange vor der Sicherheitsüberprüfung mühte sich eine Frau hinter mir mit einem drei Monate alten Baby und einem Kleinkind ab. Während ich einfach ihre Schwierigkeiten beobachtete, ergriff ein junger Mann von ungefähr 25 Jahren die Initiative und ließ sie vor, wodurch sich die Warteschlange für alle anderen verzögerte. Man konnte in den Gesichtern von einem halben Dutzend Wartenden die Verärgerung erkennen, aber der junge Mann hatte das Richtige getan. In Wallace' Rede und dem empathischen Akt des jungen Mannes hallte der Charakter Zheng Hes wider.

Zheng He war zudem – zwangsläufig – äußerst unabhängig, was seinen Kommandostil anging. Im Gegensatz zum modernen Büromitarbeiter, der unentwegt mit E-Mails bombardiert wird, waren die Admirale der Antike mit der gegenteiligen Herausforderung konfrontiert: Sie erhielten vor dem Auslaufen ihrer Schiffe Anweisungen, die aber bereits von den Ereignissen überholt wurden, kaum dass sie den Hafen verlassen hatten. Die Anweisungen konnten nur aktualisiert werden, falls es gelang, die Flotte auf hoher See mit einem Schreiben zu erreichen. Das mag in den Ohren moderner Führungskräfte, die scheinbar ständig im Kontakt mit ihrer Organisation stehen, zwar nach einer willkommenen

DER MARINEKOMMANDEUR AUS DEM REICH DER MITTE

Atempause klingen, aber man sollte kurz darüber nachdenken, was dabei auf dem Spiel stand und welches Maß an Vertrauen dies voraussetzte. Damit ein Herrscher eine Expedition auf Reisen schicken konnte, ohne große Hoffnung, dass er während ihrer gesamten Abwesenheit mehr als einige kurze Meldungen erhalten würde, musste er voll darauf vertrauen, dass sein Kommandeur seine Anweisungen verstanden hatte und in der Lage war, in diesem Sinne eigenständige Entscheidungen zu treffen.

In jedem Bestimmungshafen fand Zheng He neue und oft gefährliche Situationen vor, die von ihm verlangten, dass er nach kurzer Abwägung seiner Mission, der Sicherheit seiner Schiffe, seiner Besatzung und seiner Einschätzung des Szenarios, das ihn an Land erwartete, eine schnelle Entscheidung traf. Auf seiner dritten Reise traf Zheng He inmitten eines Drei-Fronten-Bürgerkriegs zwischen einem singhalesischen buddhistischen Königreich im Süden, einem tamilischen muslimischen Königreich im Norden und einem aufständischen Singhalesen, der beide Königreiche bekämpfte, auf Sri Lanka ein. Die Anweisung, die er erhalten hatte – Beziehungen zum Inselvolk zu knüpfen –, konnte in dieser unvorhergesehenen und schwierigen Situation, deren Entwirrung den Admiral einige Zeit und Mühe gekostet haben muss, nicht ausgeführt werden. (Zufälligerweise war die erste Person, mit der Zheng He Kontakt hatte, der Rebellenführer, was ihm seine Aufgabe deutlich erleichterte.) Er war gezwungen, sich an die Ereignisse anzupassen, ohne auf »Anweisungen« einer höheren Autorität zurückgreifen zu können. Am Ende gelang es ihm, Handelsbeziehungen zu allen drei verfeindeten Parteien zu knüpfen, dabei China aus dem Konflikt herauszuhalten und die Chance für zukünftige Handelsbeziehungen aufrechtzuerhalten.

Trotz der Allgegenwart und Geschwindigkeit der modernen Kommunikation müssen die Führungskräfte der Gegenwart oft ähnlich autonome Entscheidungen treffen: direkt vor Ort, in der Sekunde des Augenblicks und mit begrenzten Kenntnissen der Situation. Oftmals ist die Entwicklung der Fähigkeit, im Rahmen der übergeordneten Mission autonome Einzelentscheidungen treffen zu können, ein wichtiger Teil des Entwicklungsprozesses von Führungskräften, die die Führungskräfte von heute möglicherweise aus eigener Initiative entwickeln müssen. Wenn sich eine junge Nachwuchsführungskraft zu sehr auf ständige

KAPITEL II

Anweisungen und Korrekturen einer übergeordneten Autorität verlässt, wird sie möglicherweise einen entscheidenden Reifeschritt versäumen.

Die Balance zu finden zwischen einer »Abstimmung mit der Kommandozentrale« und eigenmächtigen Entscheidungen ist ein maßgeblicher Teil der Charakterbildung. In jeder Phase meiner Karriere habe ich Fehler gemacht, im Allgemeinen, weil ich etwas zu kühn und eigenmächtig gehandelt habe. Als junger Kapitän eines US-Zerstörers hatte ich mein Schiff während der Golfkrise impulsiv Richtung Suezkanal gesteuert, in der Annahme, ich würde den Befehl erhalten, mich dorthin zu begeben. Nachdem wir einige Hundert Meilen durch die Nacht gefahren waren, stellte mein Kommodore nach dem Aufwachen fest, dass mein Schiff meilenweit von seiner Position entfernt war. Er sandte mir eine chiffrierte Botschaft, die nach der Entschlüsselung schlicht lautete: »*Your movements are not understood.*«* Das war ein altes Seefahrtskommando, das in den Zeiten vor der Funkkommunikation oft per Signalflagge übermittelt wurde. Eilig gab ich Befehl zur Umkehr. Mein nächster Beförderungsbericht fiel nicht ganz so glänzend aus, wie er hätte sein können. Aber ich lernte eine wertvolle Lektion, nämlich dass es auf die Balance zwischen entschlussfreudiger Autonomie und Zuverlässigkeit gegenüber der Organisation ankommt.

Die Führung einer so diversen Besatzung, wie sie Zheng He befehligte, war eine Herausforderung, und der richtige Umgang mit einer Situation, wie er sie in Sri Lanka vorfand, war eine andere. Das waren allerdings längst nicht die einzigen Herausforderungen im Zusammenhang mit Vielfalt und Ungewissheit, mit denen Zheng He auf seinen Expeditionsreisen konfrontiert war. In unbekannten Gewässern zu segeln und sich auf unbekanntes Terrain vorzuwagen, bedeutete, mit unbekannten Völkern und Kulturen in Kontakt zu kommen. Von Zheng He wurde erwartet, dass er Beziehungen zu ihnen aufnahm, die seinen eigenen Besuch möglichst überdauerten. Damit das möglich wurde, musste er stets zuvorkommend, höflich und neutral auftreten und Toleranz und Empathie beweisen. Dafür war höchstes diplomatisches Fingerspitzengefühl nötig.

---

* in etwa: »Ihre Bewegungen sind unverständlich.« (A.d.Ü.)

DER MARINEKOMMANDEUR AUS DEM REICH DER MITTE

Zwar ist es unwahrscheinlich, dass moderne Führungskräfte unbekannte Territorien entdecken, aber sie werden sich mit Sicherheit hin und wieder in einer unbekannten Situation wiederfinden, die diplomatisches Geschick erfordert. Wie Marinestaatssekretär Danzig mir vor meiner ersten Reise nach China demonstrierte, genießen moderne Führungskräfte den enormen Vorteil, dass sie sich heute vorab über die Menschen und Kulturen, die sie besuchen werden, informieren können. Natürlich besteht ein Riesenunterschied zwischen der Lektüre eines Abrisses chinesischer Geschichte und einem echten Besuch des Landes, aber mir fiel improvisierte Diplomatie immer viel leichter, wenn ich mich vorab über meine Gesprächspartner und ihren kulturellen Hintergrund informiert hatte. Als Oberbefehlshaber der NATO mit ihren 28 Mitgliedsstaaten achtete ich darauf, vor jedem offiziellen Besuch eines Landes einen Roman eines seiner Schriftsteller zu lesen. Man kann sehr viel von einem anregenden und kulturell einstimmenden Roman wie *Der zerrissene April* des albanischen Schriftstellers Ismail Kadare oder *Die Brücke über die Drina* von dem bosnischen Schriftsteller Ivo Andrić lernen.

Da die Welt in jedem Bereich immer enger miteinander verflochten ist, müssen Führungskräfte auf allen Ebenen einige grundlegende diplomatische Fähigkeiten erwerben (dazu gehört auch eine einstimmende Lektüre vor einem offiziellen Landesbesuch). Zwar können wir nur spekulieren, welcher spezifischen Methoden sich Zheng He bediente, um sich mit den Autoritäten und der Bevölkerung in vollkommen unbekannten Ländern zu verständigen, aber nach sieben Expeditionsreisen an den Rand der bekannten Welt und darüber hinaus konnte er wahrscheinlich selbst an Orten, deren Sprache ihm gänzlich unbekannt war, ohne großen Aufwand kommunizieren. Das erfordert Übung und ein wenig Charme – und nicht zuletzt die Bereitschaft, über sich selbst zu lachen, wenn man Fehler macht. Wie ich während meiner Zeit bei der Marine wiederholt erlebt habe, vor allem als Student und Dekan der Fletcher School of Law and Diplomacy der Tufts University, kann der Erwerb grundlegender diplomatischer Kompetenzen dazu beitragen, dass angehende Führungskräfte in den unvermeidlichen Situationen, in denen sie sich auf unbekanntem Terrain bewegen, einen positiven Eindruck hinterlassen.

KAPITEL II

Während ich über Zheng He und seine Expedition nachdenke, spüre ich die Kraft seiner Lektionen, die sich auch Jahrhunderte später noch entfaltet: seine ruhige, besonnene Managementkompetenz und Organisationsfähigkeit; seine Toleranz für das gesamte Spektrum der menschlichen Glaubensrichtungen und der Diversität; seine Unabhängigkeit, die von seiner Loyalität zu seinem Herrscher gebändigt wurde, und vor allem seine hart erarbeitete Widerstandsfähigkeit im Umgang mit schmerzhaften Lebenserfahrungen. Die Beschäftigung mit Zheng He und seiner Lebensgeschichte erzählt uns viel über China und seine Geschichte, seine Kultur, Strategie und seine Ambitionen in diesem komplexen 21. Jahrhundert – vor allem aber bietet das Wissen über sein Leben, seine Zeit und seine Charaktereigenschaften all den Menschen, die ein sinnvolles und produktives Leben führen möchten, wertvolle Orientierung.

KAPITEL III

Pirat und Patriot

SIR FRANCIS DRAKE

GEBOREN 1540 IN TAVISTOCK,
ENGLAND

GESTORBEN 1596 AUF SEE,
IN DER NÄHE VON PANAMA

KAPITEL III

Während meiner Zeit als Oberbefehlshaber des Südlichen Kommandos der Vereinigten Staaten (SOUTHCOM) von 2006 bis 2009 war ich für alle US-Militäroperationen der Armee, der Marine, der Luftstreitkräfte, des Marinekorps, der Sondereinheit *Special Operations* und der Küstenwache südlich der Vereinigten Staaten verantwortlich. Ich hatte eine wunderschöne Hauptzentrale in Miami, vier Sterne auf der Schulter, und meine Aufgabe bestand im Wesentlichen darin, durch Lateinamerika und die Karibik zu reisen und die militärische Kooperation zu fördern. Es war eine wunderbare Arbeit, vor allem für jemanden, der wie ich in Miami geboren ist. Und wohin ich in der Karibik auch kam, überall stieß ich auf Sir Francis Drake.

In den 1600er-Jahren unternahm Drake waghalsige Expeditionen durch die Karibik und machte sich dort einen Namen als Freibeuter. Seine Überfälle waren berüchtigt. In San Juan, der Hauptstadt von Puerto Rico, in Cartagena de Indias an Kolumbiens Karibikküsten, in Panama City, in Santo Domingo auf der Dominikanischen Republik und in zahlreichen weiteren Häfen stieß ich auf die Erinnerung an den »englischen Piraten Drake«. Er brannte mehr Land nieder und plünderte mehr Städte als Captain Jack Sparrow, und die Erinnerungen an seine Missetaten sind zahlreich. Die Spanier nannten ihn *El Draque* (sein Spitzname und heute die Bezeichnung eines Killer-Cocktails, der ein wenig dem kubanischen Mojito ähnelt). Mütter drohten ihren ungezogenen Kindern, der englische Pirat würde kommen und sie holen, wenn sie nicht gehorchten. In meinen Augen bildeten seine Freibeuterzüge die Grundlage für die von den Piraten der Karibik inspirierten Fahrgeschäfte in den Disneyparks auf der ganzen Welt. Selbst heute wird er noch erwähnt, wenn ich mich mit Führungskräften aus den verschiedenen Nationen treffe, denen Drake einen »Besuch abgestattet« hat. Sein Name ist noch immer allgegenwärtig – in kleinen, staubigen Museen sehe ich Ausstellungen über seine Beutezüge und spüre noch immer die Angst und die Abscheu, die er verbreitete.

Drakes Charakter gehört zu denjenigen, die von allen Admiralen der Geschichte am schwierigsten zu bewerten sind. Trotz seiner offenkundigen Leistungen im Namen seiner Nation gab es eine dunkle, grausame und heißblütige Ader, die wie eine vierspurige Autobahn bis zum Kern seiner Persönlichkeit führte. Er war ein strategischer Held und taktisch schwach. Zwar bewundere ich seine Kühnheit, seine Entschlossenheit und seinen Wagemut, aber zugleich lassen mich einige seiner Vorgehensweisen, die die dunklen Seiten seines Charakters offenbaren, erschauern. Sir Francis Drake ist ein gutes Beispiel dafür, dass selbst ein zutiefst schlechter Charakter in einem energiegeladenen Leben große Dinge vollbringen kann – im Guten wie im Schlechten. Zumeist waren seine Handlungen moralisch zwiespältig, äußerst facettenreich und voll finsterer Energie. Er trug dazu bei, seine Nation vor der spanischen Armada zu retten, und dehnte ihre Macht bis in die Neue Welt aus. Aber er handelte auch mit Sklaven, folterte, plünderte und vergewaltigte auf seinem Weg durch die Weltmeere; er war ein brutaler Taktiker, der für den Erfolg vor nichts zurückschreckte.

Sein Charakter wurde für mich zu einem ganz besonderen Wegweiser – oder besser gesagt, zu einer Warnung. Bei meinen Bemühungen, mein Verständnis der Karibik zu vertiefen, half mir die Erinnerung daran, dass so viele Länder unter kolonialistischen Eroberern wie Drake gelitten hatten. Trotz seiner Energie und seines unleugbaren Charismas lautete die Lektion, die ich schließlich aus der intensiven Beschäftigung mit *El Draque* zog, dass die Wirkung seiner harschen und brutalen Methoden noch viele Generationen später nachklingt. Sein Ruf wird immer von der Grausamkeit, mit der er vorging, befleckt bleiben. Die Essenz der Außendarstellung unseres Charakters überdauert unsere irdische Existenz noch für lange Zeit. Wie Mark Anton in William Shakespeares *Julius Cäsar* in einem Nachruf auf den ermordeten Cäsar sagt:»Was Menschen Übles tun, das überlebt sie; das Gute wird mit ihnen oft begraben.« Unser Charakter wirkt über unsere Lebenszeit hinaus und lebt nicht nur in den Erinnerungen derjenigen weiter, die uns persönlich kannten, sondern auch in den historischen Aufzeichnungen unserer Handlungen.

Francis Drake wurde in eine konfliktreiche Zeit hineingeboren. Er stammte aus der Kleinstadt Tavistock in Devon im Südwesten von England. Das 16. Jahrhundert markierte den Höhepunkt der Religionskriege in Europa, als sich die Reformation über den Kontinent ausbreitete und sich Heinrich VIII. von seiner ersten Frau scheiden ließ und sein Königreich in diesem Prozess aus der katholischen Kirche herauslöste. Der Teil von England, in dem Drake geboren wurde, hielt trotz des staatlich verordneten Anglikanismus unerschütterlich am Katholizismus fest.

KAPITEL III

Als London verfügte, alle Gottesdienste müssten fortan in englischer statt wie bisher in lateinischer Sprache gehalten werden, kam es zu einer Revolte der Katholiken, und Drakes Vater, ein protestantischer Pfarrer, musste mit seiner Familie fliehen.

Der junge Francis wurde zu seinen Cousins, den Hawkins, geschickt, die im nahe gelegenen Plymouth lebten, eine der großen englischen Hafenstädte. Die Mitglieder der Familie Hawkins waren seit Langem bedeutende Schiffseigner und Kaufleute und führten den jungen Francis schnell ins Geschäft ein. Schon bald war der junge Mann mit der Seefahrt und den Geschäftsmethoden der Familie Hawkins vertraut, die ihr Geld zum größten Teil im illegalen Handel mit den spanischen und portugiesischen Territorien verdienten; einen nicht unerheblichen weiteren Teil ihrer Einkünfte erzielten sie durch Piraterie.

Solange es Menschen gibt, die Geld und Güter verschiffen, gibt es auch andere Menschen, die darauf aus sind, diese zu stehlen. Von den fiktiven Haudegen aus dem Film *Piraten der Karibik* bis zu den todernsten somalischen Piraten aus dem Drama *Captain Phillips* hat sich das Image der Piraterie nicht so sehr verändert wie ihre Taktiken – noch immer ist es ein Geschäft, das von der internationalen Staatengemeinschaft verurteilt wird und nach internationalem Recht illegal ist. Zu Drakes Zeiten hatte die englische Piraterie noch nicht ihr semiprofessionelles Goldenes Zeitalter der Totenkopfflaggen und rumgetränkten Gaunerei erreicht. Vielmehr war sie eine maritime Version des Wilden Westens, bei der die Trennlinie zwischen Kaufmann und Pirat fein war und von einer Seereise zur nächsten – und manchmal sogar im Rahmen einer einzigen Expedition – häufig überschritten wurde. Wie in den ersten Postkutschen und Eisenbahnen des Westens wimmelte es in der Karibik nur so von reich beladenen, schutzlosen Schiffen und wohlhabenden Küstensiedlungen, die eine große Versuchung für skrupellose Kapitäne darstellten, unter Androhung von Waffengewalt in kurzer Zeit reiche Beute zu machen.

In diesem Grenzland fand Drake seine Berufung. Auf gemeinsamen Fahrten mit den Hawkins nach Westafrika und frühen Expeditionen in die Karibik wurde aus Drake schnell ein echter Seemann – und durch den Kontakt mit den zwielichtigen Geschäften seiner Cousins ein gerissener Geschäftsmann. Während Drakes Lehrzeit auf See stiegen die Hawkins in den Sklavenhandel ein und verdienten ein kleines

68

Vermögen, überfielen und plünderten schutzlose Städte und schafften es, den spanischen Kriegsschiffen zu entkommen. Drake erlebte den Nervenkitzel der Plünderei und der knappen Flucht, aber auch, wie nah beieinander Erfolg und Misserfolg lagen und wie dünn und unbeständig die Grenzlinie zwischen Kaufmann und Pirat war.

Eine besonders nahe Begegnung zwischen dem neuspanischen Vizekönig vor der Küste von Mexiko trennte Drake von der Flotte seiner Cousins und markierte den Auftakt seiner Solokarriere. Als eine überstürzte Flucht vor den Spaniern dringend notwendige Reparaturen vorzeitig beendete, beschloss Drake, mit einem kaum seetüchtigen Schiff nach England zurückzusegeln. Sein Cousin John Hawkins folgte schließlich nach, aber erst, nachdem der größte Teil seiner Besatzung in Kriegsgefangenschaft geraten war – und da lernte er den wahren Charakter von Drakes brutalen Methoden kennen.

Nach seiner Rückkehr nach England machte sich Drake auch geschäftlich selbstständig. Die erste Zeit war nicht sehr verheißungsvoll, da er eine Reihe gefährlicher und unprofitabler Überfälle unternommen hatte, ein Großteil seiner Besatzung verschiedenen Krankheiten zum Opfer gefallen war und er zahlreiche Male beinahe in die Fänge der spanischen Autoritäten geriet. Drake lernte aber sehr schnell, wie man als sein eigener Herr erfolgreich ist, und setzte alles daran, für die entsprechenden Voraussetzungen zu sorgen. Als Erstes stählte er seinen Willen, anschließend drillte er seine Besatzung zu eiserner Disziplin. Es dauerte nicht lange, und sein Name verbreitete sich wie ein Lauffeuer unter den spanischen Kolonien, die sich vor seinen Überfällen fürchteten, und den englischen Offizieren, die von seinem seemännischen Geschick beeindruckt waren.

Zu Drakes Zeiten war England noch kein Beherrscher der Weltmeere. Diese Rolle hatte Philip II. von Spanien inne, führender Herrscher aus dem mächtigen Haus der Habsburger, die einen Großteil der Karibik, des Mittelmeers und des transatlantischen Handels unter ihre Kontrolle gebracht hatten. Auf der ganzen Welt transportierten Habsburger Schiffe Habsburger Güter von Hafen zu Hafen und schufen eine enorm lukrative Form der Proto-Globalisierung zur Vergoldung des spanischen Throns – ein Modell, das England zur Nachahmung anregte. Als Königin Elizabeth I. Francis Drake damit beauftragte, die Welt zu umrunden,

KAPITEL III

geschah dies vor allem auch aus dem Wunsch der englischen Krone, ihre geopolitische Reichweite auszudehnen und mit der spanischen Krone zu konkurrieren. Eine Weltumsegelung würde sehr kostspielig werden, aber das offene Geheimnis ihrer auf das Kapern spanischer Handelsschiffe ausgelegten Konzeption machte sie zu einer äußerst attraktiven Investition für englische Geschäftsleute. Wie moderne Risikokapitalgeber standen sie Schlange, um diese Expedition zu finanzieren – zu deren Sponsoren auch die Königin selbst gehörte. Drake wurde zum Kommandeur dieser Expedition auserkoren, die von 1577 bis 1580 dauerte.

Die kleine Gruppe Piraten unter Drakes Kommando wartete nicht einmal, bis sie den Atlantik überquert hatten, sondern begann ihre Raubzüge bereits im selben Jahr. Auf ihrem Weg Richtung Süden überfielen und plünderten sie zuerst spanische Besitzungen in Marokko und auf den benachbarten Inseln und wandten sich dann gen Westen und kaperten Schiffe bei den Kapverden. Nach der Überquerung des Atlantiks zogen sie raubend und plündernd entlang der Küste des heutigen Brasiliens und Argentiniens. Die erbeuteten Reichtümer häuften sich, aber mit ihnen auch die Herausforderungen. Erneut musste sich Drake vor Stürmen und den Spaniern in Sicherheit bringen und sein brutaler Kommandostil sorgte für Spannungen unter seinen Leuten. Wie es seinem Charakter entsprach, machte er sie mit Gewalt und einem unberechenbaren Temperament gefügig. Er tolerierte keinerlei Herausforderung seiner Autorität und ging sogar so weit, dass er seinen Geschäftspartner, den Aristokraten Thomas Doughty, während der gefährlichen Umrundung von Kap Horn köpfen ließ. Die Besatzung schlug sich auf die Seite ihres Kommandeurs, allerdings sollte die Entscheidung, adeliges Blut zu vergießen, Drake für den Rest seines Lebens verfolgen.

Mit der Passage der Magellanstraße waren Drake und seine Besatzung die ersten englischen Segler, die den Pazifik erreichten, wo ihre Brutalität die Küsten des lateinamerikanischen Kontinents erschütterte. Sie plünderten sich entlang der Küste des heutigen Chile, von Peru und Ecuador, folterten ihre Gefangenen und raubten alles, was ihnen in die Hände fiel. Als sie am nördlichen Ende Lateinamerikas ankamen, wandten sie sich westwärts, um den Pazifik zu überqueren. Nachdem sie auf den Philippinen gelandet waren, segelten sie Richtung Süden, wobei sie auf ihrem Weg sämtliche Inseln und das heutige Indonesien überfielen und plünderten, bevor sie den Indischen Ozean überquerten, anschließend das Kap der Guten Hoffnung umrundeten und von dort aus Richtung Norden nach England zurückkehrten, wo sie 1580 als Helden empfangen wurden.

Drake, dessen drakonische und räuberische Neigungen in den drei Jahren auf hoher See einen neuen Höhepunkt erreicht hatten, wurde für seine Leistungen prompt zum Ritter geschlagen. Er war nicht nur der erste Kapitän, der eine Weltumsegelung überlebt hatte (sein Vorgänger, der Portugiese Ferdinand Magellan, war unterwegs verstorben), seine Raubzüge hatten aus dem aus bescheidenen Verhältnissen stammenden Sir Francis auch einen sehr reichen Mann gemacht. Schon bald pflegte er den gleichen Lebensstil wie alle anderen Mitglieder der Aristokratie, ließ sich zum Bürgermeister von Plymouth und ins Parlament wählen und erwarb ausgedehnte Landgüter. Er hatte ein Vermögen angehäuft und gab das Geld mit vollen Händen aus wie – nun, ein betrunkener Matrose.

Drakes Leben war jedoch die Seefahrt. Mitte der 1580er-Jahre beauftragte ihn die Königin erneut mit der Plünderung spanischer Schiffe in der Karibik, was er mit großem Enthusiasmus und Erfolg auch tat. Santo Domingo, die Hauptstadt der heutigen Dominikanischen Republik, ging in Flammen auf; ebenso San Agustín, (das heutige St. Augustine) in meinem heimatlichen Florida. Seine zielgerichtete Grausamkeit gegenüber den katholischen Kirchen beschwor das Bild eines protestantischen Kreuzritters, der es sich zur Aufgabe gemacht hatte, die europäischen Religionskriege über den Atlantik zu tragen. Bei einem besonders brutalen Angriff befand sich Drake vor der Küste der kolumbianischen Stadt Cartagena de Indias an der nördlichen Karibikküste. Die Stadt war ein Handelsdrehkreuz der lateinamerikanischen Kolonien des spanischen Imperiums und reich an Goldschätzen. In den Feldern in der Nähe des Strandes hatte Drake Hunderte von Männern versammelt, die mit allen möglichen Gegenständen bewaffnet waren: langen Spießen, schweren, klobigen Arkebusen, Schwertern und Kanonen. Sie standen vor ihrem Kommandeur und blickten ihn gespannt an. Sir Francis Drake kannte diesen Blick: Es war eine Mischung aus erwartungsvoller Ungeduld und Zögern, Optimismus und Beklommenheit. Diese Männer fürchteten sich vor den kommenden Gefechten. Aber noch mehr fürchteten sie Sir Francis Drake.

KAPITEL III

Die Überlieferungen zeichnen das Bild eines Kommandeurs, der seine Männer bei jedem Raubzug malträtierte und in Angst und Schrecken versetzte. Was Mord und Totschlag, Vergewaltigung und Plünderei betraf, befand sich Drake stets in erster Reihe, und diejenigen, die sich bei diesen Gewaltexzessen zurückhielten, erwartete ein schlimmeres Los als die Opfer der überfallenen Städte. Ein gutes Beispiel war der Angriff auf Cartagena de Indias, bei dem er seinen Männern befahl, die Festung bei Boquerón (der Hafenmündung) einzunehmen, aber mitansehen musste, wie sie unter der zögerlichen Führung seines zweiten Kommandanten Martin Frobisher scheiterten. Drake feuerte sie zu einem erbitterten Kampf an, indem er erklärte, er würde die Festung einnehmen, und wenn er die Festungsmauern Stein für Stein mit seinen eigenen Händen einreißen müsste. Das lodernde Feuer in seinen Augen und die Drohung, die aus seiner Stimme sprach, hatte die gewünschte »inspirierende« Wirkung auf seine Männer, die daraufhin zurückkehrten, die Festung bezwangen und die Stadt – das Herz des spanischen Imperiums in der Neuen Welt – zerstörten.

Mit der Zeit kannten die Spanier jedoch seine Taktiken; sie spannen ein Nachrichtennetz, das sich über die gesamte Karibik erstreckte und sie oft schon früh über sein Herannähern und seine Absichten warnte. Trotz einiger erfolgreich gekaperter spanischer Schatzschiffe machte sich Drakes zweite Expedition finanziell nicht bezahlt. Die Folge war, dass er einen Teil seiner Aura der Unverwundbarkeit einbüßte, vor allem in den Augen seiner Investoren. Trotz dieser ersten Schatten auf seinem Namen hatte er jedoch weiterhin die Unterstützung der britischen Krone. Seine nächste Mission bestand darin, ein Geschwader zur Unterstützung der protestantischen Rebellen in den Niederlanden anzuführen, die die Macht ihrer katholischen Habsburger Herrscher herausforderten. Die englisch-spanischen Beziehungen verschlechterten sich weiter und sollten schon bald in einen offenen Krieg münden. Beide Länder bereiteten sich bereits auf eine gegenseitige See-Invasion vor. Drake sollte die englische Invasion anführen und beschloss, die südspanische Hafenstadt Cádiz anzugreifen. In einer dreisten Attacke zerstörte er am helllichten Tag die spanische Handelsflotte, die im Hafen von Cádiz lag. Dieser Schlag warf Spanien in seinen Vorbereitungen für eine eigene Invasion zurück und sorgte für die Wiederherstellung von Drakes Ruf. Außerdem bescherte sie ihm und seiner Besatzung unverhoffte Gewinne.

Trotz des Rückschlags, den sie erlitten hatte, verdoppelte die spanische Krone ihre Anstrengungen, England zu erobern. Der neue Plan sah vor, dass eine gewaltige Armada von Spanien bis zu den Niederlanden segelte, wo sie eine Armee aufnehmen und anschließend ihre Truppen in England absetzen sollte, die dann auf London zumarschieren würden. Die Engländer stellten hastig eine Flotte zusammen, um die spanische Armada abzuwehren, und Drake wurde zum zweiten Kommandeur unter dem Aristokraten Admiral Lord Charles Howard ernannt. Wie in seiner Anfangszeit, als er noch mit seinen Cousins gesegelt war, erwies sich Drake als schneidiger Untergebener, der die ihm übertragenen Aufgaben eifrig und mit großem Erfolg erledigte. Zunächst wollte Drake die Armada direkt im Hafen angreifen, bevor sie die Soldaten nach England bringen konnte, doch das verhinderte Admiral Howard. Dennoch ging er wie immer äußerst verwegen vor: Die Schiffe unter seinem Kommando waren oft die ersten, die sich ins Gefecht stürzten, und seine Männer gingen dabei geradezu tollkühne Risiken ein. Der spanischen Armada gelang es weder, die englische Flotte zu bezwingen, noch ihre eigene schlechte Planung wettzumachen, sodass sie gezwungen war, entlang der schottischen Küste den Rückzug anzutreten, wo schwere Stürme einen Großteil der Überbleibsel der einst mächtigen Flotte verwüsteten.

Trotz seiner Verdienste an der ruhmreichen Bezwingung der spanischen Armada und weiterer Abenteuer, die noch auf ihn warteten, lagen Drakes beste Zeiten nun hinter ihm. Weitere Raubzüge in Spanien und Portugal erwiesen sich als militärisch und finanziell erfolglos, und so kehrte Drake nach Plymouth zurück. Dort ergatterte er erneut einen Sitz im Parlament und wurde in einer ironischen Wendung der Geschichte von der Krone damit beauftragt, Restitutionsstreitigkeiten zwischen Piraten und legitimen Kaufleuten beizulegen. Im Jahr 1589 wurde er schließlich letztmalig mit einer Seeexpedition beauftragt, und zwar mit dem vordergründigen Zweck, die Kontrolle über Panama zu übernehmen, aber wie üblich mit dem Freibrief, Spanien in der Karibik und entlang der südamerikanischen Küste das Leben schwer zu machen.

Diese letzte Reise durch die Karibik stand von Anfang an unter einem schlechten Stern, was nicht zuletzt auf Drakes launenhaften Führungsstil

KAPITEL III

zurückzuführen war. Der Führungsstil des inzwischen über 50-jährigen Sir Francis hatte sich seit seinen Zwanzigern kaum verändert; noch immer führte er seine Truppen furchtlos in vorderster Front persönlich an, trieb seine Besatzung und sich selbst unmenschlich hart voran und ergriff jede sich bietende Gelegenheit, um zu plündern und zu brandschatzen. Bis zuletzt gelang es ihm immer wieder, den Spaniern zu entkommen, aber am Ende fiel er den Tropen zum Opfer, die er so lange terrorisiert hatte. Am 28. Januar 1596 starb Drake auf hoher See an der schweren Durchfallerkrankung Dysenterie – ein sehr unrühmliches Ende für einen so verwegenen Abenteurer. Seine Besatzung versiegelte die sterblichen Überreste ihres Kapitäns – angetan mit voller Rüstung – in einem bleiernen Sarg und überantwortete diesen den Tiefen der Karibik, in deren Gewässer und an deren Küsten bis heute der Geist seiner Erinnerung wach geblieben ist. Sein Leichnam wurde nie gefunden.

In seinem ganzen Leben wurden Drakes Heldentaten auf See von seinem persönlichen körperlichen Mut bestimmt. Ob es seine Raubzüge in der Karibik waren, bei denen er den Zorn der mächtigeren neuspanischen Vizekönige auf sich zog, das persönliche Kommando beim zweiten Angriff auf die Festung von Cartagena oder die aggressive Attacke auf die spanische Armada – Drake zögerte nie, sich selbst zu exponieren. Wenngleich seine persönliche Führung nicht all seinen Unternehmungen Erfolg beschied, bildete sie stets die Grundlage der Angst und des Respekts, die seine Männer, seine Opfer und seine Feinde ihm gegenüber empfanden.

Wie Drakes Leben zeigt, ist Mut eine höchst einflussreiche Charaktereigenschaft, aber auch eine, die ihren Besitzer in Schwierigkeiten bringen kann. Ferdinand Magellan war kaum weniger tapfer, dennoch hatte er nicht das gleiche Glück wie Francis Drake, der den Titel des ersten bekannten Weltumseglers für sich beanspruchen konnte. An zahlreichen Punkten hätte sich das Schicksal gegen ihn wenden können, vor allem in Situationen, in denen seine Tollkühnheit ihn dazu verleitete, sich in eine taktisch unkluge Position zu begeben. Gute Führer wissen, dass kein Mut der Welt eine Pechsträhne oder falsche Planung ausgleichen kann, daher zügeln sie ihre Verwegenheit. »Leben, um einen weiteren Tag kämpfen zu können« ist meistens eine gute Devise. Drake gelang es, seinen draufgängerischen Mut und sein Glück auszubalancieren – und das ist eine gute Charakterlektion.

Zwar werden die meisten heutigen Führungskräfte ihren physischen Mut wahrscheinlich nie auf die Weise unter Beweis stellen müssen, wie Drake es sein ganzes Leben lang getan hatte, denn es gibt heute zahlreiche weniger verwegene Möglichkeiten, einen couragierten Führungsstil zu zeigen. Erstens und vor allem durch moralische Courage, ob es sich um eine große strategische Entscheidung oder den Einsatz für eine verdiente Person oder Sache handelt. Und wie viele andere Charaktereigenschaften ist Courage eine Angewohnheit, die man mit der Zeit entwickeln kann. Im physischen Sinne gibt es sowohl psychologische als auch physiologische Wege, um die eigene Leistung unter Belastung zu steigern. Hemingway sagte einst, »Mut ist Anmut unter Druck«, was in die prosaischeren Worte übersetzt wurde: »Lass niemanden sehen, dass du schwitzt.« Tief durchzuatmen, an eine beruhigende Umgebung zu denken, sich selbst zu sagen, dass man alles im Griff hat, sich zu dehnen, langsam und gemessen zu sprechen, ohne die Stimme zu erheben, sind alles körperliche Methoden der Selbstberuhigung. Eine weitere gute psychologische Technik besteht darin, die Situation, die man als drohende Gefahr betrachtet, in die richtige Perspektive zu rücken. In jeder Situation, außer bei einem direkten Angriff, gibt es einen Weg, eine größere Sicherheit herzustellen; indem man sich genau darauf konzentriert, anstatt zuzulassen, dass die Panik den Verstand benebelt, hat man die besten Chancen, couragiert auf eine drohende Gefahr zu reagieren.

Das erste Mal, dass ich in einem Kriegsgebiet mit einer echten Gefahr konfrontiert war, geschah Mitte der 1980er-Jahre in meiner Rolle als Offizier für militärische und taktische Operationsführung *(Operations Officer* beziehungsweise *Tactical Action Officer, TAO)* auf dem Aegis-Lenkwaffenkreuzer* USS *Valley Forge.* Während des Tankerkriegs zwischen Iran und Irak bewegten wir uns in der Straße von Hormus hin und her. Oftmals mussten wir »Gefechtsalarm« auslösen (alle Mann auf Gefechtsstation, was bedeutete, dass vierhundert Männer in

---

* Das Aegis-Kampfsystem (*Aegis Combat System*) ist ein vollautomatisches elektronisches Warn- und Feuerleitsystem für Kriegsschiffe. (A.d.Ü.)

höchster Anspannung auf dem zehntausend Tonnen schweren Kriegsschiff an ihren Gefechtsstationen stehen), während wir in Reichweite
der iranischen Raketen fuhren und die irakischen Kampfjets über uns
hinwegflogen. Das war ungefähr zu der Zeit, als die USS *Stark*, eine
Fregatte der *Oliver-Hazard-Perry*-Klasse, die in diesen Breitengraden
unterwegs war, von einem irakischen Jet angegriffen wurde und beinahe
sank. Diese Episoden, die mit lautem Sirengeheul und dem strengen
Kommando, »Gefechtsalarm, Gefechtsalarm, alle Mann auf Gefechtsstation!« begannen, zogen sich über Stunden hin, die nur von den Messe-
stewards unterbrochen wurden, die uns Suppe und Sandwiches an die
Station brachten. Die Anspannung war greifbar, und viele der jüngeren
Seeleute waren über das Risiko eines Angriffs beunruhigt.

Selbst als waffenverantwortlicher Offizier der mittleren Hierarchie-
ebene (als *Operations Officer* stand ich an dritter Stelle in der Kommandokette) war ich nervös und hatte Angst, einen entscheidenden Fehler zu
machen (ich hatte die Kontrolle über die Waffensysteme des Schiffs). Vor
allem aber war ich verzweifelt bemüht, mir die Angst nicht anmerken
zu lassen. Glücklicherweise gelang es meinem um ein Vielfaches erfahreneren Kapitän (und späteren Konteradmiral) Ted Lockhart, all
die Dinge zu tun, die ich zuvor erwähnt habe. Daneben hatte er noch
eine weitere einnehmende Gewohnheit: Er ließ in der Zeit, die der Gefechtsalarm andauerte, exotische Snacks in die Operationszentrale
– *Combat Information Center* genannt – bringen, darunter alle erdenklichen Delikatessen von französischer Trüffelpastete über Kaviar bis
zu geräucherten Austern. Seine Kaltblütigkeit übte eine wunderbar beruhigende Wirkung auf uns aus, abgesehen von dem Genuss dieser
kleinen Köstlichkeiten. Nicht jeder hat (glücklicherweise) die Gefechts-
erfahrung und die verwegene Persönlichkeit eines Sir Francis Drake,
aber die Entwicklung von Courage – unabhängig von Ort und Anlass – als persönlicher Eigenschaft steht jedem offen und ist Teil der
Charakterbildung.

Drakes Managementstil hätte Darth Vader stolz gemacht. In seinem
Drang nach Perfektion verschliss er seine Mannschaft; sein Weg war im
buchstäblichen Sinne mit Leichen gepflastert, da er Heerscharen an Gefolgsleuten wegen Desertion und Feigheit hinrichten ließ. Er kultivierte
Loyalität mithilfe machiavellistischer Spiele, die darauf abzielten,

Feindseligkeit und Misstrauen unter seinen Männern zu säen und ihr Wohl und Wehe von ihm abhängig zu machen. So wie Drakes persönlicher Drang widersprechen auch seine brutalen disziplinarischen Methoden vollkommen den heutigen Gepflogenheiten, aber sie waren sehr erfolgreich. Drakes Führungsstil zwingt uns, uns mit der äußerst unangenehmen Frage auseinanderzusetzen, ob der Zweck die Mittel heiligt. Wenn man über seine disziplinarischen Methoden spricht, muss man seinen Lebenskontext und die damalige Zeit berücksichtigen. Er kam nicht aus adeligem Hause, musste äußerst schwierige physische Aufgaben meistern und befand sich praktisch ständig in Lebensgefahr. Nur wenn man diese Aspekte seiner Situation versteht, kann man seine drakonischen Methoden in die richtige Perspektive rücken und möglicherweise sogar rechtfertigen. Was kann man unter Berücksichtigung dieser Faktoren also über seinen Charakter lernen?

In dieser Hinsicht ist der wichtigste Aspekt, dass er diese harten disziplinarischen Standards setzte, weil er selbst ein Anführer mit enormer Selbstdisziplin war. Wenn man die Umstände seiner Zeit außer Acht lässt, lautet die Lektion, dass nur eine Führungskraft, die selbst über eine ausgeprägte Selbstdisziplin verfügt, realistischerweise einer Organisation eine hohe Disziplin abverlangen kann. Nichts ist fruchtloser als ein undisziplinierter Führer, der versucht, anderen Standards aufzuerlegen, die er selbst nicht erfüllt – diese offensichtliche Heuchelei wird immer scheitern. Hier muss erwähnt werden, dass die Marinegeschichte vor Beispielen brutaler Admirale wie Sir Francis Drake nur so strotzt; sie bietet aber auch inspirierende Beispiele für Führungskräfte, die gewaltige Herausforderungen und äußerste Gefahr gemeistert haben, ohne auf die Techniken zurückzugreifen, derer sich Drake bediente (Drakes Landsmann Horatio Nelson liefert hier ein besonders eindrückliches Beispiel). Vor allem heute, da sich das Leben und die Arbeitswelt radikal verändert haben, ist es besonders wichtig, dass Führungskräfte die Selbstdisziplin besitzen, um gesündere Gruppendynamiken zu erzeugen als Drake.

Im Verlauf meiner Karriere habe ich in den Rängen der Admiralität zahlreiche Drakes erlebt, die ihre Untergebenen malträtierten. Nur äußerst selten habe ich jemanden erlebt, der die Selbstdisziplin besaß, ein so hohes Maß an interner Disziplin durchzusetzen, dass er sein Team zu einer ähnlichen Leistung und einem Engagement bewegen konnte, wie er selbst es gezeigt hat. In einem Fall wurde ein Zwei-Sterne-Admiral am Ende entlassen; ich kam jedoch zu dem Schluss, dass er von seinen Untergebenen nicht mehr verlangt hatte als von sich selbst. Die heutige freundlichere Welt erlaubt keine Durchsetzung maximaler Disziplin mit härtesten Mitteln mehr, und das macht uns humaner.

Bei der Untersuchung der Rolle, die Disziplin und Selbstdisziplin für den Charakter spielen, sehen wir, dass die Fähigkeit, ein effektives disziplinarisches Regime in einer Organisation zu installieren, wie so häufig bei uns selbst beginnt. Unser Maß an Selbstdisziplin – alles mit Mäßigung, keine Exzesse, ein ruhiges Auftreten und eine ausgeprägte Arbeitsethik – ist der Faktor, der eine effektive Disziplin in jeder Organisation ermöglicht.

Wie bei vielen Führungskräften waren die Konturen von Drakes späteren Erfolgen bei seinen frühen Unternehmungen nicht immer deutlich zu erkennen. Ehrlich gesagt waren die meisten von ihnen Misserfolge oder Beinahe-Misserfolge: Er überließ seinen Cousin seinem Schicksal, entkam knapp den Spaniern und hatte in seiner Anfangszeit als Pirat sogar Mühe, einen finanziellen Gewinn aus seinen Raubzügen zu ziehen. Das war wahrlich kein verheißungsvoller Anfang. Trotz dieser Misserfolge tat Drake, was herausragende Führungskräfte tun: Er machte weiter, und vor allem lernte er dazu. Als er auf eigene Faust sein Glück versuchte, wurde ihm klar, dass es einem Piraten und seinem Vermögen sehr gefährlich werden konnte, Schwäche zu zeigen und viele Worte zu machen. Zwar nahm er sich diese spezielle Lektion zu sehr zu Herzen, aber schon bald erfand er sich neu und wurde ein äußerst disziplinierter und entschlossener Führer.

Alle Führungskräfte müssen im Verlauf ihres Lebens und ihrer Karriere kontinuierlich weiterlernen und sich weiterentwickeln, und viele – darunter auch viele der besonders erfolgreichen Führungskräfte – lernen am meisten durch Kampf, Anstrengung und Scheitern. Hätte Drake keinen Stil gefunden, der ihm ermöglichte, ein erfolgreicher Pirat zu werden, hätte er die Weltumsegelung, die ihm eine noch größere Disziplin abverlangte, womöglich nicht überlebt. Das ist eine wichtige Lektion für individuelle Führungskräfte, aber auch für Organisationen. In dem Wissen, dass selbst die fähigsten Leute Fehler machen, finden die besten Organisationen Wege, ihre kompetenten Mitarbeiter dabei zu unterstützen, aus ihren Misserfolgen zu lernen und in der Zukunft bessere Ergebnisse zu erzielen.

Das traf auf mich besonders zu, als ich noch auf meinem ersten Schiff, der USS *Hewitt*, Dienst tat. Bei meinen ersten Versuchen, das Schiff in eine komplexe Formation zu manövrieren, verursachte ich beinahe einen Zusammenstoß mit einem anderen Zerstörer. Als ich das nächste Mal das Steuer in die Hand nahm, kamen ein Dutzend Männer vom Wachteam in Rettungswesten auf die Brücke, um mich aufzuziehen. Das trug nicht unbedingt dazu bei, mein Selbstvertrauen zu stärken. Aber ich arbeitete beharrlich an mir, indem ich andere, erfahrenere Steuermänner beobachtete, die klassische einschlägige Literatur studierte (mehrere dieser Werke habe ich später überarbeitet) und am Ende lernte, dass beim Manövrieren eines Schiffes die Kombination aus grundlegendem Selbstvertrauen und der richtigen Auge-Gehirn-Koordination den Großteil der Arbeit ausmacht. Man muss aufmerksam den Schiffsrumpf beobachten und die Steuerbewegungen und Motorbefehle ständig anpassen.

Autofahren ist im Wesentlichen eine Auge-Hand-Koordination; ein Schiff zu steuern ist Auge-Gehirn-Koordination; das sind zwei völlig unterschiedliche Dinge. Es dauerte fast drei Jahre, bis ich es beherrschte, aber am Ende meiner ersten Tour wurde ich von unserem Kommodore für die Position als Oberster Steuermann der Pazifikflotte nominiert und setzte mich gegen Kandidaten von einem halben Dutzend anderer Zerstörer durch. Am Ende wurde ich zwar nicht ernannt, aber zumindest legte niemand mehr die Rettungsweste an, wenn ich das Steuer übernahm. Die Beharrlichkeit hatte sich ausgezahlt; sie ist eine Charaktergewohnheit, die man im Laufe des Lebens entwickeln kann.

Im modernen Sprachgebrauch könnte man sagen, dass Drake ein Meister im Aufbau einer persönlichen Marke war, deren Markenkern die tollkühne Verwegenheit bildete. In seinen Augen (und in den Augen der englischen Führung und Öffentlichkeit) waren die Plünderungen spanischer Außenposten und katholischer Kirchen keine Überfälle eines gewöhnlichen Räubers, sondern kühne patriotische Heldentaten im Dienste seiner Königin und seines Landes. Mit wachsendem Vermögen pflegte er auch eine Geschichte historischer Verbindungen zum Hochadel. Drake, der nie um ein Bonmot und eine unterhaltsame Anekdote verlegen war und seine Zuhörer nie durch eine allzu wahrheitsgetreue

KAPITEL III

Schilderung langweilte, prahlte, sein Überfall auf Cádiz habe »dem spanischen König den Bart versengt«. Dabei gelang es ihm, einen Ruf zu erhalten, der seine tatsächlichen Heldentaten weit übertraf. Mithilfe »strategischer Kommunikation«, wie wir es heute nennen würden, gelang es Drake, sich bei allem, was er tat, als tollkühner Seekrieger zu verkaufen.

Was ihn bei der Etablierung seines persönlichen Markenzeichens so erfolgreich machte, war ein nachhaltiges Muster der Eigeninitiative – »Wer nicht wagt, der nicht gewinnt«, so das Sprichwort. Stets ließ er seinen Worten Taten folgen, wenngleich diese zum Teil im Nachhinein geschönt wurden. Das Seemannsgarn seines Lebens wurde auch nach seinem Tod noch weitergesponnen und inspirierte weiterhin zukünftige Generationen an britischen Seeleuten. Jahrhunderte später schrieb der herausragende Marinestratege Julian Corbett eine der populärsten Biografien des ersten großen englischen Admirals. Heute hat Drakes Kommentar in der englischen Version von Wikipedia einen eigenen Eintrag (»*Singeing the King of Spain's Beard*«). Kühnheit und Wagemut haben viele Qualitäten, insbesondere, wenn sie mit einem überzeugenden strategischen Narrativ verknüpft werden, das andere Menschen inspiriert.

Seltsamerweise empfinde ich das heutige Militär als weitaus weniger kühn, als die breite Öffentlichkeit vielleicht denken würde. Als frischgebackener Ein-Stern-Admiral in den Tagen unmittelbar nach den Anschlägen vom 11. September 2001 wurde ich damit betraut, einen taktischen und strategischen Thinktank namens »Deep Blue« zu leiten – eine Hommage an IBMs Großrechner und den Ozean. Im Pentagon roch es noch immer nach Rauch und wir alle konnten es kaum erwarten, die US Navy in der Terrorismusbekämpfung einzusetzen. Ich erhielt den speziellen Auftrag, in dem kurz zuvor erklärten globalen Krieg gegen den Terror »wagemutige neue Ideen« für die Kriegsmarine zu entwickeln. Wir stellten zahlreiche Ideen vor: eine neue Struktur für die alten Hochsee-Gefechtsgruppen, um von Küstengewässern aus Terrorgruppen an Land anzugreifen; eine sogenannte *Afloat Forward Staging Base (AFSB)** für Sonderkampfeinheiten, ein verstärkter Turnuswechsel von

---

*   eine besondere Form der Mobile-Landing-Plattform (MLP); eine Mischung aus Versorgungsschiff, Flugzeugträger mit Bordhelikoptern und Kommandozentrale (A.d.Ü.)

Kriegsschiffen in sich abzeichnenden Kampfzonen und viele weitere. Wir hielten sie für kühn, viele in der Admiralität hielten sie jedoch für verrückt. Der Stabschef für Marineoperationen* unterstützte uns, und unsere Ideen wurden weiterverfolgt – einige waren besser als andere. Was ich jedoch lernte, war, dass die äußerst hierarchisch geprägte US Navy die eingebaute Neigung hat, alles Neue und Wagemutige abzulehnen.

Wie immer im Leben kann eine Charaktereigenschaft wie Wagemut Ihre größte Stärke und zugleich Ihre größte Schwäche sein. Der Trick besteht darin, sie zur Inspiration Dritter, zur Hinterfragung der eigenen Annahmen und bei Bedarf zur schnellen Reaktion einzusetzen. In dieser Hinsicht empfinde ich eine gewisse Ehrfurcht vor den US Navy SEALs. Entgegen der öffentlichen Meinung in den Vereinigten Staaten, die sie als »Draufgänger« betrachtet, sind sie die sorgfältigsten Planer des gesamten Militärs. Ihre herausragende Effektivität liegt in der Kombination aus operativer Brillanz und umfassender Planung, die von einem kühnen, wagemutigen Ansatz gekrönt wird. Das ist die Art von Wagemut, der sich in besonders gefährlichen Situationen meist als erfolgreich erweist: ein wagemutiges Vorgehen auf Basis einer gründlichen Analyse. Wenn diese Charaktereigenschaft nicht zielgerichtet kanalisiert wird, wie es bei Drake manchmal den Eindruck erweckte, kann sie mehr Schaden anrichten als Nutzen erzeugen. Die Balance zu finden, ist der Schlüssel zu Wagemut als guter Charaktereigenschaft.

Welches ist also das Vermächtnis des Piraten, Ritters, Anführers und Abenteurers Sir Francis Drake? Zahlreiche Gefechtssiege, ebenso zahlreiche nationale Auszeichnungen und Ehrbezeugungen, bisweilen großer Reichtum und ein unerschütterlicher Ruf als tapferer Kämpfer sind alles Dinge, an die man sich im Zusammenhang mit seiner Person erinnert. Aber da ist auch eine finstere, sinistre Aura, die sein Vermächtnis überschattet – die unnötige Grausamkeit, das Niederbrennen der Städte und das Gemetzel an den Zivilisten, die brutale Behandlung seiner eigenen Männer, die sich vor ihm duckten. Obwohl es viel an Drake zu bewundern gibt, lautet die Lektion, die wir aus seinem Leben ziehen,

---

* *Chief of Naval Operations* (CNO), Militärberater in Marinefragen des Nationalen Sicherheitsrates, des Homeland Security Council, des Verteidigungsministers und des US-Präsidenten. Er hat kein operatives Kommando über die Marinestreitkräfte. (A.d.Ü.)

KAPITEL III

in erster Linie, welche Dinge wir vermeiden sollten. Manchmal sind die besten Lektionen tatsächlich die, die man nicht wiederholen sollte – das ist bei Sir Francis Drake der Fall: kein erstrebenswertes Vermächtnis, und von allen Admiralen, die in diesem Buch porträtiert werden, ist er derjenige, der am wenigsten Bewunderung verdient.

KAPITEL IV

Brüder im Geiste

VIZEADMIRAL LORD VISCOUNT HORATIO NELSON

GEBOREN AM 29. SEPTEMBER 1758 IN BURNHAM THORPE, VEREINIGTES KÖNIGREICH

GESTORBEN AM 21. OKTOBER 1805 AM KAP TRAFALGAR AN BORD DER HMS *VICTORY*

KAPITEL IV

D ie schlimmste Nacht, die ich je als Kapitän auf See verbracht habe, war ironischerweise in Landnähe, und zwar im Sommer 1993 in der aufgewühlten See nahe der Mündung des Ärmelkanals. Die Sicht war miserabel, der Wind peitschte, und mein Schiff – ein 9000 Tonnen schwerer Zerstörer – wurde von dem harten Wellengang und den Sturmböen hin und her geworfen. Ich verbrachte fast die gesamte Nacht auf der Kommandobrücke, klammerte mich am Steuer fest und suchte ständig angespannt den Horizont ab, während der größte Teil meiner Besatzung schwer seekrank war. Es war eine sehr, sehr harte Nacht.

Ich war ein junger Hochseekapitän Ende 30 und kommandierte zum ersten Mal die USS *Barry*, einen Lenkwaffenzerstörer der brandneuen *Arleigh-Burke*-Klasse auf seiner Jungfernfahrt. Wir hatten gegen Ende des Frühjahrs unseren Heimathafen Norfolk im US-Bundesstaat Virginia verlassen und fuhren in Richtung unseres sehnlich erwarteten ersten Bestimmungshafens im englischen Portsmouth. Ich freute mich auf Portsmouth, weil ich dort erstmalig die Gelegenheit haben würde, die HMS *Victory* zu besichtigen, das Flaggschiff meines Idols und Helden, Lord Viscount Horatio Nelson, Vizeadmiral der Royal Navy – der Kriegsmarine des Vereinigten Königreichs. Während der langen stürmischen Nacht auf dem Ärmelkanal tröstete ich mich mit dem Gedanken, dass ich in Kürze auf den Decks des ältesten Kriegsschiffes im Dienst der britischen Kriegsmarine umherspazieren würde, Nelsons Flaggschiff in der triumphalen Schlacht von Trafalgar, die zugleich Schauplatz seines verfrühten Todes und somit ein besonders geheiligter Boden der Royal Navy war.

Ich verehrte Nelson aus mehreren Gründen, beginnend mit dem Umstand, dass er ein Mann von eher unterdurchschnittlicher Körpergröße war – sie betrug ungefähr 1,65 Meter –, was zufälligerweise meiner eigenen Größe entspricht. Wichtiger ist aber, dass ich seinen unterschätzten Führungsstil tief bewunderte, vor allem gegenüber seinen ihm untergebenen Seekapitänen, seine aufrichtige Empathie und Fürsorge für seine Besatzung sowie seine tiefe, instinktive Liebe zu seinem Land. Selbstverständlich waren mir einige seiner persönlichen Schwächen und Verfehlungen bewusst, wie zum Beispiel die außereheliche Affäre mit Lady Emma Hamilton und sein stark ausgeprägter Geltungsdrang. In der Summe hatte er jedoch einen Charakter und einen Führungsstil, der mir

BRÜDER IM GEISTE

sehr zusagte. Fast unmittelbar nachdem wir endlich in den Hafen von Portsmouth eingelaufen waren und uns von der rauen Überfahrt erholt hatten, rannte ich förmlich über das alte Werftgelände und sprang die Landungsbrücke zur *Victory* hoch, um ihr meinen Respekt zu zollen.

In den folgenden Jahrzehnten kehrte ich viele Male zur *Victory* zurück; unter anderem wurde mir die große Ehre zuteil, als Vier-Sterne-Admiral Ehrengast einer Dinner-Veranstaltung in Nelsons Schiffskabine zu sein. Bei einer dieser Gelegenheiten überreichte mir mein britischer Gastgeber, der Erste Seelord – das entspricht dem amerikanischen Stabschef für Marineoperationen – einen wunderschönen Stiftehalter, der aus dem Holz der HMS *Victory* geschnitzt war. In diesem Stiftehalter bewahre ich heute einen Füllfederhalter aus dem Holz des US-amerikanischen Pendants zur *Victory*, unseres eigenen wunderschönen Kriegsschiffes *Constitution* aus dem 19. Jahrhundert (offiziell noch immer im Dienst), auf. Diese beiden Schiffe, die sich in Form des britischen Stiftehalters und des amerikanischen Füllfederhalters auf so natürliche Weise ergänzen, sind für mich ein Symbol der tiefen, bleibenden und wirklich besonderen Beziehungen zwischen unseren beiden Nationen.

Vor allem bringt das Studium und die Kenntnis Lord Nelsons die intensive Beschäftigung mit großen, wichtigen Fragen in Bezug auf Charakter, Persönlichkeit und Führung mit sich. Man erhält dadurch die Chance, die eigene Charakterbildung zu steuern und zu verbessern. In meinen Bücherschränken befinden sich inzwischen fast ein Dutzend Biografien des britischen Admirals, und jede bietet eine andere Perspektive und andere Erkenntnisse über diese einzigartige, mächtige historische Figur. Ich bin ihm unendlich dankbar dafür, dass er in vielfacher Hinsicht ein Beispiel gesetzt hat. Wer war er und was können wir von ihm lernen?

Horatio Nelson, der von Geburt an eher schwach und kränklich war, war nicht besonders hochgewachsen: Wie schon erwähnt brachte er es gerade einmal auf eine Größe von 1,65 Meter, war von schmächtigem Körperbau, verlor im Kampf einen Arm und ein Auge und litt sein Leben lang immer wieder an Seekrankheit und anderen Gebrechen. Als Ehebrecher und rebellischer Untergebener in einer Kriegsmarine, die Loyalität über alles stellte, wirkt er auf den modernen Betrachter kaum wie die Art von Führungspersönlichkeit, an die man sich 200 Jahre nach

KAPITEL IV

seinem Tod in der Schlacht noch erinnern würde. Die »unvergessliche Erinnerung« an ihn (auf die die Seeleute der Royal Navy jedes Jahr einen Toast aussprechen) ist aber genau das, und die meisten Marineoffiziere egal welcher Nation würden ihn spontan zu den besten Seekriegern der Geschichte zählen.

Nelson wurde 1758 in eine einigermaßen wohlhabende Familie in Norfolk im Osten Englands geboren und trat mit 13 Jahren in die britische Kriegsmarine ein, wo er die traditionelle praktische Ausbildung zum Midshipman* absolvierte. Schnell stieg er in der Hierarchie der Royal Navy auf und kommandierte 1778 sein erstes Schiff. Er bewährte sich in den Schlachten der Amerikanischen Revolution und machte sich durch seine persönliche Tapferkeit und sein taktisches Geschick einen Namen. Als junger Midshipman war er klein für sein Alter und wurde Opfer der üblichen Missbräuche des Systems. Seine angeborene Intelligenz und seine Führungsqualitäten machten sich jedoch schon früh bemerkbar. Er galt als herausragender Seemann (eine unverzichtbare Bedingung der britischen Marinehierarchie) und hatte sehr schnell »den Bogen raus«.

Außerdem begann Nelson seine Philosophie zu formulieren, die ihm schließlich internationalen Erfolg bescherte: die Bildung eng verschweißter Mannschaften, deren Mitglieder sich untereinander auf Basis ihrer Kompetenz verbunden fühlten und ihm, Nelson, als ihrem Kommandeur in unverbrüchlicher Loyalität zur Seite standen. Wie er vor der Schlacht von Trafalgar von den Decks der HMS *Victory* in seinen berühmten Briefen an jeden einzelnen seiner Kapitäne schrieb, »... im Falle, dass Signale [Flaggen, mit denen freundlichen Schiffen Befehle kommuniziert wurden] weder gesehen noch vollständig verstanden werden können, macht kein Kapitän einen Fehler, wenn er sein Schiff neben das eines Feindes positioniert.« Er genoss den Luxus, in einem derart unabhängigen Geist schreiben zu können, weil er die Qualitäten der Offiziere unter seinem Kommando ganz genau kannte und sie persönlich geschult und zusammengeschweißt hatte. Ironischerweise beinhaltet das Signal, das beinahe so berühmt ist wie seine Botschaft, mit der er jeden Mann dazu aufrief, seine Pflicht zu tun, einen Aufruf

---

*   Entspricht dem Dienstgrad Fähnrich zur See der Deutschen Bundeswehr für die Marine. Der Midshipman gehört zu den Dienstgraden für eine Offizierslaufbahn. (A.d.Ü.)

BRÜDER IM GEISTE

zu eigenmächtigem Handeln. Zwar befürwortete Nelson eine situations-
bedingte Unabhängigkeit, seine größte Fähigkeit war jedoch die Bildung
von eng verschweißten Teams – dem »beglückten Häuflein Brüder«,
wie Shakespeare in *König Heinrich der Fünfte* schrieb. Kein britischer
Kommandeur in der Geschichte wird für seine ausgeprägte Führungskompetenz mehr respektiert als Nelson.

Wie viele seiner Offizierskollegen wurde er nach der Amerikanischen
Revolution an Land geschickt und schmachtete dort bis zum Ausbruch
der Napoleonischen Kriege Ende des 18. Jahrhunderts. Daraufhin kehrte
er wieder auf See zurück und focht eine Reihe kleinerer Schlachten
gegen die französische Marine, was ihm die Gelegenheit bot, seine
Reputation weiter zu stärken. Im Jahr 1797 stieg er zum Kommandeur
des großen Kriegsschiffes HMS *Captain* auf und beteiligte sich unter
dem Kommando von Admiral Sir John (später Lord) Jervis, der zu seinem
persönlichen Förderer und engagierten Schutzherrn wurde, an der
großen Seeschlacht bei Kap St. Vincent vor der portugiesischen Küste.
In dieser Zeit stellt er nicht nur konsistent seine seemännischen und
kriegerischen Kompetenzen unter Beweis, die seinen Ruf begründeten,
sondern auch sein Geschick bei der Aufgabe, einen Mentor wie Jervis zu
finden und von sich zu überzeugen. Kein britischer Admiral konnte in
ranghohe Führungspositionen aufsteigen, ohne an Land gesellschaftlich
und politisch genauso geschickt und kompetent zu agieren wie auf hoher
See.

In der Seeschlacht bei Kap St. Vincent ging auch ein anderer Teil
seiner Legende unauslöschlich in die Geschichte ein, als er beschloss,
den per Signalflaggen übermittelten Befehlen von Admiral Jervis nicht
aufs Wort zu folgen, sondern selbst die Initiative zu ergreifen und zu tun,
was er für taktisch richtig hielt. Später sagte er: »Der Admiral [Jervis] gab
allen Schiffen das Signal, ‚in ihrer Formation nacheinander zu wenden‘,
ich nahm jedoch wahr, dass die spanischen Schiffe vor dem Wind ab-
drehten, in der offensichtlichen Absicht, sich entweder mit dem anderen
Teil ihrer noch getrennten Flotte zu vereinen, während unsere Schiffe
zwischen beiden Gruppen hindurchfuhren, oder um vor uns zu fliehen –
und um beides zu verhindern, gab ich den Befehl, auszuscheren und in
die andere Richtung zu wenden.« Soll heißen, Nelson befahl, in die ent-
gegengesetzte Richtung zu wenden, als der kommandierende Admiral

KAPITEL IV

befohlen hatte, und nahm damit die Initiative (und die Verantwortung) in die eigene Hand. Zwar war das ein eklatanter Fall von Befehlsverweigerung, allerdings wurde Nelson später öffentlich von Jervis für seine Initiative gelobt. Während seiner gesamten Karriere folgte Nelson dem Muster, so zu handeln, wie er es für richtig hielt, und nicht blindlings Befehlen zu gehorchen. Dabei gelang es ihm, diesen Unabhängigkeitsgeist mit seiner Fähigkeit in Einklang zu bringen, die Kommandokette stets gut über seine operativen Pläne und natürlich auch seine Erfolge auf dem Laufenden zu halten. Auf jeden Fall dürstete es Nelson nach Ruhm und Ehre, und diese Eigenschaft manifestierte sich in den letzten Jahren seiner Karriere besonders deutlich.

An einer anderen Begebenheit in der Seeschlacht bei Kap St. Vincent war der damalige Captain Cuthbert Collingwood beteiligt, einer von Nelsons Gefolgsleuten, der später selbst Admiral werden und in der Schlacht von Trafalgar an Nelsons Seite die Lee-Linie der britischen Flotte anführen sollte. In der früheren Schlacht war Collingwood mit seinem Schiff, der HMS *Excellent,* Nelson zu Hilfe geeilt, der die HMS Captain befehligte. Nach der Schlacht schrieb Nelson an Collingwood: »Der Satz, ein Freund in Not ist ein echter Freund, wurde nie wahrhaftiger bestätigt als durch Euer gestriges nobles und furchtloses Handeln, mit dem Ihr die *Captain* vor weiteren Verlusten bewahrt habt.« Im Verlauf des folgenden Jahrzehnts waren ihre Karrieren eng miteinander verflochten, und Collingwood wurde schließlich neben Nelson in der St.-Pauls-Kathedrale in London beerdigt. Bei all seinem Hang zur Selbstdarstellung gelang es Nelson stets, enge Beziehungen zu Gleichgestellten zu pflegen, die in einer streng hierarchischen Organisation – wie es die Royal Navy ist –, in der jeder oft nur auf die Gelegenheit wartet, sich gegenüber anderen zu profilieren oder an deren Stuhl zu sägen, so oft die kritischsten Richter sind.

Aus geopolitischer Perspektive hatte Nelson das Glück, in einer Zeit zu leben, in der die britische Nation stark von den »hölzernen Schutzmauern« der Royal Navy abhing. Wäre es Frankreich nicht gelungen, sich unter Napoleon aus den Wirren seiner blutigen Revolution zu befreien und zu einer ernsthaften Gefahr für die Unabhängigkeit des Vereinigten Königreichs zu werden, hätte Nelson wahrscheinlich einen Großteil seines Lebens mit halbem Sold an Land verbracht, immer in

BRÜDER IM GEISTE

der Hoffnung, auf See zurückkehren zu können, was möglicherweise nie geschehen wäre. Angesichts der steigenden Gefahr für das Vereinigte Königreich war Nelsons Karriere in Bezug auf ihre Planung genauso perfekt wie in Bezug auf den Zeitpunkt. Wie die meisten erfolgreichen Admirale benötigte er einen Krieg, in dem er sich beweisen konnte, und eine Nation, die er genau zu dem Zeitpunkt seiner Karriere verteidigen konnte, als er sich auf dem Höhepunkt seiner Kompetenzen und Verbindungen und seines Wissens und Geschicks befand. In dieser Hinsicht schien sich für den jungen Konteradmiral Nelson alles auf das Vortrefflichste zu fügen – bis sich das Schicksal zum ersten Mal in seinem Leben gegen ihn wandte. Dabei bewahrheitete sich der Satz, den er später einmal sagte, nämlich dass »im Krieg viel von der Vorsehung abhängt.«

Die nächste große Schlacht in seiner Karriere verlief verheerend; Nelson verlor den Großteil seines rechten Arms bei Santa Cruz, Teneriffa, und wurde für eine beträchtliche Zeit an Land geschickt, um sich zu erholen. Einige seiner verzweifelten Briefe und Tagebucheinträge aus dieser Zeit sind herzzerreißend zu lesen und zeugen von einer tiefen Depression, da er das mögliche Ende seiner Karriere befürchtete. Seine krakelige Handschrift – er mühte sich verbissen, zu lernen, mit der linken Hand zu schreiben –, lässt sich kaum entziffern; viele Biografen sprechen über diese Zeit als die dunkelste in seiner Karriere. Dennoch war er innerhalb eines Jahres als Konteradmiral zurück auf See und kommandierte eine ansehnliche Mittelmeerflotte, die die französische Flotte im Mittelmeer bedrängte und ihr schließlich im August 1798 in der entscheidenden Seeschlacht am Nildelta bei Abukir eine vernichtende Niederlage zufügte. Damit setzte er zugleich Napoleons geopolitischen Ambitionen außerhalb von Europa ein Ende. Die Seeschlacht bei Abukir festigte Nelsons Platz in den oberen Rängen der britischen Admiralität und empfahl ihn für zukünftige hochrangige Kommandoposten. Zudem öffnete sie dem schmächtigen und körperlich leicht angeschlagenen Admiral, der jeden Vorteil zu nutzen wusste, die Türen zur Crème de la Crème der britischen Gesellschaft.

Sie markierte auch den Beginn seiner Liebschaft mit der jungen, schönen Lady Emma Hamilton, die einen starken Einfluss auf sein Privatleben hatte. Lady Hamilton, die mehr als 20 Jahre jünger war als er, pflegte ihn nach der Schlacht bei Abukir wieder gesund; ihre Liebesbeziehung,

KAPITEL IV

die für die britische Gesellschaft ein offenes Geheimnis war, sollte für den Rest seines Lebens dauern. Während sie eine platonische *Ménage-à-trois* mit Sir William Hamilton, einem älteren Mitglied des britischen Hochadels, pflegten, zeugte Nelson mit Emma zwei Töchter, von denen nur eine das Erwachsenenalter erreichte. Nachdem Sir William im Jahr 1803 verstorben war, wollte Nelson Emma heiraten, allerdings willigte seine ihm treu ergebene Frau nie in die Scheidung ein. Dieser Skandal war wohlbekannt und hätte durchaus Nelsons Ruf beeinträchtigen können, aber die Öffentlichkeit war bereit, diese pikante Affäre zu übersehen beziehungsweise zu ignorieren, solange ihr nautischer Held weiterhin große Siege errang.

Trotz seiner privaten Verfehlungen wurde Nelsons berufliche Reputation durch die Seeschlacht bei Abukir gefestigt. Anschließend kämpfte er 1801 bei Kopenhagen gegen eine andere große Flotte, wo er bei einer Gelegenheit bekanntermaßen absichtlich ein Teleskop vor das Auge hielt, das bei einer früheren Schlacht erblindet war, sodass er die Signale seines Vorgesetzten nicht sehen und einen wichtigen Sieg über die Dänen erringen konnte. Der englische Ausdruck *turning a blind eye* – etwas absichtlich übersehen, indem man »ein blindes Auge auf etwas richtet« – geht angeblich auf diese Begebenheit zurück. In der Seeschlacht von Kopenhagen soll er auch gesagt haben: »Das ist ein schweres Gefecht und dieser Tag könnte jederzeit unser letzter sein; aber wohlgemerkt, ich würde um keinen Preis woanders sein wollen.« Nelsons physische Courage war ein integraler Bestandteil seines Charakters, der im Verlauf seiner gesamten Karriere stets große Beachtung fand. Sein Sieg bei Kopenhagen führte ihn direkt zur nächsten Beförderung, und auch der öffentliche Beifall nahm deutlich zu.

Als frisch gebackener Vizeadmiral übernahm Nelson das Kommando über das entscheidende Mittelmeergeschwader mit der wichtigen Mission, die kombinierte spanisch-französische Flotte zur Schlacht zu zwingen. Nachdem er sie bis zu den Antillen (der heutigen Karibik) und wieder zurück verfolgt hatte, richtete er sich auf eine lange Blockade vor der spanischen Küste unweit des Atlantikhafens Cádiz ein. Er wusste um die Bedeutung eines überwältigenden Sieges und kam ganz richtig zu dem Schluss, dass Napoleon seinen Traum von einer Invasion in das Vereinigte Königreich nicht aufgeben würde, bis die spanisch-französische

BRÜDER IM GEISTE

Flotte nicht zerstört wäre. Seinem politischen Freund George Rose schrieb er: »Das Land will ... die völlige Vernichtung und keinen glänzenden Sieg, ... der ehrenhaft für alle Beteiligten ist, aber absolut nutzlos, um Bonaparte bis ins Mark zu erschüttern.«

Im Jahr 1805 suchte die spanisch-französische Flotte endlich die Konfrontation. In der Schlacht von Trafalgar sandte Nelson sein berühmtestes Signal: »England erwartet, dass jeder Mann seine Pflicht tut.« Das taten sie und errangen einen spektakulären Sieg, der einer völligen Vernichtung der feindlichen Flotten gleichkam und Napoleon jede Chance nahm, einen Fuß in das Vereinigte Königreich zu setzen. Nelson wurde in dieser Schlacht jedoch von einer Kugel aus dem Hinterhalt getötet, die seine Wirbelsäule durchschlug. Das letzte Signal, das er kurz vor der Schlacht aussendete, war typisch für ihn: »Ihr müsst näher an den Feind heran!« Frankreich und Spanien büßten 22 Schiffe ein, die Briten nur ein einziges. Diese Schlacht gehört zu den unausgewogensten Seeschlachten der Geschichte und steht gewiss ganz oben auf der Liste der Ereignisse mit den größten geopolitischen Auswirkungen innerhalb eines Zeitalters.

Zwar lebte er noch lange genug, um von seinem alles entscheidenden Sieg zu erfahren, aber schon bald darauf erlag er auf dem Unterdeck der *Victory* seiner Verwundung, umgeben von seinen Seeleuten und mit seinem loyalen Kapitän Thomas Hardy an seiner Seite. Seine letzten Worte »Dank Gott habe ich meine Pflicht getan« haben Jahrhunderte überlebt. Nach Ankunft in England wurde sein Leichnam in einem Ehrenzug durch die Straßen von London getragen und anschließend erhielt er ein Staatsbegräbnis – eine äußerst seltene Ehre für einen Militärkommandeur. Überall in England findet man Denkmäler zur Erinnerung an seine Person und seine Leistungen; das berühmteste ist die Nelsonsäule am Trafalgar Square im Herzen von London.

Die Betrachtung der Lektionen, die sich aus seinem Charakter und seinem Führungsstil ziehen lassen, bietet Beispiele über begeisternde Erfolge und große persönliche Misserfolge. Was die Erfolgslektionen betrifft, ordnete er sein ganzes Leben dem höheren Zweck unter, seinem König und seinem Land zu dienen. Immer wieder gelang es ihm, Besatzungen auf ein gemeinsames Anliegen einzuschwören und zu einer engagierten Mannschaft zusammenzuschweißen; er achtete sehr auf die

KAPITEL IV

Bedürfnisse seiner Untergebenen (was zu jener Zeit äußerst unüblich war) und wendete im Kampf mit erheblichem Erfolg einfache, direkte taktische Methoden an. Seine Verfehlungen betrafen überwiegend sein Privatleben – dazu gehörten der offenkundige Ehebruch, begangen an seiner ihm treu ergebenen Frau, eine arrogante Selbstgewissheit über seine Überlegenheit gegenüber Gleichgestellten und Vorgesetzten, eine komplexe persönliche Unsicherheit, die sich in einer aggressiven Selbstdarstellung manifestierte, und eine gehörige Portion Mutwille, der ihn bei verschiedenen Gelegenheiten zu einem kontraproduktiven Verhalten verleitete.

Ohne Zweifel war Nelson seiner Nation tief und aufrichtig ergeben. In all seinen Schriften und überlieferten Reden sprach er ständig über die Notwendigkeit, dass Anführer in Bezug auf Patriotismus und die Verteidigung ihres Königs und ihrer Nation mit gutem Beispiel vorangehen müssen. Sein berühmtes Flaggensignal »England erwartet, dass jeder Mann seine Pflicht tut« wird in der britischen Popkultur und den offiziellen Verlautbarungen der Royal Navy immer wieder betont. Nelson verkörperte das Bedürfnis vieler Menschen von Format, Teil einer größeren Aufgabe zu sein, mit der sie sich vollkommen identifizieren können. Einer vermutlich erfundenen Anekdote zufolge antwortete er in einer frostkalten Nacht auf die Frage, ob der Bootsmann einen Mantel holen lassen solle, der Pflichteifer gegenüber dem König und seinem Land halte ihn warm. In seiner hervorragenden über 20-bändigen marinehistorischen Romanreihe lässt der Schriftsteller Patrick O'Brian seinen Protagonisten, den fiktiven Marineoffizier Captain Jack Aubrey, der Nelson tief verehrt, die Anekdote über den Mantel erzählen. Dabei räumt Aubrey ein, dass Nelsons Antwort aus dem Munde jedes anderen Mannes unglaubwürdig geklungen hätte, aber typisch für Nelsons Persönlichkeit gewesen sei.

Dieses eherne Pflichtgefühl, das ihm von Kindesbeinen an eingebläut worden war, bildete einen grundlegenden Teil seines Selbstbilds. In dem Bemühen, die Herausforderungen des modernen Lebens zu meistern und die Bedürfnisse unserer Familie mit unserer jeweiligen Rolle im Schicksal unserer Nation in Einklang zu bringen, kann uns Nelson als Beispiel für einen positiven Patriotismus und Glauben an die eigene Nation dienen, der in vielfacher Hinsicht das charakterliche Fundament ausmacht – der

BRÜDER IM GEISTE

Glaube an einen übergeordneten Zweck –, und dieses Fundament ist in Lord Nelsons Leben klar zu erkennen. Dieser Überzeugung verlieh er in einem Brief in sehr schlichten Worten Ausdruck: »Pflichterfüllung ist das oberste Gebot eines Marineoffiziers. Alle privaten Überlegungen müssen dahinter zurückstehen, so schmerzhaft es auch sein mag« und: »Unser Land hat vorrangigen Anspruch auf unsere Dienste; persönliche Belange oder gar privates Glück müssen sich dem Allgemeinwohl unterordnen.« In seinem gesamten Leben und seiner Karriere wich er nie von dieser Überzeugung ab, die den Kern seines Charakters ausmachte. Und man sollte nicht vergessen, dass er die meiste Zeit seines Lebens auf See, weit weg von Heim und Herd, verbracht hat. Nelson widmete sein Leben der Nation.

Jeder von uns muss diese Lektion auf seiner ganz persönlichen Charakterreise lernen. Die Liebe zum eigenen Land ist trotz aller offenkundigen Schwächen und Fehler eine Qualität, die uns dazu veranlasst, uns in den Dienst anderer zu stellen, und verbessert die Gesellschaft, die sich glücklich schätzen kann, echte Patrioten hervorzubringen. Unsere nationalen Werte sind die richtigen: Freiheit, Demokratie, freie Meinungsäußerung, Bildungsfreiheit, die Gleichwertigkeit der Geschlechter und Ethnien – ja, wir leben sie bisweilen auf unvollkommene Art, aber wir streben nach den richtigen Werten. Ein Patriotismus, der nicht blind für Fehler, aber von einem festen Glauben an die Nation geprägt ist, ist ein überaus wichtiges Charakterelement, das die Art von heroischen Akten ermöglicht, in denen wir unsere besten Seiten zeigen – zum Beispiel, wenn ein Soldat im Kampf sein Leben lässt oder ein Freiwilliger des Friedenskorps bei seinem Dienst an der Nation verwundet wird. Wir sollten uns auch daran erinnern, dass Patriotismus bisweilen zu Protesthandlungen führen kann – zum Beispiel, wenn sich afroamerikanische Football-Spieler als Zeichen ihrer Forderung nach Gleichberechtigung in unserem Land niederknien –, die viele Bürger verwirren oder sogar verärgern. Doch unabhängig davon, wie wir einen konkreten Dienst oder eine Protesthandlung bewerten, sollten wir anerkennen, dass Patriotismus eine mächtige Kraft ist, die in uns allen steckt und uns dazu anhält, für unser Land einzustehen, es allen Herausforderungen zum Trotz zu lieben und gemeinsam daran zu arbeiten, es zu verbessern.

KAPITEL IV

Neben seiner patriotischen Ergebenheit bewies Nelson bei der Auswahl der richtigen Untergebenen und ihrer Motivierung zu einem gemeinsamen, effektiven Handeln – von einer Handvoll Seeleute, die eine Kanone bedienten, als er noch Midshipman war, bis zum legendären »beglückten Häuflein Brüder«, zu dem er seine Schiffskapitäne in seiner Zeit als Oberbefehlshaber der Flotte zusammenschweißte – wahre Meisterschaft in Menschenführung und Charakter. Das gelang ihm, weil er seine ausgeprägte emotionale Intelligenz dazu nutzte, die individuellen Stärken, Schwächen und Bedürfnisse jedes einzelnen Mitglieds seiner Besatzung zu erspüren. Ein gutes Beispiel waren die Tage vor der Seeschlacht bei Abukir, in denen er seine Schiffskommandeure zu einer Einheit zusammenschweißte und sie dazu motivierte, effektiv an einem Strang zu ziehen, aber gleichzeitig in der Lage zu sein, unabhängig zu handeln. Diese Art der Teambildung, die von so unterschiedlichen Organisationen des 21. Jahrhunderts wie den US-Navy SEALs und dem Konzerngiganten Google intensiv verfolgt wird, machte den Kern des Charakters und der Führungsqualitäten des Admirals Horatio Nelson aus.

Man muss Teamwork im Kontext der Charakterbildung betrachten, und zwar mit Blick auf zwei äußerst wichtige Dimensionen: unsere Kollegen und unsere Untergebenen. In unserem Eifer, unsere Vorgesetzten zu beeindrucken und unsere Untergebenen auf ein gemeinsames Ziel einzuschwören, vernachlässigen wir oft unsere Kollegen. Um ganz ehrlich zu sein, konkurrieren wir oft mit ihnen um eine Beförderung, eine Gehaltserhöhung oder mehr Ressourcen. Oft versäumen wir dabei, mit unseren Kollegen starke Teams zu bilden. Nelson war diese Notwendigkeit bewusst, und es ist eine höchst effektive Lektion in Charakterbildung, dass wir oft wesentlich mehr erreichen können, wenn wir bereit sind, darauf zu verzichten, uns die Verdienste ausschließlich an die eigene Brust zu heften. Das bedeutet Transparenz im Umgang mit Kollegen, die Organisation von Zusammenkünften, bei denen sich Kollegen beruflich und privat austauschen können, und vor allem die gegenseitige Unterstützung in schwierigen Situationen.

Das zweite Element des Teamworks ist die Bildung von Teams aus Untergebenen beziehungsweise Mitarbeitern. Dafür muss man in erster Linie Teamwork auf vorgesetzter Ebene vorleben. In meiner Zeit als

BRÜDER IM GEISTE

Kommandeur eines Lenkwaffenzerstörers berief ich oft Zusammenkünfte mit anderen Schiffskommandeuren ein, und wenn es nur darum ging, zusammen Bier zu trinken und Aufzeichnungen zu vergleichen. Unsere Untergebenen beobachteten das und begannen allmählich, es uns gleichzutun. Kommandeure sollten auch immer wieder die Bedeutung von Teamwork für eine Organisation betonen und engagierte Teamworker mit attraktiven Prämien belohnen – mit einer guten Beurteilung, Bonuszahlungen oder Beförderungen. Auch Teamanalysen, bei denen jeder frei seine Meinung äußern kann, sind oft ein sehr wirksames Mittel – zum Beispiel in Form von Meetings und der Vor- und Nachbereitung von großen Ereignissen. Teambildung ist harte Arbeit, aber wir erleben immer wieder ihre großen Vorteile. Niemand von uns ist allein so intelligent wie wir alle zusammen.

Eng mit der Qualität der Teambildung war auch Nelsons ausgeprägtes Gespür für die Notwendigkeit verbunden, sich um sein Team zu kümmern. In einem Zeitalter, in dem sich die meisten Schiffskommandeure und Admirale auf brutale Disziplin verließen und dem Wohlergehen ihrer Besatzung, wie zum Beispiel deren ärztlicher Versorgung, keine Beachtung schenkten, war Nelson für sein Bemühen berühmt, seinen Seeleuten die bestmögliche Behandlung angedeihen zu lassen. Er unternahm große Anstrengungen, um für frische Nahrungsmittel und reichlich sauberes Trinkwasser zu sorgen. Außerdem verfügte jedes Schiff über einen kompetenten Chirurgen. Seine Mannschaften (und seine Schiffskapitäne) erwiderten seine Fürsorge durch persönliche Verehrung; seine Art, sich um seine Leute zu kümmern, wurde in der Flotte als »*Nelson Touch*« bezeichnet. Diese Art der Fürsorge und des Sich-Kümmerns sind für heutige Führungskräfte von höchster Bedeutung, insbesondere, da sich in den letzten Jahrzehnten immer mehr das Konzept der »dienenden Führung« durchgesetzt hat. Als zum Beispiel einer seiner Kapitäne im Kampf starb, sagte Nelson: »Ich empfinde tiefe Trauer über das Schicksal des armen Parker; unser einziger Trost ist, dass wir alles getan haben, was möglich war. Noch atmet er, aber ich wage die Prognose, dass er nicht bis zum Abend durchhalten wird.« Nach Edward Parkers Tod übernahm Nelson die Kosten für seine Bestattung und unterstützte seine Witwe.

KAPITEL IV

Für jeden von uns ist es überaus wichtig, die Lektion aufrichtigen Mitgefühls gegenüber unseren Untergebenen zu lernen. Heute ist es Mode, von einer »dienenden Führung« zu sprechen, und viele ranghohe Führungskräfte haben dieses Konzept übernommen. Weitaus seltener erleben wir jedoch, dass die ranghöchsten Führungskräfte greifbare Dinge tun, von denen ihre Mitarbeiter profitieren. Das geht auf Kosten der Organisation und wirkt sich auf alles aus, von der Qualität der Mahlzeiten in der Unternehmenskantine über die Gehälter und Bonuszahlungen bis hin zur Elternzeit und dem Urlaubsanspruch. Langfristig bietet die Fürsorge für die eigenen Mitarbeiter echten Nutzen, der sich in greifbaren Errungenschaften auszahlt.

Letztlich ist uns Nelson als hoch kompetenter und zunehmend erfahrener Kriegskommandeur, der seine taktischen Methoden unerschrocken weiterentwickelte, in Erinnerung geblieben. Er war dafür berühmt, seine Untergebenen dazu anzuspornen, eigeninitiativ zu handeln, und entwickelte ein System aus einfachen, knappen Flaggsignalen (damals kommunizierten die Schiffe zumeist per Signalflaggen), die sich leicht vom Achterdeck seines Flaggschiffs steuern ließen. Nelsons Taktiken in der Schlacht bei Abukir, der Schlacht bei Kopenhagen und vor allem der Schlacht von Trafalgar werden von Kriegsflotten auf der ganzen Welt noch heute studiert, diskutiert und imitiert.

Die Vereinfachung von Kommando und Kontrolle, ob es sich um die Führung einer Amazon-Sparte oder der Wirtschaftsfakultät einer Universität handelt, ist ein maßgebliches Attribut effektiver Führungskräfte des 21. Jahrhunderts. In der Schlacht bei Kopenhagen meinte Nelson angesichts der Notwendigkeit, die richtigen taktischen Entscheidungen zu treffen, anstatt blind einem Befehl zu folgen, zu einem Untergebenen: »Wissen Sie, was die Signale des Oberbefehlshabers sagen? Wir sollen aufhören! Ich will verdammt sein, wenn ich das mache. Wissen Sie, Foley, Ich habe nur ein Auge – und ich habe das Recht, gelegentlich blind zu sein. [Anschließend hielt er das Teleskop vor sein erblindetes Auge.] Ich kann kein Signal erkennen.« Sein Vorgehen führte schließlich zum Sieg.

Sein Charakter hatte allerdings auch Schattenseiten. Am negativen Ende des Spektrums seiner Charaktereigenschaften würden die meisten Analysten bei dem Verrat an seinem Ehegelübde und seiner höchst öffentlichen und zutiefst verletzenden Liebesbeziehung zu Emma

Hamilton beginnen. Als Ehebrecher seiner eigenen Ehe und Mitverantwortlicher für die Instabilität der Ehe der Hamiltons versagte er, was die Beachtung grundlegender moralischer Prinzipien betrifft. Zwar zerstörte diese Verfehlung nicht seine Karriere, allerdings lässt sich nur schwer einschätzen, wie die Nation ihn auf Dauer beurteilt hätte, wenn sein heroischer Tod in der epischen Seeschlacht von Trafalgar nicht zu einer Überhöhung und Verklärung seiner Person geführt hätte. Die Lektion, die ein jeder daraus ziehen kann, lautet, dass man selbstverständlich nicht nur zu seinem Ehegelübde zu stehen hat, sondern generell zu all seinen Versprechen.

Versuchungen lauern überall; Nelson versagte in einer der grundlegendsten Charakterprüfungen, vor denen die meisten von uns irgendwann stehen – der Treue gegenüber dem Ehepartner. Das soll nicht heißen, dass er bösartig oder zutiefst charakterlos war, sondern eher, dass er mit menschlichen Schwächen behaftet und verwundbar war. Die Lektion für uns alle lautet, dass wir versuchen müssen, unsere Zusagen und Selbstverpflichtungen zu erfüllen, die Herausforderungen anzuerkennen, die damit verbunden sind, sowie den Preis eines möglichen Versagens. Und es sagt uns auch etwas über die Möglichkeit der Erlösung und die Notwendigkeit, die Leistungen, die wir beruflich und im öffentlichen Leben erbringen, mit unseren privaten Entscheidungen und den sich daraus ergebenden Folgen in Einklang zu bringen.

Außerdem macht es uns Nelsons überhöhte Eigenliebe und sein ausgeprägter Hang zur Selbstdarstellung – wahrscheinlich eher eine Folge der Unsicherheit, die er als Kind empfunden hatte, als ein echtes Überlegenheitsgefühl – schwer, ihn zu bewundern. Er äußerte sich ziemlich unverhohlen über dieses innere Bedürfnis. So schrieb er seinem Mentor Admiral Jervis in einem Brief: »Wenn es Sünde ist, nach Ruhm zu streben, dann bin ich der größte Sünder auf Gottes Erdboden.« Zwar ist es schwierig, diesen Satz über 200 Jahre später richtig zu bewerten, aber es scheint klar gewesen zu sein, dass Nelson stets versuchte, im Mittelpunkt zu stehen, stets aggressiv das Rampenlicht suchte (vor allem angesichts der reservierten Zurückhaltung, die man damals pflegte), selbst in der trivialsten Anerkennung noch kindliche Freude fand und generell einen übertriebenen Wert auf die Meinung legte, die andere von ihm hatten. In einer idealen Welt hätte seine Persönlichkeit sehr von etwas

KAPITEL IV

mehr Bescheidenheit und einer entspannteren Haltung gegenüber der
öffentlichen Meinung über seine Person profitiert. Auch das ist eine gute
Lektion.

Eng verbunden mit seinem Geltungsdrang war ein großer persönlicher Ehrgeiz. Er hatte das Gefühl, er sei zu besonderer Größe bestimmt.
Darüber sprach er oft und schrieb einmal: »Kurzum, ich will Admiral
werden und die englische Flotte befehligen und sollte sehr bald beides erreichen oder ruiniert sein. Mein Temperament erträgt weder Geduld noch
langes Warten.« Diese Art Ehrgeiz wirkt sich oft äußerst destruktiv aus.
Bei Nelson traf er glücklicherweise mit echter Brillanz als Marineoffizier
und Kriegskommandeur zusammen und verband sich außerdem mit
einem aufrichtigen, tief empfundenen Patriotismus. Sein ausgeprägter
Ehrgeiz gründete in dem Wunsch, seiner Nation zu dienen, und ebnete
ihm zugleich den Weg zu persönlichem Ruhm. Kein schlechtes Geschäft
für England.

Alle Zitate in diesem Kapitel sind dem folgenden Werk entnommen: Joseph F.
Callo, *Nelsons Speaks: Admiral Lord Nelson in His Own Words* (Annapolis, MD:
US Naval Institute Press, 2001)

KAPITEL V

Der Einflussreiche

**KONTERADMIRAL
ALFRED THAYER MAHAN**

GEBOREN AM 27. SEPTEMBER 1840
IN WEST POINT, NEW YORK

GESTORBEN AM 1. DEZEMBER 1914
IN WASHINGTON, D.C.

KAPITEL V

M eine eigenartige Beziehung zu Konteradmiral Alfred Thayer Mahan begann 1972, als ich in meinem ersten Jahr als Midshipman zusammen mit 1200 meiner neuen besten Freunde in die Mahan Hall an der US-Marineakademie geführt wurde, um einem Vortrag über Seemacht zu lauschen, der Teil unserer Schulung über das Wesen der US Navy war. Damals fiel mir im Foyer des Gebäudes ein Porträt des kahlköpfigen Admirals auf, aus dessen schlohweißem Vollbart besonders der imposante Schnauzbart hervorstach. Trotz seiner Marineuniform des 19. Jahrhunderts strahlte er auf beeindruckende Weise aus, was er war: ein Intellektueller. Der russische Schriftsteller Isaac Babel sagte einst, ein Intellektueller sei ein Mann mit Brille auf der Nase und Herbst in der Brust. Das wäre in vielfacher Hinsicht eine sehr treffende Beschreibung der Person Mahans, den wir heute als »öffentlichen Intellektuellen« oder vielleicht sogar als »besessenen Verteidigungsexperten« bezeichnen würden.

In erster Linie war er ein Historiker und Gelehrter. Zwar brachte er die Mindestzahl an mäßig erfolgreichen See-Einsätzen zusammen, um immer weiter befördert zu werden, aber sein Herz gehörte fast ausschließlich der intellektuellen Seite der Marine. Seine klassischen Werke über Seemacht, Geschichte und Geopolitik trugen zum Aufstieg seines Landes zu einer Weltmacht bei, und seine Arbeit in der Anfangszeit des US Naval Institute – die Berufsorganisation der US Navy, des Marinekorps, der Küstenwache und der Handelsmarine – wirkt bis heute nach. Am Ende führte er sein wichtigstes Kommando nicht über ein Schiff, sondern das Naval War College – die Universität der US-Kriegsmarine. Die Arbeit, die er dort geleistet hat, trägt auch mehr als ein Jahrhundert nach seinem Tod dazu bei, Amerikas geostrategischen Kurs zu bestimmen.

In den folgenden vier Jahren als Midshipman, in denen ich Maschinenbau und Englisch studierte, erfuhr ich noch wesentlich mehr über Mahan und kehrte viele Male in die Mahan Hall zurück, um Vorträgen, Aufführungen und Debatten beizuwohnen. Dabei begann ich, meine eigene Überzeugung zu entwickeln, dass es unabdingbar zum Berufsbild eines Marineoffiziers gehöre, zu lesen, nachzudenken, zu schreiben und letztendlich zu publizieren. Während meiner Zeit in Annapolis schrieb ich oft Kolumnen für die Alumni-Zeitschrift *Shipmate*, einen Essay für die monatlich erscheinende Literaturzeitschrift der Akademie *The Log* oder

DER EINFLUSSREICHE

einen kurzen Beitrag für *Proceedings*, die offizielle Monatszeitschrift des US Naval Institute, die von Mahan seit Anbeginn mitgeprägt wurde.

Meine Kommilitonen fanden es merkwürdig, dass ich schreiben und publizieren wollte, aber ich glaubte fest daran und glaube auch immer noch, dass wir die Interessen unserer Community am besten vertreten können, indem wir uns an den großen Diskussionen unserer Profession beteiligen. Mahan war in diesem Sinne eine Inspiration für mich.

Heute habe ich die Ehre, Chairman des Boards des US Naval Institute zu sein. Von meinem Büro in Beach Hall, dem Hauptsitz des Instituts auf dem Gelände der Marineakademie, habe ich eine umfassende Aussicht über den Servern River und den kleinen Friedhof der Akademie. Zwar ist Mahan hier nicht begraben, aber sein Geist ist deutlich spürbar zwischen den Grabsteinen, die die letzte Ruhestätte so herausragender Admirale der US-amerikanischen Marinegeschichte wie Ernest King, Arleigh Burke und James Stockdale schmücken. Alle von ihnen verbrachten mehr Zeit auf See als Mahan und waren ihm in der Kunst der Schiffsnavigation und der Besatzungsführung weit überlegen, aber keiner von ihnen hat einen größeren Beitrag – praktisch wie theoretisch – zur Marine geleistet als er.

Einer der Gegenstände in meinem Büro in Annapolis, die mir am meisten am Herzen liegen, ist das Logbuch, die ursprünglichen »Proceedings« des US Naval Institute, darunter auch das Protokoll der Gründungssitzung von acht Offizieren in Newport, Rhode Island, aus dem Jahr 1886. Es ist in krakeliger Handschrift geschrieben, die Namen und Unterschriften sind jedoch deutlich lesbar – einschließlich der von Kommandant Alfred Thayer Mahan. Ich glaube, er wäre stolz, wenn er wüsste, wie sehr das Institut gewachsen ist. Heute zählt es mehr als 50 000 Mitglieder, Offiziere, Mannschaftsmitglieder und Zivilisten. Es veranstaltet Konferenzen zu den großen Verteidigungsthemen der Gegenwart; es veröffentlicht jedes Jahr mehr als 80 Werke; es beherbergt eine hervorragende Bibliothek mit mehr als 400 000 Fotos, Hunderten von mündlich überlieferten Geschichten und Tausenden von Büchern und verfügt über einen engagierten, kompetenten Mitarbeiterstab, der Admiral Mahans Vermächtnis pflegt und bewahrt.

Meine Beziehung zu Mahan dauert bis zum heutigen Tag. Im Verlauf von vier Jahrzehnten habe ich in jeder Phase meiner Karriere für die Zeitschrift *Proceedings* geschrieben und bin Autor oder Co-Autor

KAPITEL V

von fünf Werken gewesen, die von dem institutseigenen Verlag Naval Institute Press veröffentlicht wurden. All das begann für mich wie auch für viele andere mit Alfred Thayer Mahan. In einer frühen Beurteilung wurde Mahan schändlicherweise mit der Ermahnung heruntergeputzt: »Es ist nicht die Aufgabe von Marineoffizieren, Bücher zu schreiben.« Ich für meinen Teil bin sehr dankbar, dass er sich davon nicht beeindrucken ließ; seine fortgesetzten Publikationen sind für uns alle eine Bereicherung – für die US Navy als Institution, für unseren Berufsstand und unsere Nation.

Was wissen wir über ihn? Mahan war ein unprätentiöser Mann mit durchdringendem Blick, aus dessen kurzem Vollbart ein imposanter Schnauzbart und ein getrimmter Spitzbart hervorstachen. Er war ein Gelehrter und vielleicht vor allem ein Lehrer, aber ganz gewiss kein herausragender Seemann. Seine nautische Karriere verlief unbeständig, um es milde auszudrücken. Ein gutes Beispiel war seine Ernennung als Dozent am neuen Naval War College in Newport, Rhode Island, im Jahr 1885. Mahans Mentor, Konteradmiral Stephen B. Luce, hatte das College ein Jahr zuvor beinahe durch schiere Willenskraft in der alten Torpedoschule in Newport gegründet. Luce war von der Idee besessen, dass sich die Prinzipien der nautischen Kriegsführung durch Studium bestimmen und zu einer Wissenschaft erheben ließen, ähnlich der Entwicklung, die die (landbasierte) Militärwissenschaft im Verlauf des vorhergehenden Jahrhunderts genommen hatte. Im Oktober 1885 sorgte er dafür, dass Mahan zum Dozenten für nautische Taktiken und Seemacht ernannt wurde. Da das erste akademische Jahr bereits begonnen hatte und Mahan einige Zeit benötigte, um seine Vorlesungsunterlagen zusammenzustellen, überzeugte er Luce davon, ihn mit seiner Familie zehn weitere Monate bis zum Beginn des folgenden akademischen Jahres im Herbst 1886 in New York wohnen zu lassen. Mahan hatte Luce geschrieben: »Ich würde mich gerne dort aufhalten, wo ich die besten Unterlagen für das Buch finden kann, das ich [über Seemacht] zu schreiben beabsichtige.« Luce erklärte sich einverstanden und ließ Mahan in New York wohnen, wo er fast ein Jahr lang nichts anderes tat als zu lesen, nachzudenken und zu schreiben – äußerst außergewöhnlich für das Leben eines Marineoffiziers, den man eher auf hoher See vermuten würde.

106

DER EINFLUSSREICHE

Mahans Zeit in New York verstieß gegen sämtliche übliche Routinen und Verantwortlichkeiten eines Lebens bei der Marine. Weder musste er Uniform tragen noch Zeit auf einem Schiff verbringen; es gab keine Stürme und keine aufgewühlte See, keine ungebärdigen Seeleute, die diszipliniert werden mussten, und ganz gewiss keine Seeschlachten auszutragen, sondern einfach nur lange Monate, in denen er nach Belieben lesen und schreiben konnte. Es war ein Intermezzo, das die einzigartigen Freiheiten, die dieser als Seemann getarnte Intellektuelle genoss, perfekt illustriert. Anstatt Kriegsschiffe im Gefecht zu kommandieren, wollte er die Weltsicht der Vereinigten Staaten neu formen und zeigen, wie die relativ junge Nation ihre strategische Zukunft am besten absichern konnte. Er sagte: »Wie sich die Lektionen aus der Vergangenheit so betrachten lassen, dass man sie in Lektionen für die Zukunft verwandeln kann, ist die Nuss, die ich zu knacken habe.« Mahan hatte sich vorgenommen, »das Ansehen der [nautischen] Profession durch ein klareres Verständnis der herausragenden Rolle, die sie in der Welt spielt, in den Augen ihrer Mitglieder zu steigern.«

All das tat er im Wesentlichen durch das Studium der Vergangenheit und der anschließenden intensiven und kreativen Anwendung der Lektionen aus der Geschichte auf die unruhige Gegenwart. Sein Meisterwerk *The Influence of Sea Power upon History, 1660–1783*[*] aus dem Jahr 1890 führte zur Neugestaltung der globalen Geopolitik. Mahans Arbeit hatte einen großen Einfluss auf den zukünftigen US-Präsidenten Theodore Roosevelt. Tatsächlich legte sie das intellektuelle Fundament, auf dem Roosevelt die moderne US-amerikanische Marine aufbaute und die Machtposition der Vereinigten Staaten in der Welt festigte. All dies war das Ergebnis der turbulenten Geopolitik des ausgehenden 19. Jahrhunderts. Die europäischen Mächte balgten sich in der ganzen Welt, insbesondere in Asien und Afrika, um Kolonien. Der Merkantilismus war damals die vorherrschende geopolitische Theorie. Sie verfocht die Idee, eine Nation könne ihren Reichtum durch eine Beherrschung weiter Teile der noch nicht erschlossenen Welt und die Schaffung komplexer

---

[*] Die deutsche Ausgabe ist in zwei Bänden erschienen: Der Einfluss der Seemacht auf die Geschichte, Bd. 1: 1660–1783 / Bd. 2: Die Zeit der Französischen Revolution und des Kaiserreichs (1974) (A.d.Ü.)

Handelsstrukturen mehren, was der Kolonialmacht hoch profitable Handelseinkünfte bescherte. Das Vereinigte Königreich war in diesem System der vorherrschende Akteur, der zu einem bestimmten Zeitpunkt riesige Gebiete auf der ganzen Welt beherrschte, deren Kronjuwel Britisch-Indien (heute Indien, Pakistan und Bangladesch) war. Aber auch alle anderen europäischen Nationen waren Kolonialmächte, insbesondere Frankreich, Deutschland, die Niederlande, Spanien und Portugal. Selbst das winzige Belgien hatte Kolonien in Afrika und anderen Teilen der Welt, deren Größe das kleine europäische Herrscherland weit in den Schatten stellte. In Asien war Japan dabei, sich zu modernisieren und zur Kolonialmacht zu mausern.

Die Vereinigten Staaten lehnten den zügellosen Wettlauf um die Aufteilung der Welt zunächst ab, zum Teil aufgrund ihrer eigenen Befreiungsgeschichte aus der Umklammerung einer Kolonialmacht, und teilweise, weil sie als Nation, die sich über einen ganzen Kontinent erstreckte, bereits mehr als genug Land besaßen. Ein Großteil der Energie des amerikanischen Volkes konzentrierte sich schlicht und einfach auf die Konsolidierung der Kontrolle über die kontinentalen Vereinigten Staaten, der Doktrin des »*Manifest Destiny*« – der offenkundigen Bestimmung – des 19. Jahrhunderts. Es herrschte allgemeiner Konsens, dass man jedes Engagement im fernen Ausland vermeiden sollte. George Washingtons Ermahnung, sich »von ... Bündnissen, die zu enge Verflechtungen nach sich ziehen, fernzuhalten«, klang noch immer nach. Mahan studierte jedoch sorgfältig die Geschichte Großbritanniens und seinen Weg zu weltweiter Vorherrschaft und kam zu dem Schluss, dass die Vereinigten Staaten einen ähnlichen Pfad zu Reichtum und Sicherheit beschreiten müssten – indem sie sich in eine Seemacht verwandelten. Er schrieb: »Die Geschichte der Seemacht ist im Wesentlichen, wenn auch nicht ausschließlich, eine Geschichte der Auseinandersetzungen zwischen Nationen, der Rivalitäten und der Gewalt, die oft im Krieg kulminierten. Der große Einfluss des Seehandels auf den Reichtum und die Stärke der Länder machte sich schon lange deutlich bemerkbar, bevor die wahren Prinzipien, die ihr Wachstum und ihren Wohlstand begründeten, entdeckt wurden.«

Sein Rezept war denkbar einfach: Die Welt sei ein Nullsummenspiel, in dem die Vereinigten Staaten mit anderen um die Vorherrschaft

DER EINFLUSSREICHE

konkurrieren, Rivalen wo immer möglich ausschalten, mithilfe kolonialer Autorität Handelsmonopole errichten und ein globales Netzwerk an Stützpunkten (damals Bekohlungsanlagen) aufbauen müssten, das einen Flottenbetrieb an jedem Punkt der Welt ermöglichte; außerdem eine technologisch hochmoderne Flotte unterhalten (mit einem schnellstmöglichen Wechsel von Segeln zu Kohle und schließlich von Kohle zu Öl) und vor allem die Fähigkeit besitzen, die Vorherrschaft über die Meere zu erlangen und zu behaupten. Nichts davon würde zwangsläufig einen Krieg erfordern. Tatsächlich schrieb er, »Stärke ist nie überzeugender, als wenn man weiß, dass sie existiert, man sie aber nicht ausüben muss« – ein Credo, das Roosevelt zu dem Satz umformulierte: »Sprich sanft und trage einen großen Knüppel bei dir.« Heute trägt der massive Flugzeugträger USS *Theodore Roosevelt* (CVN-71) noch immer den Spitznamen »*The Big Stick*« – der große Knüppel. In den Jahren zwischen dem Ende des 19. Jahrhunderts bis Anfang des 20. Jahrhunderts gelang es Mahan durch schiere intellektuelle Willenskraft, der Idee einer Seemacht als Schlüsselfaktor für nationale Macht zum Durchbruch zu verhelfen und seine eigene Nation von ihrer maßgeblichen Bedeutung zu überzeugen.

Das war allerdings keine rein akademische Übung. Am 15. Februar 1898 explodierte die USS *Maine* im Hafen von Havanna, Kuba, das damals noch eine spanische Kolonie war. Das Kriegsfieber, von dem die Nation ergriffen wurde, wurde zum Teil von dem Gefühl genährt, die Vereinigten Staaten seien in Bezug auf die Kolonialisierung der Welt hinter die europäischen Mächte zurückgefallen und ein »famoser kleiner Krieg« böte die Gelegenheit, in diesen Wettbewerb einzusteigen. Nach einem kurzen, heftigen Krieg gegen Spanien bemächtigten sich die Vereinigten Staaten in Befolgung von Mahans Theorien zum ersten Mal in ihrer Geschichte eines ausländischen Territoriums. Kuba, die Philippinen und andere Territorien fielen in unsere Hände und ermöglichten den Vereinigten Staaten, ausländische Stützpunkte zu errichten, was Mahan zufolge unverzichtbar war. Zuvor hatte er geschrieben: »Ohne ausländische Stützpunkte, seien sie kolonialer oder militärischer Natur, werden die Kriegsschiffe der Vereinigten Staaten wie Landvögel sein, unfähig, sich weit von der eigenen Küste zu entfernen. Ruheplätze für sie einzurichten, an denen sie Kohle laden und Reparaturen vornehmen können, wäre eine der ersten Pflichten einer Regierung, die sich vorgenommen

KAPITEL V

hat, eine Seemacht zu werden.« Mithilfe Mahans intellektueller Entschlossenheit begannen die Vereinigten Staaten endlich, ihre Macht in
die Welt zu projizieren. Die Effekte – wie auch die Debatte darüber –
dauern bis heute an.

Ironischerweise wurde der Seemann wider Willen, der den Berufsstand der Marine in den Vereinigten Staaten und in der übrigen Welt
intellektuell neu erfand, auf dem Campus der Militärakademie West
Point, New York, geboren und war in seinen ersten Lebensjahren ständig
von Soldaten umgeben. Alfred Thayer Mahans Vater war Professor an der
Akademie und eine autoritätsgebietende Respektsperson, nicht nur für
seine Studenten, sondern auch für seine Kinder.

Wenngleich Mahan schon als Kind vom Anblick und der Geräusch-
kulisse angehender Armeeoffiziere in Ausbildung umgeben war, gewann
er einen Platz an der Marineakademie, wo er sofort versuchte, die – wie er es
empfand – höheren professionellen und disziplinarischen Standards von
West Point in Annapolis einzuführen, womit er sich aber nicht gerade die
Wertschätzung seiner Kommilitonen einhandelte. Von Beginn an waren
Mahans Reformbemühungen verkopft, inkonsistent und nicht besonders
effektiv. Weder war er besonders gesellig, noch besaß er organisatorisches
Geschick oder politische List, aber er erkannte sehr schnell Probleme und
ging sie direkt an. Seine Methoden waren weder subtil noch dazu angetan, die wahrscheinlich daraus resultierenden politischen Ergebnisse
aufzufangen. All das hatte zur Folge, dass er als junger Mann eher einsam war. In den ersten Jahren seiner Karriere schien sein Vorgehen auf
so sträfliche Weise leichtsinnig, dass man hätte meinen können, Mahan
habe nicht einmal das grundlegendste politische Kalkül angestellt; vielmehr schien er, kaum dass er ein Problem erkannt hatte, frontal darauf
zuzustürzen, ohne auch nur einmal innezuhalten, um die Hinweise und
Belege für die tatsächliche Existenz des Problems abzuwägen oder einen
Gedanken daran zu verschwenden, welche Konsequenzen ein derartiges
Vorpreschen für ihn persönlich haben könnte. Es gab nicht eine Windmühle, gegen die er nicht gekämpft hätte.

Mit der Zeit entwickelte er zwar bessere politische Antennen, aber
seine Nervenenden blieben den größten Teil seines Lebens eher stumpf.
Während die meisten anderen Admirale angesichts moderner, büro-
kratisch geprägter Marinestrukturen zumindest im Ansatz über ihre

DER EINFLUSSREICHE

Karriereplanung nachdachten, hätte Mahans Vorgehen ihn bei zahlreichen Gelegenheiten (und würde ihn heutzutage ganz gewiss) die
Karriere kosten können. Glücklicherweise überlebte er frühe Fehltritte
wie die Erhebung des unbewiesenen Vorwurfs, der amtierende Marinestaatssekretär habe sich Amtsvergehen schuldig gemacht. Im Verlauf
der Zeit gelang es ihm, so viel Umsicht zu erwerben und sich genügend
Protektion zu verschaffen, um die heikelsten Phasen seiner Karriere in
den ersten Jahren am Naval War College und vor Veröffentlichung seines
Meisterwerks *Der Einfluss der Seemacht auf die Geschichte* seinen Ruf in
den Vereinigten Staaten festigte, zu überstehen.

In seinem ganzen Leben hatte Mahan eine ausgeprägte religiöse Ader.
Als Anhänger der anglokatholischen Ausrichtung der Episkopalkirche –
High Church* genannt – (der inoffiziellen, aber bis in die Gegenwart
weithin praktizierten Religion der Führungskräfte der US Navy) war er
stark von einem Onkel beeinflusst, der ein episkopaler Priester war, und
regte in einem Artikel über die Marineausbildung an, die Seemessen
sollten den jungen Offizieren ein solides Wissen über Gott und ein ent-
sprechendes Gottvertrauen vermitteln. Was auch immer prägenden Einfluss auf seinen Charakter gehabt hatte – sein zuchtmeisterlicher Vater,
das martialische Milieu, sein Hang zu Mystik –, zusammenfassend lässt
sich sagen, dass seine Karriere nie wirklich zu der ganz eigenen Welt der
US Navy des 19. Jahrhunderts passen wollte.

Zwar machte er die Navy zu seiner beruflichen Heimat und machte
sich dort einen Namen, hatte an der Seefahrt als solcher aber kaum
Interesse. Seine Beziehungen zur US Navy waren im Allgemeinen angespannt (so wie auch die Beziehungen zu seiner Familie und seinen
wenigen Freunden) und er war alles andere als ein charismatischer
Führer. Kein anderer der in diesem Buch porträtierten Admirale entsprach weniger einem echten Seemann oder einer Führungspersönlichkeit im traditionellen Sinne, dennoch hatte möglicherweise kein anderer
eine derart tief greifende und dauerhafte Wirkung auf die Ausübung
dieser Profession wie Mahan.

---

* Die liturgische Praxis der sogenannten High Church enthält mehr katholische Elemente
und die Low Church mehr protestantische bis evangelikale Elemente. (A.d.Ü.)

KAPITEL V

Wenn ihm die nautische Seite der Navy so wenig zusagte und er so wenig praktische Erfahrung besaß, wie war es dann möglich, dass er einen derartigen Einfluss auf diese Institution gewann? Seine Geschichte ist dem Einfluss, den Thomas von Aquin auf die katholische Kirche hatte, nicht unähnlich. Mahan war nie Admiralsstabschef, so wie Aquin nie Papst war. Beide Männer passten nicht in ihre jeweilige Organisation, keiner von beiden führte andere Menschen im herkömmlichen Sinne und keiner wurde zu seiner Zeit vollumfänglich anerkannt. Dennoch wurden beide für ihre intellektuelle Leistung heiliggesprochen. Ob man ihm zustimmt oder nicht, alle Kirchenphilosophen nach Aquin schrieben in seinem Schatten. Auf ähnliche Weise arbeiteten alle Seemachtstheoretiker nach Mahan im breiten Fahrwasser seiner intellektuellen Exkurse.

Mahans Version der *Summa Theologica* (Aquins wichtigstes Werk) war *Der Einfluss der Seemacht auf die Geschichte* – ein beeindruckender, sehr ambitiöser Rundumschlag, der dem Werk von Thomas von Aquin in dieser Hinsicht in nichts nachstand. Dazu passt, dass Mahan mit dieser Abhandlung während seiner zuvor erwähnten im Wesentlichen unbeaufsichtigten zehnmonatigen Auszeit von der US Navy zu Beginn seines Engagements begann.

Seine Bemühungen resultierten schon früh in zwei Büchern, eines über Taktik, von dem er, der dieses Fach nie am War College unterrichtet hatte, sich später distanzierte und sich auf sein vorrangiges Metier verlagerte: die Strategie. Das andere Buch, das einen mühseligen Pfad bis zu seiner Veröffentlichung nahm, war *Der Einfluss der Seemacht auf die Geschichte, 1660–1783* (auf das schließlich ein zweiter Band folgte, der die Zeit bis 1812 abdeckte). Das war das Thema, dessen Vermittlung Mahan auf den Leib geschneidert war, und die Vorlesungen, auf denen das Buch basierte, erwiesen sich als äußerst beliebt bei den Studenten des War College. Allerdings fand das Buch nach seiner Veröffentlichung zunächst keinen großen Anklang. Tatsächlich wurde es in Europa (insbesondere in Deutschland und Großbritannien) zunächst besser aufgenommen als in den Vereinigten Staaten. Was ihm zunächst an Breitenwirkung fehlte, wurde von der Tiefe des Eindrucks wettgemacht, den es auf diejenigen machte, die seine wahre Bedeutung verstanden.

Es ist keine Übertreibung zu behaupten, dass das Buch eine Reihe begeisterter und einflussreicher Anhänger auf der ganzen Welt fand und die

DER EINFLUSSREICHE

strategische Route in der Zeit zwischen Ende des 19. Jahrhunderts und Anfang des 20. Jahrhunderts tief beeinflusste. Marinehistoriker lasen es und auch der zukünftige US-Präsident Theodore Roosevelt (der selber mehr als 20 Bücher verfasst hatte) las es an einem Wochenende und kam zu dem Schluss, es sei »ein *sehr* gutes Buch«. Als *Assistant Secretary* (Referatsleiter) des Marinestaatssekretärs und insbesondere als US-Präsident festigte er Mahans Einfluss in den Vereinigten Staaten durch den Bau der *Great White Fleet* (Große Weiße Flotte) – der ersten wirklich modernen US-Flotte. Legte Mahan die Grundsteine, so errichtete Teddy Roosevelt darauf das Fundament einer mächtigen amerikanischen Kriegsmarine, die weniger als ein Jahrzehnt, nachdem die *Great White Fleet* ihre Weltumrundung von 1907 bis 1909 beendet (und die Welt darüber in Kenntnis gesetzt) hatte, in den Ersten Weltkrieg eintrat. Kaiser Wilhelm II. kaufte für jedes Schiff der deutschen Flotte ein Exemplar von Mahans Buch und erwähnte es oft. Andere führende Denker und Strategen in Großbritannien verwiesen auf dieses Buch als Rechtfertigung für die Kosten des Rüstungswettlaufs im Vorfeld des Ersten Weltkrieges.

All das heißt natürlich nicht, dass Mahan sich nicht auch irren konnte. Obwohl er sich als strategischer Denker bewährte, lag er gelegentlich falsch und seine Schriften selbst sind schwere Kost. Das schiere Volumen und die Dichte seines Werkes sind wahrhaft respekteinflößend. Selbst die zwei Bände der *Seemacht* sind nur ein Bruchteil des gesamten Werkes; für Leser ohne das fotografische Gedächtnis und die grenzenlose Energie Theodore Roosevelts sind sie mindestens so schwer zu lesen, wie sie in der Hand liegen. Mahans Schriften sind zudem gespickt mit Fehlern, die zu seiner Zeit bereits ersichtlich waren und in unserer Zeit eklatant sind. Nicht nur entspricht sein gesellschaftlicher Sittenkodex streng dem 19. Jahrhundert (er war ein später, aber umso missionarischer Konvertit zur Religion des amerikanischen Imperialismus), Mahan hatte zudem keinen Blick für die bereits bekannten und ziemlich vorhersagbaren Folgen des technologischen Fortschritts seiner Zeit, ganz zu schweigen von den Auswirkungen heutiger Technologien. In Kombination mit seiner schwierigen Persönlichkeit und der kaum vorhandenen praktischen Erfahrung auf See wirkte er auf viele seiner Kollegen wie eine rätselhafte Figur, selbst als er Weltruf erlangte.

KAPITEL V

Der Grund für Mahans Heiligsprechung beruhte allerdings nie wirklich auf seiner Detailkenntnis; wenn er bis heute im Pantheon bleibt, liegt das nicht an seinem Expertenwissen über Schiffe oder ihre Artillerie, sondern daran, dass er besser als jeder andere vor ihm und besser als viele nach ihm verstand, wozu eine *Marine* dient. In den vergangenen Jahrzehnten ist Mahans Einfluss ein wenig verblasst, was auf die etwas widersinnige Fokussierung auf seine offensichtlichen Schwächen zurückgeht, aber ihn als obsolet zu betrachten, weil er den Schwerpunkt auf große Schiffe legte, die in großen Seeschlachten kämpfen, ist so, als wolle man Clausewitz ad acta legen, weil Armeen nicht mehr länger in farbenprächtigen Uniformen Formationen bilden und mit Musketen aufeinander feuern.

Mahan hat Marineanalysten nach wie vor viel zu sagen (interessanterweise hat die chinesische Marine seine Werke in den letzten Jahren eifrig übersetzt und studiert), sein komplizierter Charakter enthält aber auch breit anwendbare Lektionen für Führungskräfte auf zahlreichen anderen Gebieten. Von den hier porträtierten Admiralen ist Mahans Persönlichkeit sicherlich eine, die am wenigsten zum Nacheifern anregt, und sein Führungsstil ließ und lässt sich kaum nachahmen. Naturgemäß sind nur sehr wenige Führungskräfte dazu berufen, ihren Berufsstand intellektuell zu modernisieren, und noch weniger haben die Gelegenheit, das zu tun. Mahans Biografie führt vor Augen, wie wichtig es ist, dass man seinem inneren Ruf mit eiserner Entschlossenheit und Beharrlichkeit folgt – das ist in vielfacher Hinsicht die Grundlage des Charakters. Alle Führungskräfte haben bestimmte Aufgaben, aber diese Aufgaben existieren innerhalb von Organisationen, und Organisationen existieren in einem breiteren Kontext. Führungskräfte tun gut daran, über ihre Arbeit und die Arbeit ihrer Organisationen in ihrem breiteren Kontext nachzudenken und ihre Gedanken zu Papier zu bringen und zu veröffentlichen. Auf diese Weise können sie einen Beitrag zu den kontinuierlichen Debatten innerhalb ihres Berufsstandes, aber auch zu den Debatten in der breiteren Öffentlichkeit leisten.

Letzten Endes lag Mahans Genialität nicht in seinen Qualitäten als Forscher, Krieger oder meisterhafter Organisator. Vielmehr war er ein Intellektueller – eine Position, die in der US Navy formal nicht existiert und mit der sie seit alters her ihre Schwierigkeiten hat. Nichtsdestotrotz

114

DER EINFLUSSREICHE

hatte Mahan Erfolg, zunächst mit seiner eigenen Karriere trotz der Institution (und oft auch trotz seiner eigenen Persönlichkeit) und letztlich mit seinem Vorhaben, der Navy, den Politikern und der Öffentlichkeit zu zeigen, wie man auf ganz neue Weise über das Thema Seemacht nachdenkt. Die US Navy wusste nie so recht, was sie von Mahan halten sollte; dennoch hat er sie nachhaltig geprägt. Trotz der jämmerlichen Ergebnisse seiner frühesten Bemühungen, die übrigen Midshipmen seines Jahrgangs und die Marineakademie umzukrempeln, wurden alle Midshipmen seit Mahan – und insbesondere alle Studenten des Naval War College, das Mahans Werk fortführt –, von seinen Gedanken und Schriften geprägt, ob es ihnen bewusst ist oder nicht. Mahan war vielleicht keine echte Führungskraft, aber er war und bleibt unglaublich einflussreich.

Zur Wende des 20. Jahrhunderts zog er sich aus dem aktiven Dienst zurück, und von da an regnete es Auszeichnungen – darunter Ehrendiplome von führenden Universitäten aus der ganzen Welt, die Präsidentschaft der Amerikanischen Historischen Gesellschaft und Einladungen als Vortragsredner und Berater in den Vereinigten Staaten und im Ausland. Mahan, der durch einen Akt des Kongresses zum Konteradmiral befördert wurde, lebte bis zum Ausbruch des Ersten Weltkrieges überwiegend in Washington, D.C., und schrieb bis zum Schluss Beiträge und Kommentare. Heute fährt die *USS Mahan*, das vierte Schiff, das seinen Namen trägt, über die Weltmeere – ein hoch leistungsfähiger, mit dem Aegis-Kampfsystem ausgerüsteter Lenkwaffenzerstörer der *Arleigh-Burke*-Klasse. Ich bin sicher, dass Mahan bei seinen Streifzügen durch die endlosen Bibliotheksregale des Himmels hofft, dass die Offiziere, die die Besatzung »seines« Schiffes bilden, eine gute Bibliothek in ihrer Offiziersmesse haben. Das würde er für weitaus wichtiger halten als einen guten Sextanten und ein Chronometer.

Ein Intellektueller in Uniform zu sein, war nie eine leichte Aufgabe, und zu Mahans Zeiten war sie schlicht unerhört. Mit seiner unterkühlten Persönlichkeit schien er sich selbst stets das Leben schwer zu machen – vor allem zu Beginn seiner Karriere, als er noch besonders idealistisch und unflexibel war. Die meisten Führungskräfte haben ein gutes Gespür dafür, etwas mehr mit dem Strom zu schwimmen als Mahan, aber man darf nicht vergessen, dass er – wie die meisten Visionäre – seinen maßgeblichen Beitrag leistete, indem er sich über die unaufhörlichen

KAPITEL V

Einwände des Systems hinwegsetzte (wie die Admirale Bud Zumwalt und Grace Hopper es später auch tun sollten). Viele Menschen mit einem besseren politischen Gespür würden den Wink mit dem Zaunpfahl verstehen, wenn in einer Leistungsbeurteilung kritisiert würde, es sei »nicht die Aufgabe eines Marineoffiziers, Bücher zu schreiben«, aber man kann sich nur schwer vorstellen, dass sich die Navy weiterentwickelt hätte und so erfolgreich geworden wäre, wenn Mahan sich die Überzeugung, die Position eines Marineoffiziers sei mit dem Bücherschreiben unvereinbar, zu eigen gemacht hätte. Eine derartige Eigensinnigkeit, wie er sie an den Tag legte – die man höflich auch mit Beharrlichkeit umschreiben könnte –, wirkt im Rückblick stets positiver, als sie zu seiner Zeit empfunden wurde. Sie ist ein Kennzeichen eines starken Charakters.

Vielleicht zum Teil, weil er letztlich kein echter Führer war – zumindest nicht nach traditioneller Auffassung der US Navy –, verstand Mahan besser als jeder vor ihm und viele nach ihm den wahren Zweck einer Marine und ihre zentrale Rolle für jede Nation mit einer langen Küste. Die heutige Kultur ist kaum weniger von individueller Tapferkeit und Heldentaten beseelt, im Kontrast zur unspektakulären, mühsamen und ermüdenden Arbeit des Intellektuellen in der Bibliothek, aber Siege müssen zuerst geistig vorweggenommen werden, bevor sie sich erkämpfen lassen. Viele Führungskräfte betrachten Strategie als zu weich oder als von Natur aus zu wenig greifbar oder einfach als zu komplex und ziehen die praktische Arbeit der anstrengenden kontinuierlichen geistigen Arbeit vor, immer wieder einen Schritt zurückzutreten, ihre Arbeit in die richtige Perspektive zu rücken und eine Erfolgstheorie zu entwickeln. Ab und an gibt es jemanden wie Mahan, der den Kontext besser versteht als jeder andere und ihn dann für alle und für immer verändert.

Visionäre Führung lässt sich nur schwer kultivieren oder nachahmen. Allerdings sind die Führungskräfte letztlich dafür verantwortlich, den Erfolg ihrer Organisation im gegebenen Kontext zu gewährleisten, und das setzt voraus, dass sie von Zeit zu Zeit einen Schritt zurücktreten und versuchen, das große Ganze zu erkennen. Um die Vorteile einer gelegentlichen Reflexion und der geistigen Klarheit zu erkennen, die aus diszipliniertem Nachdenken und schriftlicher Fixierung der eigenen Gedanken resultiert (und sei es nur zu Ihrem eigenen Nutzen), muss man

DER EINFLUSSREICHE

nicht monatelang in einer Bibliothek sitzen oder gleich ganze Bücher verfassen.

In meinem eigenen Fall lernte ich schon früh, dass man nur dann visionär führen kann, wenn man die Charaktereigenschaften besitzt, die diese Qualität untermauern – Geduld, Fleiß und die Bereitschaft, die eigenen Ideen öffentlich zu äußern, in dem Wissen, dass sie wahrscheinlich auf harsche Kritik stoßen werden.

Als ich das erste Mal versuchte, eine Vision zu entwickeln, war ich ein junger Offizier in der U-Boot-Abwehr – im NATO-Sprachgebrauch *Anti-Submarine Warfare (ASW)* genannt – auf meinem ersten Schiff. Ich sollte den anderen Offizieren erklären, wie wir vorgehen und unsere Waffen einsetzen würden, um feindliche U-Boote auf offenem Ozean aufzuspüren und zu zerstören. Auf der Grundlage meiner Ausbildung, die ich in Annapolis und anderen Institutionen der US Navy genossen hatte, skizzierte ich eine Theorie, die vielleicht ein wenig unkonventionell war und bei meinem langjährig erfahrenen Kapitän und allen anderen Offizieren entsprechende Skepsis auslöste – eine sehr riskante Mischung, die sich auf Langstreckenflugzeuge, unsere eigenen Bordhubschrauber und Signalaufklärung (das Auffangen und Abhören von U-Boot-Signalen) stützte. Ich hielt sie für ziemlich gut, und ich glaube, das war sie auch – theoretisch.

Unglücklicherweise schaffte es eines unserer eigenen U-Boote im Rahmen einer Übung, meine visionäre Formation zu durchbrechen, in unserem Heckwasser aufzutauchen und einen Übungstorpedo auf uns abzuschießen, der das Schiff außer Gefecht setzte. Mein Kapitän nahm mich verständlicherweise in die Mangel, und ich lernte dabei, dass jede Vision der Wirklichkeit standhalten muss. In den folgenden Jahren auf diesem Zerstörer begann meine Erfahrung meine Theorie allmählich zu bestätigen, und so entstand Stück für Stück eine ziemlich erfolgreiche Vision für die Erfüllung der zentralen Mission unseres Schiffes. Das war ein kleiner Sieg in einem kleinen Universum, aber eine überaus eindrucksvolle Lektion für mich, dass eine valide Vision theoretisch solide und von praktischer Erfahrung untermauert sein muss.

Mahan war ein Lehrer, und das jeden Tag seines Lebens. Die Eigenschaften, die in einem Menschen den Wunsch wach werden lassen, zu lehren, sind unterschiedlich – bis zu einem gewissen Grad ist dafür ein

117

KAPITEL V

ausgeprägtes Selbstvertrauen nötig, das nicht selten an Arroganz grenzt. Oftmals ist es aber auch eine selbstlose Dienstleistungsmentalität, denn die Früchte der Wissensvermittlung sind üblicherweise weniger süß als die, die man mit anderen Tätigkeiten ernten kann. Bisweilen ist die Lehre auch eine Zuflucht vor dem Trubel der »realen Welt«. In der US Navy des 19. Jahrhunderts fiel die finanzielle Entlohnung eher mager aus, der psychologische Wert, in einem heldenhaften Beruf Anerkennung als »Marinekommandeur« zu erfahren, war dagegen ein großer Lohn. Die Mehrheit der Offiziere der US Navy übte diesen Beruf aus, weil sie den Stolz genossen, Schiffe zu kommandieren, an Seeschlachten teilzunehmen und eine Besatzung zu inspirieren – alles Meriten, die sie auf See erwarben. Mahan dagegen zog es vor zu lehren. Zwar bleibt er aufgrund des anhaltenden Ruhms seiner Bücher als Schriftsteller in Erinnerung, aber man sollte bedenken, dass seine wahre Berufung die Pädagogik war. Sein Werk *Der Einfluss der Seemacht auf die Geschichte* sollte ursprünglich als Skizzierung eines neuen Kurses in Marinegeschichte und -strategie dienen und blieb über viele Generationen das Kernstück des Lehrplans des Naval War College. Mahan wird heute noch gelesen und gelehrt, und zwar sowohl in der US Navy als auch in zivilen Ausbildungsinstituten wie der Fletcher School, an der ich als Dekan tätig war.

Alle Führungskräfte, insbesondere in der heutigen mediengeprägten Umgebung, sind in gewisser Hinsicht Pädagogen: Sowohl ihre Ideen als auch deren Übermittlung vermitteln den Menschen in ihren Organisationen, was ihre Führungskräfte denken und wie sie kommunizieren und die Organisation und ihr Wirken gegenüber Außenstehenden darstellen. Führungskräfte, die innerhalb und außerhalb ihrer Organisationen intellektuelle Courage demonstrieren, können heute durch eine bessere Kommunikation und mit Blick auf die Zukunft durch die Ausbildung der nächsten Generation an Führungskräften maßgeblich den Erfolg ihrer Organisationen prägen. Dabei sollten wir uns vor Augen halten, dass die Lehre nicht immer als wichtigstes, glanzvollstes und ruhmreichstes Unterfangen betrachtet wird. Wenn ich einen guten Pädagogen treffe, denke ich oft an das Theaterstück *A Man for All Seasons*

118

DER EINFLUSSREICHE

von Robert Bolt.* Es enthält ein fiktives Gespräch zwischen Sir Thomas Morus und seinem ehrgeizigen Schwiegersohn, in dem der jüngere Mann die Idee, als Lehrer zu arbeiten, von sich weist, denn – so sein Einwand – wenn er Lehrer wäre, »wer würde es wissen?« Der Dialog lautet wie folgt:

> **Sir Thomas Morus:** *Warum willst du nicht Lehrer werden? Du würdest einen sehr guten Lehrer abgeben, vielleicht sogar einen herausragenden.*
> **Richard Rich:** *Und wenn ich es wäre, wer würde es wissen?*
> **Sir Thomas Morus:** *Du, deine Schüler, deine Freunde, Gott. Kein schlechtes Publikum.*

Herausragende Lehrer prägen unser Leben; sie sind Männer und Frauen von wahrem Charakter. Mahan war in der Tat ein Lehrer von enormer Bedeutung für unsere Marine und die Nation. Und er war ein herausragender Lehrer, der auf seinem geistigen Kapital aufbaute und von seiner grenzenlosen Entschlossenheit angetrieben wurde, die US Navy und die Nation dazu zu inspirieren, unseren Blick auf die Weltmeere zu richten.

Wie jede der hier porträtierten Führungskräfte hatte Mahan auch seine Schwächen. Seine Beziehungen zu Menschen und Organisationen waren bekanntermaßen angespannt. Auf Visionäre trifft häufig zu, dass Propheten im eigenen Land nichts gelten beziehungsweise dass sie verkannte Genies sind; die Berechtigung und Validität ihrer Ideen sind im Rückblick oft viel leichter zu erkennen. Mahans bleibende Reputation als unterkühlter, reservierter Mensch zeugt von seiner lebenslangen Unfähigkeit, die Arbeit im Büro zu lassen und sich auf eine andere Art Wirklichkeit einzulassen.

Jede Führungskraft hat ihr eigenes Temperament, das womöglich schwer oder gar unmöglich zu ändern ist. Wenn schwierige, aber sehr antriebsstarke Persönlichkeiten erfolgreich agieren, lässt sich kaum der Gegenbeweis antreten, dass sie die Dinge ein klein wenig lockerer hätten nehmen können oder sollen. (Hätte Steve Jobs dieselben Ergebnisse

---

*   Der deutsche Titel der Verfilmung der Lebensgeschichte von Thomas Morus lautet *Ein Mann für jede Jahreszeit.* (A.d.Ü.)

KAPITEL V

erzielt, wenn er ein klein wenig entspannter gewesen wäre? Schwer zu sagen. Ich würde eher sagen, nein.) Dennoch, so wie zu Mahans Zeiten scheint es auch heute noch wesentlich mehr unnötig übellaunige Führungskräfte zu geben als echte Visionäre. Visionäres Denken und großer Tatendrang sind gute Führungseigenschaften, eine herablassende und einschüchternde Haltung sind allerdings selten ein Kennzeichen von Erfolg oder einer nachhaltigen Führung. Visionäres Denken und Beharrlichkeit führen oft zu einem gewissen Grad an Isolation. Es würde jedem gut anstehen, die unangenehmen Ecken und Kanten seiner oder ihrer Persönlichkeit ein wenig abzuschleifen, das gilt auch für das Streben nach Höchstleistungen.

Letztlich entsprangen Alfred Thayer Mahans Charaktereigenschaften unmittelbar seiner Entschlossenheit und seiner intellektuellen Leistungsfähigkeit. Er war einfach fest entschlossen, eine neue strategische Sichtweise über seine Nation zu kommunizieren, die in die Zeit passte und Amerikas Blick auf die Welt richtete. Er sagte: »Ob sie wollen oder nicht, die Amerikaner müssen ihren Blick nun nach außen richten. Die wachsende Produktion des Landes erfordert es.« Trotz der Gefahren und Herausforderungen der Welt, damals wie heute, können wir uns nicht vor ihnen verstecken. Mahan legte eine Vision dar, die nach wie vor einen wichtigen Teil der heutigen Weltmachtstellung der Vereinigten Staaten ausmacht, nämlich dass eine starke, schlagkräftige Marine von zentraler Bedeutung für die Sicherheit und den Wohlstand unserer Nation ist. Mahan hat mich auf meinem langen Karriereweg stets begleitet, nicht immer als freundliche Stimme, aber als eine, auf deren Rat ich stets großen Wert gelegt habe. Und die Beschaffenheit seines Geistes sowie seine unbeirrbare Entschlossenheit, genau das zu lesen, zu denken und zu schreiben, was er für wichtig hielt, hat mich und viele andere auf dem langen Weg, den unsere Nation im Verlauf der letzten zwei Jahrhunderte zurückgelegt hat, stets inspiriert.

Alle Zitate in diesem Kapitel sind den folgenden Werken entnommen: Robert Seager II, *Alfred Thayer Mahan: The Man and His Letters* (Annapolis, MD: Naval Institute Press, 1977) und Benjamin F. Armstrong (Hrsg.), *21st Century Mahan: Sound Military Conclusions for the Modern Era* (Annapolis, MD: Naval Institute Press, 2013)

KAPITEL VI

Rum, Sodomie und die Knute

ADMIRAL LORD JOHN ARBUTHNOT FISHER

GEBOREN AM 25. JANUAR 1842
IN RAMBODA, CEYLON

GESTORBEN AM 10. JULI 1920 IN LONDON,
VEREINIGTES KÖNIGREICH

KAPITEL VI

Zum ersten Mal hörte ich von Admiral Lord John Fisher, dessen Spitzname »Jacky Fisher« lautete, während meines Graduierten- studiums an der Fletcher School of Law and Diplomacy der Tufts University in Boston. Dass ich an dieser Schule der internationalen Diplomatie zum ersten Mal von diesem Admiral hörte, entbehrt nicht einer gewissen Ironie, denn Fisher war wahrscheinlich eine der *un*- diplomatischsten Führungspersönlichkeiten der Militärgeschichte.

Wie Alfred Thayer Mahan kam er an keiner Windmühle vorbei, ohne gegen ihre Flügel kämpfen zu wollen, noch gab es einen Zeit- genossen, den er nicht wegen irgendeiner Meinungsverschiedenheit heftig kritisiert hätte. Seine Karriere war daher eine lange Geschichte der Konfrontationen und (zumeist für ihn erfolgreichen) argumentativen Streitgespräche. Fisher war ein Querkopf; das konnte allerdings bis- weilen einen bitteren Nachgeschmack hinterlassen, auch wenn sein großer persönlicher Charme dies ein wenig abmilderte – sofern er bereit war, diesen zu versprühen.

Ich stieß 1981 in einer Pflichtlektüre auf ihn, und zwar im Rahmen eines Kurses in europäischer Diplomatiegeschichte, der von einem der herausragendsten Professoren der Fletcher School, Dr. Alan Henrikson, geleitet wurde, einem silberhaarigen Rhodes-Stipendiaten mit einem be- gnadeten Unterrichtsstil.

Er stellte den Admiral vor, indem er seine stürmische Beziehung zu Winston Churchill im ausgehenden 19. Jahrhundert schilderte. Churchill hatte behauptet, die Traditionen der Royal Navy bestünden in nichts anderem als in »Rum, Sodomie und der Knute«, womit er der rückwärts- gewandten Admiralität eins reinwürgen wollte. Zumindest über diesen Punkt waren sich die beiden Männer einig. Churchill und der ältere, etablierte Admiral Fisher waren beide der Ansicht, das British Empire müsse sich in Bezug auf das Management seiner kostspieligen globalen Flotte dramatisch verändern, wenn es überleben wolle. Im Verlauf von Professor Henriksons Ausführungen über die komplexe geopolitische Lage im Vorfeld des Ersten Weltkrieges und darüber hinaus wuchs meine Faszination, allerdings nicht für Churchill, sondern für Fisher.

Während meiner gesamten Karriere vertiefte ich mich auf der Suche nach Inspiration immer wieder in seine merkwürdig aufgebauten Memoiren, die eigentlich eher einer Ansammlung von Notizen ohne

RUM, SODOMIE UND DIE KNUTE

durchgängige Struktur glichen, denn ich kämpfte damals gegen meine eigenen Windmühlenflügel, wenn auch auf wesentlich bescheidenerer Ebene. Dabei versuchte ich ganz bewusst, mich wie Jacky Fisher zu verhalten, aber ohne seine schneidende Art, und tatsächlich gelang es mir, in wesentlich begrenzterem Umfang hier und da einige Veränderungen zu bewirken. Ich denke heute immer noch, dass wir insgesamt ärmer sind, weil in unserem Militär die Art dynamischer Verfechter des Wandels vom Schlage eines Lord Fisher fehlt. Offen gesagt könnte unsere Zeit ein paar mehr von seiner Sorte gut vertragen, wenn wir unsere Streitkräfte für ein neues Zeitalter der geopolitischen Komplexität – von Cybersicherheit über unbemannte Fahrzeuge bis zu Elite-Sondereinheiten – rüsten wollen.

Jacky Fisher, der 1841 auf Ceylon in eine Mittelschichtsfamilie geboren wurde, war ein frühreifes Kind. Sein Vater William war ein rangniederer Armeeoffizier, der seine Familie schließlich als Kaffeebauer ruinierte. Zeitweise arbeitete er auch als Superintendent der örtlichen Polizei, um seine große Familie mit insgesamt elf Kindern durchzubringen, von denen vier schon im Kleinkindalter verstarben. Wegen der finanziell angespannten Lage der Familie wurde der junge Jacky mit sechs Jahren zu seinem Großvater väterlicherseits nach England gebracht und sah seine Eltern nie wieder. Sein Vater starb, kurz nachdem Jacky mit 15 Jahren in die britische Kriegsmarine eingetreten war. Zwar erreichte seine Mutter Sophie ein hohes Alter, aber er suchte nie den Kontakt zu ihr. Allerdings sandte er ihr bis zu ihrem Tod jedes Jahr einen kleineren Geldbetrag. Sein Vater war ein gutaussehendes, strammes Mannsbild von fast 1,90 Meter und auch seine Mutter war attraktiv und hochgewachsen. Jacky dagegen war mit 1,70 Meter eher kleinwüchsig und seine Gesichtszüge hatten etwas merkwürdig »Asiatisches« (nach dem eher rassistischen Verständnis seiner Zeit). All das war Anlass für allerlei abschätzige Kommentare und Spitznamen (unter denen »Der Malaie« besonders herausstach). Als seine Haut als Folge einer Malaria-Erkrankung (die ihn beinahe das Leben gekostet hätte) in seinen mittleren Jahren eine leicht gelbliche Färbung annahm, kochten erneut alle möglichen Gerüchte über seine angeblich wahre Abstammung hoch. Das Cover der wunderbar geschriebenen Biografie von Jan Morris mit dem Titel *Fisher's Face* macht deutlich, wie sehr seine Gesichtszüge Teil seines Images waren. Da er schon äußerlich anders war, beschloss er, sich auch in Wort und Tat von anderen zu unterscheiden.

Mit 13 Jahren begann er seine Karriere bei der Marine als junger See-kadett, der damaligen Einstiegsposition für junge Männer. In der Royal Navy wurde Fisher auf Lord Nelsons letztem Flaggschiff, der HMS *Victory*, eingewiesen, dann in Portsmouth stationiert und anschließend auf der HMS *Calcutta* eingesetzt, deren Kapitän ein britischer Kommandeur von »traditionellem« Zuschnitt war, der fest an die Knute glaubte. Die Legende will, dass Fisher an seinem ersten Diensttag ohnmächtig wurde, nachdem er mitansehen musste, wie ein halbes Dutzend Matrosen ausgepeitscht wurden. Der Dienst auf der *Kalkutta* beinhaltete einen kurzen Einsatz im Krimkrieg, und anschließend wurde er auf die HMS *Agamemnon* versetzt, ein weiteres ehemaliges Flaggschiff Lord Nelsons. Im Jahr 1856 wurde er zum Midshipman befördert und für die folgenden fünf Jahre nach Asien entsandt, wo er im britischen Marineverband China Station diente, und zwar zuerst auf einem Schiff mit dem eigen-artigen Namen HMS *Highflyer*, einem Kriegsschiff vom Typ Geschützter Kreuzer mit 21 Kanonen, auf dem er sich als exzellenter Steuermann er-wies und die Aufmerksamkeit des Kapitäns erregte. Dieses Muster prägte seine gesamte Karriere – stets fiel er auf, erhielt Anerkennung, besondere Aufmerksamkeit und Schulung, und stets revanchierte er sich bei seinen Mentoren mit konsistent herausragenden Leistungen auf allen Ebenen.

Um es milde auszudrücken, gehörte Fisher nicht zur Marinearisto-kratie seiner Zeit. Rückblickend formulierte er es so: »»Deine große Karriere hast du gemacht, als du jung warst‹, sagte mir ein lieber Freund neulich. Als ich in die Navy eintrat, besaß ich nicht einen Penny, hatte keine Freunde und war einsam und verlassen. Während meine Kameraden Marmelade aßen, musste ich darauf verzichten. Während sie einen vollen Magen hatten, war meiner oft leer. Ich musste immer irrsinnig kämpfen, und dieser harte Kampf hat mich zu dem gemacht, was ich bin.« Die Finanzen blieben sein Leben lang ein Problem. Gegen Ende wurde er ein wenig verbittert und betonte immer wieder, wie viel er für seine Nation geopfert hatte, wobei er die lukrativen Angebote aus der Privatwirtschaft aufzählte, die er im Verlauf seiner Karriere er-halten hatte. Ständig schimpfte er darüber, wie viel Geld er außerhalb der Marine verdienen könnte, und wahrscheinlich hatte er recht. Das ist

RUM, SODOMIE UND DIE KNUTE

nach meiner Erfahrung übrigens kein ungewöhnliches Phänomen unter ranghohen Militäroffizieren auf beiden Seiten des Atlantiks. Dennoch ist kaum ein Admiral oder General bereit, Rang und Titel gegen noch so viel Geld einzutauschen, selbst wenn er die Gelegenheit hätte. So war es auch bei Jacky Fisher.

In China war er an einer kurzen Schlacht im Zweiten Opiumkrieg beteiligt und diente auf der HMS *Chesapeake*, einer dampfgetriebenen Segelfregatte. Außerdem befehligte er kurz das Dampfpaddelschiff HMS *Coromandel* und kam schließlich auf das Kanonenboot HMS *Furious*, auf dem er auch zurück nach England fuhr. Der Kapitän der *Furious*, ein echter Menschenschinder, der seine Mannschaft auf das Ärgste malträtierte, bildete einen starken Kontrast zum Führungsstil, den Fisher von seinem ersten Kapitän auf der HMS *Highflyer* gelernt hatte. Trotzdem gelang es Fisher, sich beim Kapitän der HMS *Furious* beliebt zu machen, und er wurde für eine Beförderung zum Leutnant vorgeschlagen. Sein Kapitän schenkte ihm zum Abschied Manschettenknöpfe, auf die er sein Motto hatte eingravieren lassen »*Loyal au mort*« – loyal bis zum Tod. Jacky Fisher trug sie treu und brav für die folgenden 60 Jahre. In vielfacher Hinsicht war er von sentimentaler Natur, wobei ich vermute, dass die Manschettenknöpfe mehr mit seiner Selbstwahrnehmung zu tun hatten als mit der Erinnerung an ihren Schenker.

Nachdem das Schiff im Hafen von Portsmouth eingelaufen war, machte Fisher im Herbst 1861 die Prüfung zum Leutnant und erzielte in dem streng auf Navigation ausgerichteten Teil das beste Ergebnis in der Geschichte. Zu diesem Zeitpunkt erregte der junge Leutnant mit den auffälligen Gesichtszügen, der ein ausgesprochenes Talent für die Seefahrt und ein außerordentliches Selbstvertrauen sowohl gegenüber seinen Vorgesetzten als auch seinen Untergebenen zu besitzen schien – eine seltene Kombination in der Royal Navy des 19. Jahrhunderts –, immer mehr Aufmerksamkeit. Sein Ruf zog immer weitere Kreise; mit der Zeit wurde er der bekannteste und meistbesprochene Offizier seiner Generation, im Guten wie im Schlechten. Je eindrücklicher die Reputation eines Militäroffiziers, desto größer der Neid seiner gleichrangigen Kameraden. Fisher war das wohl bewusst; er dachte jedoch nicht daran, seinen Ehrgeiz zu dämpfen und seine intellektuellen Fähigkeiten unter den Scheffel zu stellen.

KAPITEL VI

Im Jahr 1862, dem zweiten Jahr des Amerikanischen Bürgerkriegs, begann Jacky Fisher den zweiten von vier Diensteinsätzen im südenglischen Portsmouth, dem wichtigsten Marinestützpunkt und Ausbildungszentrum der Royal Navy, die zugleich ein wichtiges Zentrum für britische Marineinnovationen war. Dort konzentrierte er sich auf die Entwicklung verschiedener innovativer Techniken rund um die Marineartillerie und Minen und half der Royal Navy, den Wechsel von Vorderladerkanonen zu Hinterladergeschützen zu vollziehen. Im Verlauf der folgenden 25 Jahre hatte er einen erheblichen Einfluss auf die Weiterentwicklung der Marinegeschütze und legte dabei oft ein atemberaubendes Tempo vor, wobei er sich im Verlauf seiner langen Karriere auf die technischen Fähigkeiten stützte, die er in Portsmouth zur Meisterschaft gebracht hatte, um die Zukunftsfähigkeit der Marine voranzutreiben. Jacky Fisher besaß eine sehr seltene Mischung aus strategisch-visionärem Denken und handfesten technischen Kompetenzen.

Im Jahr 1863 fuhr er als Artillerieoffizier auf der HMS *Warrior*, dem ersten Panzerkriegsschiff der Royal Navy, wieder zur See. Das Schiff war mit Vorderlader- und Hinterladerkanonen ausgerüstet und verkörperte nicht nur den Übergang von Segelschiffen zu kohlebefeuerten Dampfschiffen, sondern auch zu einer Waffengattung, die wir heute als moderne Präzisionsgeschütze mit mittlerer Reichweite bezeichnen würden. Im Jahr 1864 kehrte er nach Portsmouth zurück und verbrachte die folgenden fünf Jahre an Land, wo er sich schließlich mit Torpedos beschäftigte – ein simples, tödliches Konzept (dabei handelt es sich im Wesentlichen um Unterwassersprengkörper), das eine neue Bedrohung für Großschiffe darstellte. Was damals als Torpedo galt, würden wir heute eher als »Seemine« bezeichnen, denn die heutigen Torpedos sind Unterwasserraketen, die von Sonarsystemen an Bord autonom gelenkt werden. Im Jahr 1869 stattete Fisher Deutschland einen Besuch ab, wo er nicht nur mit Reichskanzler Otto von Bismarck zusammentraf, sondern auch mit Kaiser Wilhelm I. von Preußen (später Kaiser Wilhelm I. von Deutschland), dessen geopolitische Ambitionen einen Großteil von Fishers Einflusssphäre im Laufe seiner Karriere bestimmten. Außerdem wurde Fisher zum Kommandeur befördert und auf verschiedene Schiffe entsendet, darunter als Stellvertreter des Kommandierenden Offiziers auf der HMS *Ocean*, das Flaggschiff des britischen Marineverbands China Station.

Im Jahr 1876 wurde Jacky Fisher zum Kapitän befördert und übernahm in den folgenden fünf Jahren das Kommando von nicht weniger als sechs verschiedenen Kriegsschiffen, zum größten Teil in der Karibik und im Mittelmeer, die er häufig als Flaggschiff eines Admirals befehligte. Zwar war es nicht ungewöhnlich, dass ein Kapitän so viele verschiedene Schiffe kommandierte, Fisher stach jedoch heraus, was die Fülle an Kommandoerfahrung und die Qualität und Beständigkeit seiner Leistungen betraf. Außerdem verlor er seinen Bruder, einen Marineleutnant, der mit der HMS *Atalanta* irgendwo im Atlantik zwischen der karibischen See und England gesunken war. Zu dem Zeitpunkt hatte Fisher das Kommando über die HMS *Northhampton*, die zu der Expedition gehörte, die nach dem vermissten Schiff suchen sollte.

All diese Erfahrungen hatten ihn ausreichend vorbereitet und ihm eine solide Grundlage verschafft, um 1881 das Kommando über die HMS *Inflexible* zu übernehmen, mit dem er seinen großen Durchbruch erzielte. Die HMS *Inflexible* war ein brandneuer Schlachtkreuzer der *Invincible*-Klasse, ein vollelektrifiziertes gepanzertes Turmschiff mit Unterwassertorpedorohren, das außerdem über eine Segeltakelage verfügte, wenngleich die Segel praktisch nicht mehr verwendet wurden. Unter Fishers Kommando wurde sie zu einem perfekten Testballon für zahlreiche seiner taktischen Ideen. Die *Inflexible* besaß eine Reihe neue, innovative Merkmale, die Fisher umfassend nutzte, als er das Schiff im Anglo-Ägyptischen Krieg von 1882 einsetzte. Fisher ging an Land und beteiligte sich an den Gefechten dieses klassischen »kleinen Krieges« und wurde von seinen Vorgesetzten für seine Tapferkeit vor dem Feind ausgezeichnet. Unglücklicherweise zog er sich dort Malaria und Dysenterie zu; die Nachwirkungen, einschließlich seiner gelblichen Hautfärbung, sollten ihn sein Leben lang begleiten. Dieser Hautton gab Anlass für weitere Gerüchte über seine angeblich rassengemischte Abstammung, die in einem gewissen Maß zu der zunehmenden Feindseligkeit beitrug, die viele seiner Kameraden ihm gegenüber empfanden.

In den 1880er-Jahren widmete Fisher viel Zeit seiner Genesung. In den zwölf aufeinanderfolgenden Jahren, die er an Land verbrachte, konzentrierte er sich mit ganzem Einsatz auf weitere Innovationen mit

KAPITEL VI

Schwerpunkt auf Panzerung, Artillerie und Torpedos. Viele der Ideen, die er austüftelte, bildeten für einen Großteil des folgenden Jahrhunderts die Grundlage der operativen Führung der britischen Kriegsschiffe. Und was vielleicht noch wichtiger war: Er inspirierte eine Gruppe von Offizieren, die leidenschaftlich von seinem Konzept, neue Ideen über konservative Wege durchzusetzen, überzeugt waren. Zu dieser in der Royal Navy als *Fish Pond* bezeichneten Unterstützergruppe gehörten eine Reihe zukünftiger Führungspersönlichkeiten wie John Jellicoe und Percy Scott.*
Der Personenkult, der rund um seine Person entstand, verschaffte ihm in der Royal Navy viele Feinde, und so wurde Fisher zu einer polarisierenden Figur, die allerdings die erhebliche und nachhaltige Unterstützung des britischen Königshauses genoss. Im Jahr 1890 führte diese privilegierte Stellung zur Ernennung als Königin Victorias Aide-de-Camp und seiner Beförderung zum Konteradmiral. Selbst in dieser Rolle stießen zahlreiche seiner Initiativen bei den konservativen Kräften auf Ablehnung. Sein stetiger Aufstieg in den Rängen der Admiralität verschaffte ihm am Ende aber genügend Macht, um die Royal Navy völlig umzukrempeln. Mit dem Rückhalt, die das britische Königshaus dem jungen charmanten Admiral gab, war sein Weg nach ganz oben eine ausgemachte Sache.

Überall, wo Fisher stationiert war, veranstaltete er Tanzabende – an Land, auf weit entlegenen Stützpunkten, auf geschmückten Flaggschiffen und kleinen Kuttern. Immer wenn sein Schiff in einen Hafen einlief, organisierte er ein Programm für Besucher, zu dem nicht nur ausgezeichnetes Essen und Champagner gehörten, sondern auch die Gelegenheit zum Tanz. Er selbst war ein hervorragender und leidenschaftlicher Tänzer, der oft eine Dame nach der anderen über das Parkett wirbelte, ohne jemals zu ermüden, wobei er stets über das ganze Gesicht strahlte. Das war eine deutliche Manifestation seiner fast schon manischen Energie sowie seines Bedürfnisses – wie es auch von Teddy Roosevelt hieß –, »die Braut auf jeder Hochzeit und der Leichnam bei jeder Beerdigung zu sein«.

---

* Earl John Rushworth Jellicoe, Admiral der Royal Navy und Generalgouverneur von Neuseeland, und Admiral Sir Percy Moreton Scott, 1st Baronet, britischer Offizier der Royal Navy und Pionier in moderner Marineartillerie (A.d.Ü.)

RUM, SODOMIE UND DIE KNUTE

Während seiner langen Phasen an Land wendete Fisher jeden erdenklichen Trick an, um die Produktion gemäß seinen Erwartungen voranzutreiben. Bei einer berühmten Gelegenheit trug er seinen Schreibtisch und seinen Stuhl in die Werft und beharrte, er werde sich nicht vom Fleck rühren, bis die Produktionsgeschwindigkeit seinen Erwartungen entspräche. Unter anderem soll er gesagt haben: »Wenn man Ihnen sagt, etwas sei unmöglich und es gebe unüberwindliche Hindernisse, dann ist es Zeit, zu kämpfen wie ein Teufel.« Das ist eine sehr treffende Zusammenfassung des Credos, das Winston Churchill später in die schlichten Worte »Gib niemals auf« fassen sollte und Jacky Fishers Leben prägte. Churchill vervollständigte dieses Credo jedoch durch den Nachsatz: »außer in Fragen der Ehre und des gesunden Menschenverstands.«

Bei seinem Aufstieg erklomm Fisher die verschiedenen Ränge des Flaggoffiziers[*], beginnend mit der Position als Dritter Seelord[**]. In dieser Rolle war er im Wesentlichen für die Gestaltung, die Konstruktion und die Bewaffnung der Royal Navy verantwortlich, mit besonderem Schwerpunkt auf die Umsetzung neuer Ideen auf See. In dieser Rolle trug er zur Entstehung des Vorläufers des modernen Zerstörers bei (ein Begriff, den er weitläufig bekannt machte) – ein kleines, schnelles Angriffsschiff, das eher leichtkalibrige Kanonen abfeuerte, aber vor einer Formation aus schwereren Großkampfschiffen operieren konnte.

Eine seiner maßgeblichen Innovationen war die Unterstützung moderner U-Boote. Die anfängliche britische Reaktion auf die Torpedo-Technologie lautete, ihre Verwendung sei hinterhältig und unethisch. Fisher forcierte unermüdlich die neuen Unterwassersysteme, weil er korrekterweise voraussah, dass sie die Seekriegsführung auf die gleiche Weise revolutionieren würden wie der Übergang vom Segelbetrieb zu kohlebetriebenen Dampfschiffen und später zu Flüssigbrennstoffen – eine weitere Innovation, die von ihm vorangetrieben wurde. Der Einsatz von Torpedos hatte sich seit Mitte des 19. Jahrhunderts von schwimmenden Minen zu Sprengkörpern mit eigenem Antrieb

---

[*] entspricht einem Marineoffizier im Dienstrang eines Admirals (A.d.Ü.)

[**] Innerhalb der Hierarchie der britischen Admiralität gab es fünf *Seelord*-Stufen. Der Dritte Seelord (*Third Sea Lord and Controller of the Navy*) war für Beschaffung und Rüstung verantwortlich.

KAPITEL VI

weiterentwickelt und Fisher war einer der frühen und dynamischen Verfechter schnellerer Versionen, die von Überwasserschiffen abgeschossen werden konnten. Er gehörte zu den Ersten, die die Möglichkeiten des Abschusses von Unterwassertorpedos aus entsprechenden Abschussrohren im Rumpf des U-Bootes erkannten. Durch die Kombination aus Unsichtbarkeit der U-Boote und der Reichweite und Sprengkraft der Torpedos löste er eine echte Revolution in der Seekriegsführung aus.

Ebenfalls bemerkenswert war Fishers radikaler, ehrgeiziger Ausbildungsansatz. In einer Zeit, in der die meisten Schiffskapitäne und Admirale zufrieden waren, wenn die Decks blitzblank geschrubbt und die Messingverzierungen auf Hochglanz poliert waren, forderte Fisher eine an der Wirklichkeit orientierte, gefährliche kampforientierte Ausbildung. Er bestand auf nächtlichem Drill, der Verwendung echter Munition, der Bestimmung von Zielreichweiten zur Messung der Treffsicherheit und langen Übungseinsätzen zur Simulation der Kampfbelastung sowie auf körperlichen Fitnesstrainings, um eine sofortige Kampfbereitschaft zu jeder Tages- und Nachtzeit zu gewährleisten. Alle technischen und prozeduralen Fortschritte, die er vorantrieb, bauten aufeinander auf und führten zu einer deutlich verbesserten Seekriegsführung der britischen Kriegsmarine. Schon als erfahrener Kapitän und schließlich als junges Mitglied der Admiralität kämpfte er weit außerhalb seiner Gewichtsklasse, was seinen Einfluss auf die gesamte Royal Navy betraf. Mit wachsender Seniorität und Erfahrung nahm seine Macht, Dinge zu bewegen, dementsprechend exponentiell zu.

Im Jahr 1896 wurde er zum Vizeadmiral befördert und kehrte als Kommandeur der britischen Seestreitkräfte in der Karibik auf See zurück. Nach der Fashoda-Krise von 1898, einem Gebietskonflikt zwischen England und Frankreich in Westafrika, wurde er Kommandeur der prestigeträchtigen und geopolitisch bedeutenden Mittelmeerflotte. Fisher veränderte das Ethos der britischen Kriegsflotte von auf Hochglanz poliertem Messing und einer geradezu besessenen äußeren Makellosigkeit der Schiffe zu temporeichen, realistischen Manöverübungen, die oft bei Nacht durchgeführt wurden. Diese Veränderung markierte den Übergang von zeremonialem Pomp zu einer ernst zu nehmenden Vorbereitung auf den Kriegseinsatz. Fishers Enthusiasmus, seine Energie und sein mitreißender Tatendrang veränderten die britische Kriegsflotte von Grund auf und bereiteten sie auf den kommenden Ersten Weltkrieg vor.

Zwar durchlief er immer wieder Phasen der Frustration, in denen er ernsthaft erwog, der Royal Navy den Rücken zu kehren und in der Rüstungsindustrie zu arbeiten (mit Blick auf das hohe Einkommen, das er dort hätte erzielen können), aber dann wurde er erneut befördert, und zwar zum Zweiten Seelord – mit der Verantwortung für militärische Stärke und Personalfragen mit dem Schwerpunkt Reformierung der Marineausbildung. In dieser Rolle schuf er attraktivere Karrierepfade für Ingenieure und Deckoffiziere, verlängerte die Ausbildung an Land, bevor die Kadetten auf See eingesetzt wurden, führte körperliches Fitnesstraining ein, installierte Selektionsverfahren für die Ernennung von Offizieren und aktualisierte den Studienplan für das gesamte Offizierskorps, der um eine größere Anzahl an naturwissenschaftlichen und technologischen Inhalten ergänzt wurde. Die Auswirkungen seiner Initiativen wurden in der gesamten Flotte kontrovers diskutiert. Am Ende setzte er sich wie immer durch. Die nachhaltigen Effekte seiner Reformen führten zur Schaffung von neuem intellektuellem Kapital im Offizierskorps, abgestimmt auf die Veränderungen auf den Schiffen der Kriegsflotte. Oft denken wir bei Innovation an Verbesserungen physischer Systeme und spezifischer Ausrüstung (Torpedos, Feuerlenksysteme für die Artillerie, U-Boote und Motoren). In vielfacher Hinsicht betreffen die wichtigsten Innovationen jedoch die Vorbereitung der Menschen auf die Erbringung von Höchstleistung. Fisher gehörte zu den seltenen Führungspersönlichkeiten, die die Notwendigkeit erkannten, beides zu innovieren.

Im Jahr 1903 wurde er kurz zum Kommandeur des großen Marinestützpunktes in Portsmouth berufen, mit Lord Nelsons HMS *Victory* als Flaggschiff, bevor er den Gipfel der globalen Seemacht erklomm und Erster Seelord* wurde. Diese Rolle, die er zu weiteren Innovationen nutzte, erfüllte er von 1904 bis 1910 – eine Zeit, in der er viele seiner Opponenten in der Royal Navy gegen sich aufbrachte, insbesondere Lord

---

* Ranghöchste militärische Position innerhalb der Royal Navy, nicht zu verwechseln mit »Erster Lord der Admiralität«, die als eine Art Marineminister eine politische Position war. So war Churchill Erster Lord der Admiralität und verantwortete die politische Seite der britischen Kriegsmarine und Jackie Fisher als Erster Seelord die militärische. (A.d.Ü.)

KAPITEL VI

Charles Beresford, ein weiterer sehr erfahrener Admiral, der Fisher verabscheute und sowohl innerhalb der Royal Navy als auch als Parlamentsabgeordneter eine erbitterte Oppositionskampagne gegen ihn anführte. Die Animositäten zwischen den beiden Männern bestimmte den letzten Teil ihres langen Lebens und führte zu einer gefährlichen Fraktionsbildung innerhalb der Royal Navy.

Fisher nutzte seine Macht, um das Design zweier wichtiger und hochmoderner Schiffsklassen durchzusetzen. Die erste dieser neuen Schiffsklassen sollten Schlachtschiffe mit vereinheitlichten Hauptgeschützen desselben schweren Kalibers sein und das erste Schiff aus dieser Reihe war die HMS *Dreadnought*. Dieses Schiff und das, was sein Name symbolisierte (»Fürchte nichts außer Gott«), hatte für Fisher eine so große Bedeutung, dass er den Satz »Fürchte nichts außer Gott« in seinen Grabstein meißeln ließ. Die zweite Schiffsklasse bestand aus schnelleren Schlachtkreuzern mit Geschützen von geringerem Kaliber. Diese Hybride hatten zum einen eine höhere Feuerkraft als die meisten gegnerischen Schiffe und waren zum anderen schneller als große Schlachtschiffe mit schweren Kanonen. Die schnellen Schlachtkreuzer bewährten sich am Ende allerdings nicht; ein paar davon wurden im Ersten Weltkrieg vor Jütland auf unrühmliche Weise zerstört. Das Leitschiff dieser Klasse, die HMS *Invincible*, verstärkte die Flotte im Jahr 1907. Außerdem leitete Fisher den Wechsel von Kohle zu Öl ein und sorgte dafür, dass U-Boote ein grundlegender und respektierter Bestandteil der britischen Kriegspläne wurden. Nach einer erfolgreichen Amtszeit als Erster Seelord wurde er zum *Peer* geadelt und trug fortan den Titel Lord Fisher. An seinem 70. Geburtstag ging er in den Ruhestand.

Zu Beginn des Ersten Weltkrieges holte der junge, eigensinnige und politisch umstrittene Winston Churchill Fisher zurück. Wahrscheinlich waren sich die beiden viel zu ähnlich, um dauerhaft gut miteinander auszukommen. In seiner Position als Erster Lord der Admiralität berief Churchill den nach wie vor sehr energiegeladenen 74-jährigen Fisher im Oktober 1914 für eine zweite Amtszeit als Erster Seelord. Es gibt ein berühmtes Foto von beiden, wie sie in bester Eintracht und prächtig herausgeputzt in Halbgamaschen, mit Zylinder und verzierten Gehstöcken die Treppenstufen der Admiralität hinabschreiten. Die Flitterwochen sollten jedoch nicht lange dauern; die Beziehung zwischen ihnen verschlechterte sich schon bald aufgrund von berechtigten Differenzen in strategischen Fragen. Churchill drängte auf den Gallipoli-Feldzug, eine riskante Invasion in die Türkei, die durch die Meerenge an den Dardanellen führen sollte und am Ende in einem blutigen Desaster endete. Fisher sprach sich dagegen für einen Angriff zu Wasser und zu Lande vom Baltischen Meer (Ostsee) aus, um die deutsche Flotte aufzureiben – etwas, auf das er schon seit mehr als einem Jahrzehnt drängte.

Die Geschichte der Zusammenkunft, bei der die abschließende Entscheidung fiel und die der Beziehung zwischen Churchill und Fisher den Todesstoß versetzte, ist aufschlussreich. Im Frühjahr 1915 waren die beiden Männer nach einem erbitterten Tauziehen schließlich in einer Sackgasse angelangt. Churchill sehnte die Dardanellen-Invasion herbei, die er sich ausgedacht hatte; Jacky Fisher dagegen lehnte sie vehement ab und drängte stattdessen auf den baltischen Feldzug. In vielfacher Hinsicht glichen sich die Männer: Beide waren impulsiv, wortgewaltig, intellektuell dominant und charismatisch. Der Zusammenprall schien unvermeidlich, und irgendwann kam der Moment, in dem Fisher entweder klein beigeben oder aus Protest seinen Rücktritt einreichen musste. Es war der Moment, in dem der Charakter dieses 74-jährigen Derwisches, der noch nie eine Niederlage erlebt hatte und mehr Energie hatte als je zuvor, auf die Probe gestellt wurde. Denn schließlich war er auf einen Rivalen getroffen, der ihm in Sachen Energie und Enthusiasmus ebenbürtig, aber 30 Jahre jünger und formal sein Vorgesetzter war.

Andere, die bei dieser schicksalsträchtigen Besprechung mit am Tisch saßen, räusperten sich leicht verlegen, als der Premierminister H. H. Asquith die Angelegenheit abwog – und schließlich die abschließende Entscheidung traf. Es sollte der Dardanellen-Feldzug sein und nicht der baltische Feldzug. Jacky Fisher verlor die Beherrschung. Mit wutverzerrter Miene sprang er vom Tisch auf. Alle wussten, dass er seinen Rücktritt einreichen würde. Doch da trat der herausragende Soldat Feldmarschall Lord Herbert Kitchener an seine Seite, hielt den Admiral auf, wechselte einige Worte mit ihm und sprach besänftigend auf den schäumenden Fisher ein.

Daraufhin schlang Fisher sein Cape enger um den Körper und kehrte leicht bebend und mit sichtlich verdrossener Miene an den Tisch zurück. Er war nach wie vor felsenfest davon überzeugt, dass dies ein

KAPITEL VI

fundamentaler Fehler war. Er wusste, dass der Dardanellen-Feldzug schlecht vorbereitet war und als Folge daraus wahrscheinlich Tausende oder sogar Zehntausende völlig unnötigerweise den Tod finden würden. Und genau so kam es dann auch. Aber irgendetwas in seinem Charakter ließ ihn zu den Kabinettsmitgliedern am Besprechungstisch zurückkehren. Es war nicht nur seine Aufopferungsbereitschaft für die Nation, wenngleich dies eine Rolle spielte. Es war auch nicht seine Wertschätzung für Churchill, denn die hatte schon seit geraumer Zeit nachgelassen. Vielmehr kehrte Fisher an den Besprechungstisch zurück, weil er weiterhin ganz oben mitmischen wollte. Sein Ego war es, das ihn zurückkehren ließ; das Ego, das ihm einige Monate zuvor, als Churchill ihn aus dem Ruhestand zurückholte und erneut zum Ersten Seelord ernannte, bereits eine große Befriedigung verschafft hatte.

Fisher wusste, dass der Gallipoli-Feldzug, benannt nach der gleichnamigen türkischen Halbinsel auf der westlichen Seite der Dardanellen, zum Scheitern verurteilt war. Einige Wochen später sollte er dann tatsächlich seinen Rücktritt einreichen. Aber so weit war es noch nicht, und dieser entscheidende Moment in seinem Leben und seiner Karriere – als er schmollend an den Tisch zurückkehrte, aber keine Anstalten unternahm, auf eine Rücknahme der, wie er wusste, falschen politischen Entscheidung zu drängen – sollte für den Rest seines Lebens schwer auf ihm lasten. Dieser Moment war auch eine der ganz seltenen Gelegenheiten, bei denen sich Jacky Fisher im Wettstreit der Ideen nicht durchsetzte. Er wusste, dass das der Anfang vom Ende war.

Im Verlauf der fünf Jahre zwischen 1915 und seinem Tod im Jahr 1920 setzte Fisher seinen Kampf für neue Marinekonzepte auf verschiedenen öffentlichen Plattformen fort. Im Frühjahr 1918 verlor er seine ihm sehr ergebene Frau Kitty – sie hatten eine in jeder Hinsicht sehr glückliche Ehe geführt –, und diesen Verlust konnte er durch nichts wettmachen. Er selbst erlag 1920 seinem Prostatakrebs. Die Trauerfeier, die in Westminster Hall stattfand, war praktisch ein Staatsakt und die wichtigste öffentliche Zeremonie der britischen Marine seit dem Tod Lord Nelsons. Sowohl Fisher als auch seine Frau wurden nach dem Tod kremiert und ihrer beider Asche auf ihrem geliebten Landsitz in Kilverstone gemeinsam begraben. Über ihrem Grab ragt eine Galionsfigur auf – ein Nachbau der Galionsfigur von Fishers erstem Schiff, der HMS *Calcutta*.

RUM, SODOMIE UND DIE KNUTE

Fishers Leben war stets aufregend und spannend gewesen; immer kämpfte er gegen alle Widrigkeiten an und fast immer setzte er sich durch. Es gelang ihm, die britische Kriegsmarine völlig umzukrempeln; noch heute wird ihm großer Respekt entgegengebracht. Außerdem fand er in seinem langen, umstrittenen, streitbaren und überaus unterhaltsamen Leben stets Zeit zu tanzen.

Seine bescheidenen Anfänge und seine körperlichen Unzulänglichkeiten schmiedeten seinen Charakter. Eine Karriere in der Admiralität lag in der Familie; sowohl Jacky als auch sein jüngerer Bruder Frederic wurden Admirale, und seine drei Töchter heirateten Marineoffiziere, die jeweils auch in den Rang eines Admirals aufstiegen, so wie auch sein einziger Sohn. Er selbst schien sich jedoch trotz aller Erfolge und Auszeichnungen stets als Außenseiter gefühlt zu haben. Das lag an seiner äußeren Erscheinung: seiner Kleinwüchsigkeit und der Physiognomie seines Gesichts, dessen blassgelbe Tönung ihn stets zur Zielscheibe abfälliger Spitznamen und einer leicht herablassenden Behandlung machte. In der Öffentlichkeit gab er sich ungerührt, innerlich kochte er jedoch. In dem epischen Kampf, den er während des Höhepunktes seiner Laufbahn mit Lord Charles Beresford austrug – der Inkarnation eines hochgewachsenen, bulligen Admirals aus der britischen Aristokratie (der sich zudem stets von einer Bulldogge begleiten ließ) –, hatte Jacky Fisher trotz seiner herausragenden Leistungen, seiner ranghohen Position und seines öffentlichen Erfolgs oft das Gefühl, ein Fremder zu sein, der von außen in den erlauchten Kreis hineinblickt.

Der bestimmende Charakterkonflikt in seinem Leben war der innere Kampf seines stark ausgeprägten Egos, das von Unsicherheit und seiner aufrichtigen Ergebenheit gegenüber der Royal Navy angetrieben wurde. Ständig war er auf der Suche nach Erfolg – für ihn persönlich, aber zugleich auch für seine geliebte Marine. Meistens – aber nicht immer – gelang ihm beides.

Sein ehrgeiziges Erfolgsstreben machte ihn zu einer respektgebietenden Autorität. Das verlieh ihm eine etwas dunkle Seite, die er erkannte und bis zu einem gewissen Grad kultivierte. So sagte er bei einer Gelegenheit: »Ich mag keine perfekten Engel, man fühlt sich in ihrer Gegenwart unbehaglich. Einer von Cecil Rhodes' Sekretären schrieb über sein Leben und ließ dabei all seine Schwächen weg; das ergab ein höchst unrealistisches Bild. Das Gute sticht umso stärker hervor, wenn es auch einen tiefen Schatten gibt. Ich glaube, das bezeichnet man als Rembrandt-Effekt.«

Entschlossenheit ist in gewisser Weise ein zweischneidiges Schwert. In der Theorie bewundern wir eine entschlossene Person, allerdings kann das, was der eine für Entschlossenheit hält, einem anderen wie Starrköpfigkeit vorkommen. Üblicherweise ist das Leben kein Schwarz-Weiß-Bild, sondern enthält unzählige Grauschattierungen, die je nach Situation ein wenig heller oder dunkler ausfallen.

In wirklich dringenden Fragen muss man natürlich fest entschlossen sein; dennoch sollte man dabei flexibel bleiben und sich auch die Argumente der Gegenseite anhören. Das war jedoch nicht Jacky Fishers Stärke. Oft wirkte sein eiserner Wille wie ein Rammbock, geboren aus seiner Überzeugung, dass er grundsätzlich recht hatte, und der mangelnden Bereitschaft beziehungsweise Unfähigkeit einzugestehen, dass er sich vielleicht einmal geirrt hatte. Im Vorwort zu seinen eigenwilligen Memoiren sagt er schlichtweg: »ein Kompromiss (das scheußlichste Wort der englischen Sprache).« Und das war nicht scherzhaft gemeint. Zwar nötigt uns die Qualität seiner erbarmungslosen Entschlossenheit Bewunderung ab, dennoch hätte eine Führungskraft mit einem etwas gemäßigteren Temperament womöglich noch mehr erreicht. Die Balance zu finden zwischen Entschlossenheit und geistiger Offenheit ist für uns alle ein wiederkehrender Charaktertest.

Im Verlauf seiner langen Karriere wählte Fisher stets den steinigen, unbetretenen Pfad statt des einfachen traditionellen Trampelpfads. Schon früh in seinem Leben und in seiner Karriere probierte er eine neue, clevere Lösung aus, auch wenn – *und vor allem* wenn – sie den herkömmlichen Überzeugungen vollkommen zuwiderzulaufen schien. Das galt für seine Initiativen im Zusammenhang mit den Torpedos, der Artillerie, dem Schiffsdesign (insbesondere der *Dreadnought*), dem Schiffsbau und zahllosen weiteren seiner Kreuzzüge. All das fasste er sehr treffend in folgenden Sätzen zusammen: »Sie werden auf einige Idioten treffen, deren Geisteshaltung so wunderbar symmetrisch ist, dass sie lieber zehn Schildkröten als einen Windhund einsetzen, um einen Hasen zu fangen, ebenso wie eine grundlegende Überzeugung lautete, dass man Schiffe in Serien baut. Sie haben Mücken der Uniformität gesiebt und

Kamele der Minderwertigkeit verschluckt. Fortschritt? Fehlanzeige – das war eine gleichgeschaltete Truppe.«

Innovation ist letztlich ausschlaggebend für die Charakterentwicklung. Erstens erfordert die Veränderung von etwas so Grundlegendem wie dem inneren Kompass das Bedürfnis und die Fähigkeit, Neuerungen einzuführen. Innovatoren sind bereit, verschiedene Modellvorstellungen zu betrachten und Persönlichkeitseigenschaften zu prüfen, so wie sie technische Optionen miteinander vergleichen würden, um die Art komplexer innerer Entscheidungen zu treffen, die zu einem echten Wandel führen. Ich selbst lernte schon früh in meiner Karriere bei der US Navy, dass Menschen gelegentlich – vor allem in Krisenzeiten – stärker auf Innovation ansprechen als auf traditionelle Vorgehensweisen, die eingefahrenen Mustern folgen. Zwar wird es naturgemäß immer Interessengruppen geben, die alles so machen wollen, »wie wir es schon immer gemacht haben«, aber unsere Welt reagiert immer besser auf die Inspiration, die von Innovationen ausgeht. Ich habe das insbesondere in den Tagen nach dem 11. September erlebt. Als sehr junger Ein-Stern-Admiral war ich damit betraut, die neue zur Crew des Stabschefs für Marineoperationen gehörende operative Denkfabrik zu leiten. Unsere Aufgabe bestand darin, zu innovieren und Wege zu finden, wie die US Navy einen Beitrag zum neuen Krieg gegen den Terrorismus leisten konnte. In dieser Position lernte ich sehr viele Dinge, die ich auch auf andere Gebiete anwenden konnte. Vor allem aber lernte ich, wie große Organisationen mithilfe einer Kombination aus dem richtigen Timing, Notwendigkeit und Ideen bewegt werden können. Dass ich das gleich zu Anfang meiner Laufbahn als Admiral lernte, war ein zeitlicher Glücksfall, der mir in den mehr als zehn Jahren, die ich zur Admiralität gehörte, von großem Nutzen war und sich im letzten Jahrzehnt meiner Karriere bezahlt machte, als meine Verantwortung als Oberbefehlshaber der NATO und anderer wichtiger Organisationen dieses Wissen erforderte.

Jacky Fisher demonstrierte immer wieder auf Neue, dass sein innerer Kurs voll und ganz auf Wandel ausgerichtet war. Der Kampf für Innovation in der Royal Navy war eine Lebensaufgabe. Gegen Ende seines Lebens sagte er: »Ich stimme Ihnen voll und ganz zu, was den Mangel an hochkarätigen Intellektuellen in der Navy anbetrifft. Konzentration und Disziplin engen Seeoffiziere zu sehr ein. Herausragende Visionen werden nicht erkannt.« Niemand hat Admiral Fisher je bezichtigt, von Konzentration und Disziplin eingeengt zu sein. Er war der Chefinnovator der besten Kriegsmarine der Welt.

Gegen Ende seines Lebens teilte er noch immer gegen all diejenigen aus, die versucht hatten, ihm Steine in den Weg zu legen: »Ich glaube, dass die Würdigung des Lebenswerks eines Mannes selbst für die engsten Freunde oder den gewissenhaftesten und kompetentesten Biografen eine unlösbare Aufgabe ist, weil sie schlichtweg nicht ermessen können, wie herausragende Taten von unbedeutenden Zeitgenossen schlechtgemacht und kleingeredet wurden. Diese kläffenden Köter haben den größten Krach veranstaltet, so wie leere Fässer es tun! Erst viel später tritt die Wahrheit aus dem Nebel der Verleumdung hervor und wird Geschichte.«

Eine Charaktereigenschaft, die häufig unterschätzt wird, ist die Arbeitskraft. Naturgemäß wird die Arbeitskraft eines Individuums teilweise von seiner Physiologie bestimmt. Einige Menschen sind aufgrund ihrer Erbmasse, ihrer Gesundheit, ihres sozioökonomischen Status, ihres Arbeitspensums, ihrer Ernährung, ihrer Schlafmuster und anderer exogener Faktoren naturgemäß energiegeladener als andere. Eine erhebliche Portion dessen, wie Individuen ihren Energiepegel erreichen und einsetzen, ist jedoch ein Spiegelbild ihres Charakters.

In diesem Sinne war Jacky Fisher mit einer starken, energischen Konstitution gesegnet *und* in der Lage, seine inneren Charakterreserven zu mobilisieren, um daraus Energie zu ziehen. Immer wieder sprach er über die Notwendigkeit, Probleme frontal anzugehen, sie mit echtem Enthusiasmus anzugreifen und anderen zu zeigen, dass jeder im Team hundert Prozent der Zeit einen hundertprozentigen Einsatz leisten muss. In seinen Memoiren erklärt er: »Zwei Qualitäten regieren die Welt – Emotion und Ernsthaftigkeit. Ich habe an anderer Stelle einmal gesagt, dass man mit ihnen weit mehr als Berge versetzen kann; man kann Massen bewegen. Es ist die Persönlichkeit der menschlichen Seele, die diesen unsterblichen Einfluss hat.« Mit »Emotion« meinte er Energie und Leidenschaft – beides besaß er im Überfluss.

Jeder Mensch kann bestimmte Dinge tun, um die körperliche Basis für einen hohen Energiepegel zu schaffen. Das bedeutet, auf ausreichend Schlaf und Erholung zu achten, die eigene Gesundheit zu pflegen und mögliche akute Gesundheitsprobleme zu beseitigen, für

RUM, SODOMIE UND DIE KNUTE

eine Arbeitsumgebung zu sorgen, die ein Höchstmaß an Energie freisetzt, sich Zeit für ein gesundes Maß an Körperbewegung zu nehmen, gut zu schlafen und sich so zu ernähren, dass der Körper Energie hat. Das wurde mir so richtig bewusst, als ich Kapitän wurde. Zu diesem Zeitpunkt war ich Ende 30, ein Alter, in dem sich der natürliche Stoffwechsel altersbedingt zu verlangsamen beginnt. Bedingt durch meine berufliche Inanspruchnahme waren die Gelegenheiten, Sport zu treiben und vor allem ausreichend zu schlafen, stark eingeschränkt. Ich vertrat die Auffassung, dass Schlaf ein genauso wichtiger Aspekt des Waffensystems meines Schiffes war wie die Artillerie. Daraufhin beschäftigten wir uns mit den Schlafzyklen und sorgten dafür, dass die Mannschaftsmitglieder bei Bedarf ein kurzes Nickerchen halten konnten. Außerdem versuchten wir, die Wachteams auf der Brücke und in den Operationszentralen an Bord so zu organisieren, dass die Leistungsfähigkeit verbessert wurde. Ich kann mich allerdings noch daran erinnern, dass ich trotz all dieser Bemühungen Mitte der 1990er-Jahre in einem Zustand der Benommenheit, Dehydrierung und allgemeinen Erschöpfung zu potenziellen Kampfeinsätzen in den Arabischen Golf gefahren bin. Auf unsere körperliche Gesundheit zu achten, ist ein Akt des Charakters und kann einen enormen Beitrag zum Erhalt unserer Leistungsfähigkeit leisten.

Wenn wir die äußeren Faktoren so gestaltet haben, dass sie sich positiv auf unseren Energiepegel auswirken, müssen wir versuchen, unsere Tatkraft als inneres Charaktermerkmal zu betrachten, die wir mit verschiedenen Mitteln steigern können. Dazu gehört unter anderem die geistige Organisation der Aufgaben auf kohärente, einfache und priorisierte Weise und die Lektüre der Biografie besonders energiegeladener Führungspersönlichkeiten (wie Admiral Fisher). Außerdem sollten wir bewusst auf das Gute in den Menschen achten, denen wir begegnen, uns in schwierigen Situationen und im Umgang mit schwierigen Menschen auf unseren Humor besinnen, Unabänderliches akzeptieren, über langfristige Frustrationen nachdenken und die kleineren Alltagsfrustrationen überwinden, indem wir sie in die rechte Perspektive rücken. Auch die Erkenntnis, dass die beste Befriedung einer Meinungsverschiedenheit die Herbeiführung eines Ergebnisses ist, von dem alle Beteiligten profitieren, gehört dazu. Ein Instrument, das in dieser Hinsicht Beachtung verdient, ist die Meditation beziehungsweise

KAPITEL VI

sind kleinere Auszeiten, in denen man bei guter Musik über das Leben nachdenkt.

Eng verbunden mit all diesen Aspekten ist der Optimismus. Admiral Jacky Fisher strotzte nur so vor Optimismus. Zwar mag es unbedeutend erscheinen, aber seine Tanzbegeisterung war Teil seiner Strategie, seine Energiereserven aufzufüllen, und gleichzeitig ein Ventil für seine überbordende Vitalität. Glück und Zufriedenheit hängen zwar nicht immer von der eigenen Entscheidung ab, eine energische Grundhaltung kann dagegen durchaus eine bewusste Entscheidung sein. Wie Admiral Fisher demonstriert, geht beides oft Hand in Hand. Wie der ehemalige Chairman of the Joint Chiefs[*] und Außenminister Colin Powell – einer meiner Mentoren – mir mehr als einmal gesagt hat: »Optimismus ist ein Kraftmultiplikator.« Daraus können wir im Hinblick auf die Frage, in welcher Gemütslage wir morgens aufwachen und wie wir jeden Tag vor unserem geistigen Auge vorwegnehmen, alle etwas lernen.

Und schließlich wurde Jacky Fishers Charakter von einer provokativen Haltung geprägt, die ihn alles hinterfragen ließ: »Warum können wir das nicht machen?« Oftmals ist Wissbegier eine dominante Charaktereigenschaft. Sie ist die Quelle, die unmittelbar zu den Errungenschaften zahlreicher großer Innovatoren in der Geschichte führt. Walter Isaacsons brillante Biografien über Steve Jobs, Benjamin Franklin und Leonardo da Vinci machen dies anhand der Schilderung dieser drei außergewöhnlichen Innovatoren deutlich. Jacky Fisher gehört auf alle Fälle zur Kategorie der wissbegierigen Charaktere. Das manifestierte sich im Verlauf seines gesamten Lebens und führte oft zu brillanten (und gelegentlich gescheiterten) Versuchen, die Marineartillerie, die Torpedotechnik, die Kommunikation, die Schiffspanzerung, das Schiffsdesign, die Flottenorganisation, die Uniformen und vermutlich tausend weitere Dinge zu verändern.

Für jeden von uns kann Wissbegier sowohl eine natürliche Neigung als auch eine Charaktereigenschaft sein, die wir bewusst entwickeln und kultivieren können. Vom ehemaligen Sprecher des US-Kongresses, Newt

---

[*]   Ranghöchster Offizier der US-Streitkräfte und höchster militärischer Berater des Präsidenten, des Nationalen Sicherheitsrates, des Verteidigungsministeriums und des Homeland Security Council. Er besitzt kein operatives Kommando. (A.d.Ü.)

RUM, SODOMIE UND DIE KNUTE

Gingrich, wollte ich einmal wissen, wie er die vielen langweiligen Cocktail-partys in Washington, D.C., überstanden hat, und er erwiderte, er stelle so lange Fragen, bis er jemanden gefunden habe, der etwas Interessantes macht, und dann frage er diesen Gast endlos aus. Bohren Sie nach und erfahren Sie neue Dinge. Welch großartige Empfehlung. Ein Mensch, der sich angewöhnt, Fragen zu stellen, ist ein Mensch, der ständig dazulernt, mehr erreicht und dementsprechend eine größere Zufriedenheit erlangt.

Wenn ich einen Admiral auswählen könnte, mit dem ich einen langen Abend verbringen dürfte, wäre es Jacky Fisher. Die Kombination aus unermüdlicher Beharrlichkeit und dem grenzenlosen Bedürfnis, »das Neue einzufangen«, findet man bei Führungskräften nur sehr selten. In Kombination mit seinem außergewöhnlichen Intellekt und seinem leichtfüßigen Charme, den er nach Belieben versprühen konnte, ergibt das eine bemerkenswerte Persönlichkeit, deren Charaktereigenschaften große Bewunderung abnötigen. Mit all diesen Eigenschaften gelang es ihm buchstäblich, durchs Leben zu tanzen. Ja, ein Abendessen mit Jacky Fisher wäre ein großes Vergnügen – vor allem, wenn es anschließend eine Tanzveranstaltung gäbe.

Alle Zitate in diesem Kapitel sind Admiral Fishers Memoiren mit den Titeln *Memoirs* (London: Hodder & Stoughton, 1919) und *Records* (London: Hodder & Stoughton, 1919) entnommen.

KAPITEL VII

Der Admiral der Admirale

FLOTTENADMIRAL CHESTER W. NIMITZ

GEBOREN AM 24. FEBRUAR 1885 IN FREDE-RICKSBURG, TEXAS

GESTORBEN AM 20. FEBRUAR 1966 IN YERBA BUENA, KALIFORNIEN

KAPITEL VII

M an kann nicht Offizier bei der US Navy sein und Flottenadmiral Chester Nimitz nicht kennen. Ich wurde auf ihn aufmerksam, als ich Anfang der 1970er-Jahre an der Marineakademie in Annapolis begann und im Rahmen der üblichen Schikanierung von Neuankömmlingen – im Militärjargon »plebe« (»Frischling«) genannt – mit einer Reihe fordernder Fragen über ihn und seine verschiedenen berühmten Zitate traktiert wurde. Was ich als Neuankömmling ertragen musste, war allerdings nichts im Vergleich zu dem Spießrutenlauf, dem mein Klassenkamerad und Freund Midshipman Fourth Class* Steve Nimitz ausgesetzt war. In der Welt der Schikanen war für die Nachkommen von Admiralen ein besonderer Platz reserviert, vor allem, wenn es sich um berühmte Admirale handelte – und in der US Navy gibt es keinen berühmteren Admiral als Chester William Nimitz. (Glücklicherweise überlebte Steve nicht nur das Schikanierungsritual der Neuankömmlinge, sondern baute sich im weiteren Verlauf eine Karriere auf, die seines berühmten Vorfahren würdig war, darunter als Kommandeur eines Zerstörers mit Ausbildung in Nukleartechnik und die vier goldenen Kapitänsstreifen.)

Erst zu einem späteren Zeitpunkt meines Studiums beschäftigte ich mich intensiver mit Admiral Nimitz, nämlich als ich auf dem Schiff eingesetzt wurde, das seinen Namen trug – die stolze USS *Nimitz* (CVN-72). Das massive 100 000-Tonnen-Kriegsschiff war damals ein brandneuer atomgetriebener Flugzeugträger und das ultimative Symbol der amerikanischen Seemacht. Damals überlegte ich, ob ich nach dem Studium selbst zur nuklearen Einheit der US Navy gehen sollte, daher erschien eine zweimonatige Schulung auf einem »Atomschiff« sinnvoll. Kaum dass ich das Schiff betreten hatte, wurde ich in der Reaktorabteilung der US Navy eingesetzt – das ist der Bereich, der für das Antriebssystem des Flugzeugträgers verantwortlich ist. Dort erklärte man mir, meine Aufgabe sei es, die »Protokolle zu prüfen«. In der Praxis hieß das, dass ich in einem Büro von der Größe eines Kleiderschranks eingepfercht war, vor mir einen riesigen Stapel Protokolle, auf denen mit schwarzer Tinte die Temperatur des Öls notiert war, das die Hauptlager der massiven Schiffsmotoren schmierte. Ich erhielt einen roten Stift und sollte jedes

---

*   Kadett der US Naval Academy im ersten Ausbildungsjahr (A.d.Ü.)

DER ADMIRAL DER ADMIRALE

einzelne Blatt des riesigen Stapels sorgfältig durchgehen und »jede Zahl, die größer als 180 oder niedriger als 130 war, einkreisen.« Keine sehr inspirierende Arbeit.

Nach einigen Stunden schlich ich mich hinaus, ging hoch in den sogenannten *Dirty-Shirt-Wardroom* (das ist eine Offiziersmesse, in der kein Uniformzwang herrscht und in dem sich die Piloten in ihren Fluganzügen aufhalten) und gesellte mich eine Weile zu den Fliegern. Mir wurde klar, dass ich nicht für den Dienst in der Nuklearabteilung der Navy gemacht war, und glücklicherweise sorgte der Skipper einer der Fluggeschwader (der damalige Kommandeur und spätere Admiral Leighton W. »Snuffy« Smith) dafür, dass ich die Fahrt bei seiner Einheit beenden konnte. Am Ende war es ein großartiger Sommer. Zwar lernte ich, dass die Abteilung Nuklearantrieb nichts für mich war, aber ich erfuhr gleichzeitig sehr viel über die Marinefliegerei, und dieses Wissen konnte ich in späteren Jahren gut gebrauchen. Am Ende entschied ich mich weder für den Nuklearantrieb noch für das Fliegen, sondern für eine Karriere auf einem traditionellen Zerstörer, und ich habe es keinen Tag bereut.

In den zwei Monaten, in denen ich inoffiziell in einem der leichten Kampfflugzeug-Geschwader des Flugzeugträgers arbeitete, spürte ich überall den Geist von Admiral Nimitz. Zwar war Nimitz im Grunde seines Herzens ein U-Bootfahrer, dennoch war er in jeder Hinsicht ein Offizier der gesamten US Navy. Es ist höchst unwahrscheinlich, dass irgendein zukünftiger Admiral jemals noch einmal eine derartige Machtfülle besitzen und eine derart gewaltige Flotte mit einer entsprechenden Schlagkraft kommandieren wird wie Nimitz während des Zweiten Weltkrieges im Pazifik. Als ich auf jener Fahrt im Sommer über die USS *Nimitz* spazierte, dachte ich über sein Leben und seine Karriere nach und nahm mir fest vor, drei seiner besten Eigenschaften zu übernehmen: ein hintergründiger Sinn für Humor, eine unerschütterliche, aufrichtige Demut und ein unverbrüchliches Band zwischen sich und den Freunden und Kollegen. Keines dieser Dinge ist mir so gut gelungen wie Flottenadmiral Chester Nimitz, aber ich habe es ehrlich versucht und wurde dadurch zu einem besseren Menschen und einem besseren Marineoffizier. Diese Fahrt markierte einen Wendepunkt in meiner eigenen Charakterreise, und ich verließ die *Nimitz* als besserer Mensch, als der ich sie bestiegen hatte, und außerdem mit einer tiefen und anhaltenden Wertschätzung

KAPITEL VII

für den Charakter des herausragenden Namensgebers dieses Schiffes, die umso größer ist, wenn man bedenkt, welche Wegstrecke er zurückgelegt hatte, um ein legendärer amerikanischer Admiral zu werden.

Die ersten Lebensjahre des Admirals, dessen Karriere in der Tradition der US Navy am ehesten der Karriere Nelsons ähnelte, ließen keineswegs vermuten, welchen Lebensweg er später einschlagen sollte. Chester William Nimitz wurde in der Gemeinde der Texasdeutschen in Fredericksburg, Texas, geboren, die zum Zeitpunkt seiner Geburt praktisch den letzten Außenposten der sogenannten Zivilisation des texanischen Grenzlandes bildete. Während Nelson von Geburt und Herkunft englisch und in der Nähe des Wassers aufgewachsen war, war Nimitz' Kindheit von ländlicher Farmarbeit und deutsch-amerikanischer Auswandererkultur geprägt, ohne jede Verbindung zum Meer. Während seines gesamten Lebens kommunizierten seine Familie und seine Freunde aus Fredericksburg neben Englisch vor allem in der texasdeutschen Sprache; die einzige – sprachliche – Verbindung zur Marine bestand in dem Vermächtnis der sogenannten Prärieschoner (hölzerne Planwagen, wie man sie aus Wildwestfilmen kennt), die ihre Vorfahren in die Region Texas Hill Country gebracht hatten, wo sie ihre geliebte texanische »Burg« errichteten.

Wie im Falle des jungen Alfred Thayer Mahan war auch Nimitz' Kindheit stark vom Krieg geprägt worden. Während und vor allem nach dem Amerikanischen Bürgerkrieg übernachteten Soldaten, die durch den Ort kamen, im Hotel seines Großvaters, das der Nimitz Senior zufälligerweise so entworfen hatte, dass es wie ein gewaltiger Schiffsrumpf wirkte. Aufgrund des ständigen Kontakts zu Soldaten entwickelte Nimitz schon früh den Wunsch, sich an der Militärakademie West Point zu bewerben. Außerdem sog er begierig die prächtig ausgeschmückten Märchen über Schiffe und das Meer auf, die auf der kurzen Dienstzeit basierten, die sein »Opa« als junger Mann in der deutschen Handelsmarine absolviert hatte. Wie Mahan versuchte auch Nimitz, einen Platz in West Point zu ergattern, scheiterte aber mit seiner Bewerbung, und so kam als zweite Option nur die Marineakademie infrage. Hier enden aber auch schon die Ähnlichkeiten zwischen beiden Admiralen. Nimitz war von Anfang an sehr viel aufgeschlossener, engagierter und umgänglicher, als es Mahan jemals war. Das war gut, denn Nimitz besuchte die Marineakademie zur selben

148

DER ADMIRAL DER ADMIRALE

Zeit wie viele andere zukünftige Drei-, Vier- und Fünf-Sterne-Admirale. Er und diese Männer sollten in den Seeschlachten des Zweiten Weltkrieges eine maßgebliche Rolle spielen. Unter seinen Klassenkameraden und Beinahe-Klassenkameraden waren Nimitz' zukünftiger Vorgesetzter Ernest King und zwei seiner besten Untergebenen, der launenhafte William »Bull« Halsey und der nachdenkliche »stille Krieger« Raymond Spruance.

Eine Eigenschaft, die typisch für Nimitz' Charakter war – seine Diskretion –, wurde während seines Studiums an der Marineakademie sowohl durch eine öffentliche Kontroverse als auch durch private Erfahrung verstärkt. Damals hatten sich zwei Admirale in einen jahrelangen öffentlich ausgetragenen Streit – der unter dem Namen Sampson-Schley-Kontroverse bekannt wurde – über die Frage verstrickt, wem das Verdienst für den Sieg der amerikanischen Kriegsmarine von 1898 während des Spanisch-Amerikanischen Krieges gebührte. Außer dass er den Ruf der US Navy beschädigte, hatte dieser würdelose Zank, der sich erst im Kongress abspielte und dann in der Presse fortgesetzt wurde, keine weiteren Folgen. Nimitz war von dem Auftreten der beiden Offiziere und dem Schaden, den sie der Institution, der sie dienten, damit zugefügt hatten, zutiefst abgestoßen und beschloss schon früh, dass er ein solches Verhalten weder selbst an den Tag legen noch bei anderen tolerieren würde.

Kurz vor seinem Studienabschluss profitierte Nimitz selbst von der Diskretion eines ranghohen Offiziers. Nimitz beteiligte sich mehr oder weniger regelmäßig an der nicht erlaubten, aber dennoch regelmäßig praktizierten Gewohnheit, in dem Gemischtwarenladen in der Innenstadt von Annapolis Bier zu kaufen. Bei einem dieser Ausflüge packte er unter den scheinbar desinteressierten Blicken eines anderen Ladenkunden einen Koffer munter mit Bierflaschen voll. Am folgenden Morgen begegnete Nimitz dem vermeintlich harmlosen Ladenkunden vom Vortag in Uniform und stellte mit Schrecken fest, dass es sich dabei um einen frisch ernannten Offizier der Akademie handelte. Der Offizier tat so, als sehe er Nimitz zum ersten Mal in seinem Leben, und der junge Mann lernte augenblicklich eine Lektion darüber, ob und wann jemand für einen atypischen Fehler gemaßregelt werden sollte.

KAPITEL VII

Für den Rest seines Lebens tat Nimitz alles, um zu vermeiden, dass »die schmutzige Wäsche der Navy in der Öffentlichkeit ... gewaschen wird«, wie es ein Biograf ausdrückte, und die Karrieren, den Ruf und die Egos Untergebener zu schützen, die in guter Absicht gehandelt, aber gelegentlich einen Fehler gemacht hatten. Übrigens wird Nimitz' »fast schon übertriebene Diskretion« bereits im ersten Satz seiner Biografie erwähnt, und kein Matrose – oder Admiral –, den Nimitz damit deckte, hat es je vergessen. Seine Persönlichkeit und sein Selbstvertrauen inspirierte seine Untergebenen und lockte aus seinen gleichrangigen Kollegen und Vorgesetzten das letzte Quäntchen Effektivität heraus. Nach seiner Ernennung zum Oberbefehlshaber der Pazifikflotte im Anschluss an das Desaster von Pearl Harbor tat Nimitz alles, um die Männer, die er ersetzte – Admiral Husband Kimmel und seine Männer – zu schützen. («Das hätte jedem passieren können«, war sein Kommentar zu Pearl Harbor.) Während des Krieges demonstrierte er, dass er ein meisterhafter Taktierer war, sowohl was den Umgang mit den anderen Admiralen anging als auch in Bezug auf die Führung seiner Untergebenen. Auf diese Weise konnte er die Reibungsverluste auf ein Minimum begrenzen.

Man betrachte nur die unterschiedlichen Persönlichkeiten, mit denen er in seiner späteren Karrierephase arbeitete – beginnend mit Admiral Ernest King, eine harte Nuss, von dem es hieß, »wenn die Lage ernst wird, holen sie die Hurensöhne« – ein Kommentar, den er liebte und selbst ständig wiederholte. King war dafür berüchtigt, ein starker Trinker zu sein, harsch mit seinen Seeleuten umzugehen und ein übergroßes Ego zu besitzen. Nichtsdestotrotz gelang es Nimitz nicht nur, sich stets sein Wohlwollen zu erhalten, er half ihm auch mit vernünftigen, wohlüberlegten Ratschlägen, unbeschadet durch die politischen Stürme in Washington zu navigieren. Ein weiterer anstrengender, aber sehr begabter Untergebener war Admiral Halsey, der für seine spontanen, aber stets äußerst druckreifen facettenreichen Statements gegenüber den Medien bekannt war (die Marineversion von General George Patton).

Halsey war ein »streitbarer Admiral«; Nimitz gelang es, das aufbrausende Naturell seines Untergebenen ein wenig zu dämpfen und ihn auf dem Erfolgskurs zu halten, trotz gelegentlicher persönlicher und taktischer Ausfälle. Nimitz tat das auch bei zahllosen anderen Männern; er kam sogar mit dem größten Egomanen der amerikanischen

DER ADMIRAL DER ADMIRALE

Militärgeschichte aus, General Douglas MacArthur, mit dem er auf dem Kriegsschauplatz im Pazifik gemeinsame Operationen durchführte und um Ressourcen aus dem Pentagon konkurrierte.

Eine weitere wichtige Einflussquelle für Nimitz' Entwicklung als Offizier war sein Bedürfnis, Erfahrungen zu sammeln, sich Fachwissen anzueignen und Verantwortung zu übernehmen. Von seinen frühesten Schiffseinsätzen an vermied Nimitz, kleine Rollen auf großen Schiffen zu übernehmen, wie es typisch war, sondern suchte sich große, verantwortliche Rollen auf kleinen Schiffen. Das brachte ihn zunächst auf kleine Überwasserschiffe, auf denen er schnell die unbezahlbare Erfahrung machte, wie man ein Schiff durch einen gefährlichen Taifun steuert, und später auf U-Boote, in denen er den größten Teil seiner beruflichen Laufbahn verbrachte, bevor er zum Flaggoffizier aufstieg.

Mindestens so wichtig wie sein Bedürfnis, selbst Verantwortung zu übernehmen, war seine Gewohnheit, so viel Verantwortung wie möglich an seine Leute zu delegieren. Vom Zwei-Sterne-Leutnant bis zum Fünf-Sterne-Admiral verbesserte Nimitz die Menschen und Organisationen, mit denen er umgeben war, indem er seine Untergebenen forderte und dazu anspornte, über sich selbst hinauszuwachsen, und seine eigene Energie auf die Entscheidungen und Handlungen konzentrierte, die nur er treffen beziehungsweise machen konnte. Dieses Element seines Charakters ist heute kaum noch erkennbar, da sich unsere kulturelle Erinnerung an ihn fast ausschließlich auf den siegreichen Admiral aus dem Zweiten Weltkrieg beschränkt, der mehr Verantwortung trug, als sich die meisten von uns überhaupt vorstellen können. Dabei muss man jedoch bedenken, dass Nimitz seine übermenschlichen Aufgaben nicht mit übermenschlichen Fähigkeiten erfüllte, vielmehr war er außerordentlich gut im Delegieren; zum großen Teil erfüllte er seine Aufgabe gerade deswegen so gut, weil er die Disziplin besaß, neben seinen eigenen Verantwortlichkeiten *nicht* auch noch die Arbeit seiner Untergebenen an sich zu reißen. Das fällt kompetenten Führungskräften oft besonders schwer.

Ein weiterer Aspekt seiner beruflichen Entwicklung, die oft in dem alles überstrahlenden Glanz seiner Leistungen im Zweiten Weltkrieg übersehen wird, war seine außerordentliche Kompetenz als Seemann. Selbst wenn es keinen Krieg gegeben hätte, wäre Nimitz wegen seiner technischen Innovationen auf See – zumindest innerhalb der

KAPITEL VII

US Navy – möglicherweise trotzdem in Erinnerung geblieben, ähnlich wie Jacky Fisher. Als Nimitz in die U-Boot-Flotte eintrat, arbeitete die US Navy immer noch an den Entwürfen und Einsatzmöglichkeiten der relativ primitiven Unterseeboote. Nimitz begann schon bald darüber zu schreiben, wie eine Kriegsführung unter Einsatz von U-Booten aussehen könnte, und war maßgeblich an dem Übergang von Benzin- zu einem kombinierten Diesel-Elektro-Antrieb beteiligt.

Nimitz war zudem einer der Haupterfinder der Seeversorgungstechniken – in der NATO-Sprache als *Replenishment at* Sea *(RAS)* beziehungsweise *Underway replenishment (UNREP)* bezeichnet –, die für die US Navy aufgrund der logistischen Herausforderungen, welche mit dem Oberbefehl über den gesamten Pazifik einhergingen, von zentraler Bedeutung waren. Außerdem verfasste er schon früh und häufig Beiträge für die Monatszeitschrift *Proceedings* des US Naval Institute. Wie Jacky Fisher kombinierte er strategische Vision mit enormer technischer Kompetenz.

Der abschließende Baustein seiner Entwicklung war seine Ernennung vor dem Krieg zum Chief of the Bureau of Navigation der US Navy, das für das Management des gesamten Marinepersonals verantwortlich war. (In späteren Jahren wurde diese Institution umbenannt in Bureau of Naval Personnel, kurz »BuPers«.) Nimitz' Sohn Chester Junior beschrieb diese Position als die wichtigste für die weitere Laufbahn seines Vaters. Nimitz war »ein Mann, der außerordentlich gut mit Menschen umgehen konnte«, sagte sein Sohn. Nimitz Senior war nicht nur die geeignete Besetzung für diesen Posten, durch sie erweiterte er auch seinen Horizont, was erforderlich ist, wenn man Menschen auf allen Ebenen der US Navy lenken muss. Laut Chester Junior lernte sein Vater »in dieser Position am meisten, und die Beurteilung seiner Leistung in dieser Rolle durch seine Vorgesetzten war wahrscheinlich diejenige, die die größte Bedeutung für seinen weiteren Erfolg hatte«.

Als Chief of the Bureau of Navigation saß Nimitz eines Sonntagnachmittags im Dezember 1941 zu Hause und hörte eine Radiosendung mit klassischer Musik, als die Nachricht über den Angriff auf Pearl Harbor kam. Schon ein halbes Jahrzehnt zuvor hatte er in einer Unterhaltung mit seinem Sohn, der zu dem Zeitpunkt Midshipman war, prophezeit, dass »wir einen großen Krieg gegen Japan und Deutschland führen werden«,

DER ADMIRAL DER ADMIRALE

der seiner Überzeugung zufolge »mit einem schweren Überraschungsangriff und der Niederlage der US-Streitkräfte beginnen« würde. Nimitz
wusste, dass kein Admiral oder Seekommandeur eine solche Niederlage
politisch überleben würde (»auch wenn sie möglicherweise nicht daran
schuld waren«), und wünschte sich, »zu diesem Zeitpunkt so profiliert
zu sein, dass ich als möglicher Nachfolger gehandelt werde.«

In dieser Hinsicht war Nimitz' Position an der Spitze des Bureau of
Navigation, für die er auf seinen Traumjob als Oberbefehlshaber der
Pazifikflotte verzichtet hatte, ein doppeltes Glück, denn sie bereitete ihn
nicht nur auf seine nachfolgenden Erfolge vor, sondern hatte auch ver-
hindert, dass er und nicht Husband Kimmel am Morgen des 7. Dezember
1941 in Pearl Harbor lag. Wie Nimitz prophezeit hatte, wurde Kimmel
ohne Ansehen seiner tatsächlichen oder vermeintlichen Schuld entlassen,
und es musste ein Nachfolger ernannt werden. Der Marinestaatssekretär
Frank Knox brachte Nimitz bei Präsident Roosevelt ins Gespräch, der
Knox nach einer Nacht Bedenkzeit in sein Büro rief. »Sagen Sie Nimitz,
er soll verdammt noch mal sofort nach Pearl und dort bleiben, bis der
Krieg gewonnen ist«, befahl der Präsident. Knox machte auf dem Absatz
kehrt, ging in sein Büro, rief Nimitz zu sich und fragte ihn, wie schnell
er seine Sachen packen könne. »Das hängt davon ab, wohin ich fahre
und wie lange ich da bleiben soll«, erwiderte der leicht genervte Admiral.
Knox, der Mühe hatte, seine Begeisterung zu verbergen, ließ die Bombe
platzen: »Sie übernehmen das Kommando über die Pazifikflotte, und ich
glaube, Sie werden ziemlich lange weg sein.«

Und so erfüllte sich Nimitz' Selbstprophezeiung – neun Tage nach
dem von ihm vorhergesagten Überraschungsangriff –, denn er hatte
sich zu diesem Zeitpunkt bereits entsprechend profiliert, um zum Oberbefehlshaber ernannt zu werden. Auf dem Weg Richtung Hawaii sorgte
sich Nimitz über die Situation, die ihn dort erwartete. »Wir haben eine
fürchterliche Niederlage erlitten«, vertraute er einem Freund an. »Ich
weiß nicht, ob wir uns jemals davon erholen können.« Am Morgen
des 31. Dezembers 1941 nahm Admiral Chester W. Nimitz dann die bestimmende Rolle seines Lebens ein. Er reiste quer über den Kontinent
und überquerte den halben Ozean, um nach einer kurzen Zeremonie
an Bord des U-Bootes USS *Grayling* das Kommando über die halb zerstörte Pazifikflotte zu übernehmen. Auf der Wasseroberfläche vor dem

KAPITEL VII

Flottenstützpunkt von Pearl Harbor schwamm immer noch Öl und in der tropischen Luft hing der Geruch nach Rauch und Kordit. Einige Seemeilen entfernt hatten Tausende von Seeleuten auf den schweren Schlachtschiffen, die am 7. Dezember versenkt worden waren, ihr kaltes, nasses Grab gefunden. Die grimmig-entschlossene Zeremonie der Befehlsübergabe stand in einem starken Kontrast zu der normalerweise freudigen Atmosphäre, die bei einem Kommandeurswechsel herrschte.

Der Admiral trat zum Mikrofon in der Mitte des Decks und wandte sich der kleinen Gruppe aus Offizieren und Presseleuten zu, die sich für die Zeremonie versammelt hatten. Als geschulter U-Bootfahrer, der jeder Situation eine humorige Seite abgewinnen konnte, entging ihm nicht die Ironie, dass das U-Boot *Grayling* eines der ganz wenigen verbliebenen Kriegsschiffe in Pearl Harbor war, die über ein Deck verfügten, auf dem sich ein Kommandeurswechsel zelebrieren ließ. Nimitz, der sich das Grinsen verkneifen konnte, wobei seine Augen jedoch energiegeladen aufleuchteten, holte kaum vernehmbar tief Luft und verlas seine Order, mit denen er seinen guten Freund Husband E. Kimmel als Oberbefehlshaber ablöste. Er wusste, dass Kimmels Leben und Karriere zerstört waren, und konnte die tiefe Verwundung seines alten Freundes nachempfinden.

Sobald Nimitz die traditionellen Worte »Ich entbinde Sie, Sir« ausgesprochen hatte, war jede Ironie verschwunden. Augenblicklich übertrugen diese vier Worte den vier Sternen, die neu an Nimitz' Kragen prangten, das volle Gewicht seiner Verantwortung. Salute wurden ausgetauscht, es ertönte die Pfeife des Bootsmanns und unter den acht schrillen Glockenschlägen der *Grayling* begab sich Nimitz wieder an Land. »Pazifikflotte legt ab«, rief der Bootsmann und Nimitz begann mit der Aufgabe, die ihn die folgenden vier Jahre beschäftigen sollte. Mit entschlossener Miene und festem Willen lief Nimitz, der sein Leben lang viel zu Fuß ging, zu seinem neuen Hauptquartier auf der Anhöhe von Makalapa Hill. Der Weg vom Hafen bis zur Anhöhe war kurz, markierte jedoch den langen, mühseligen Wiederaufstieg nach dem Desaster von Pearl Harbor zum einzigartigen Gipfel des Ruhms, den Nimitz dreieinhalb Jahre später erreichen würde. Zu jenem Zeitpunkt konnte er jedoch nicht wissen, dass der Krieg in einem anderen Hafen, nämlich Tokio, enden sollte, wo er Japans Kapitulation akzeptieren sollte. Alles, woran er

DER ADMIRAL DER ADMIRALE

an jenem Tag im Jahr 1941 denken konnte, war die zerstörte Flotte unter der von einem Ölteppich bedeckten Wasseroberfläche.

Kaum, dass er in das Hauptquartier eingezogen war, war er jedoch so geistesgegenwärtig, mehrere Schlüsselentscheidungen zu treffen, die dafür sorgen sollten, dass sich die Flotte schneller erholen würde, als sich irgendjemand hätte vorstellen können. Erstens entspannte er die Personalsituation, indem er fast alle von Kimmels Leuten auf ihren Posten beließ und selbst an Land blieb. Ganz bewusst eine besiegte und demoralisierte Mannschaft zu behalten, war nicht bloß eine Frage der Diskretion, sondern eine zutiefst pragmatische Entscheidung, die dazu beitrug, die Moral wiederherzustellen, und der Navy ermöglichte, sich auf einen Vergeltungsschlag zu konzentrieren, anstatt eine neue Crew zusammenzuschweißen. Sein eigenes Kommando an Land zurückzuziehen, kostete ihn die Chance, Kriegsschiffe im Gefecht zu befehligen (etwas, wozu er nie die Gelegenheit hatte), aber es war absolut die richtige Entscheidung, um einen Krieg von dem Ausmaß zu steuern, mit dem Nimitz schon bald konfrontiert sein sollte.

Zweitens hatte der stets klarsichtige Optimist Nimitz den Scharfblick zu erkennen, dass selbst eine so fürchterliche Niederlage keine völlige Vernichtung war. Brennende und sinkende Schlachtschiffe boten ein dramatisches Schauspiel, aber Nimitz erkannte, was die Japaner außer Acht gelassen hatten. Während er die Fotos des zerstörten Flottenstützpunktes Pearl Harbor studierte, konzentrierte er sich auf das, was nicht auf den Fotos zu sehen war, nämlich die Treibstoffreserven und Flugzeugträger. Wären diese beiden Ressourcen ebenfalls zerstört worden, wären die Kriegsanstrengungen der Vereinigten Staaten in der Tat in großer Gefahr gewesen. Tatsächlich wurden die meisten der bei Pearl Harbor gesunkenen Schlachtschiffe gehoben und waren schon bald wieder im Einsatz, allerdings sollte der Kurs, den der Krieg nahm, ihre Obsoleszenz deutlich machen. Treiböl, Kerosin und Flugzeugträger sollten sich für die Kriegsführung als wesentlich wichtiger erweisen.

Und schließlich war Nimitz schon früh intensiv an der Formulierung der Strategie beteiligt, die die Vereinigten Staaten im Pazifikkrieg verfolgten. Nimitz, der in Washington mit seinem Vorgesetzten Admiral King und in Pearl Harbor mit seinem eigenen Stab arbeitete, hatte Anteil an der Skizzierung der zentralpazifischen Strategie, die den Kurs der

155

KAPITEL VII

US Navy in den folgenden dreieinhalb Jahren bestimmte. Nimitz war allerdings kein Salonstratege. Innerhalb von sechs Monaten nach Pearl Harbor hatte er die kühne Entscheidung über einen raschen (wenngleich symbolischen) Vergeltungsschlag in Form eines Überraschungsangriffs auf Tokio – als *Doolittle Raid*[*] bekannt – zu treffen; er gewann die Schlacht um Midway[**] und fügte der Kaiserlichen Japanischen Marine eine Niederlage zu, von der sie sich nie wieder richtig erholen sollte. Außerdem befahl er die Landung von Marines auf der Insel Guadalcanal, die den Auftakt zu der erbitterten Schlacht um Guadalcanal[***] und weitere blutige Schlachten markierte, die sich über alle pazifischen Inselgruppen fortsetzten.

Später sagte Nimitz, diese ersten sechs Monate des Pazifikkriegs, der noch drei weitere Jahre andauern sollte, seien die härtesten gewesen. Das Ausmaß, die Gewalt und die Intensität der Gefechte nahmen in einem furchtbaren Crescendo immer weiter zu, von blutiger amphibischer Kriegsführung über fanatische Banzai- und Kamikaze-Angriffe[****], bis der Wille der feindlichen Kräfte durch den Abwurf von zwei Atombomben vollkommen gebrochen war. Während des Pazifikkriegs nahm Nimitz' Verantwortung exponentiell zu, bis er »Tausende von Schiffen und Flugzeugen und Millionen von Soldaten befehligte und eine größere militärische Macht besaß, als alle Kommandeure in allen bisherigen Kriegen je besessen hatten«, wie ein Biograf schrieb.

Ganz eindeutig konnte Nimitz nicht überall gleichzeitig sein. Er machte auch gar nicht erst den Versuch, in Nelsons Fußstapfen zu treten und sich als Stratege, Seemann und Krieger zugleich zu betätigen. Dieser Krieg war viel zu gewaltig und komplex, um mehrere Rollen gleichzeitig ausfüllen zu können. Das Geheimnis seines Erfolges lag vielmehr in seiner geschickten Steuerung relativ weniger Leute, nämlich seiner Vorgesetzten, die die gesamten Kriegsanstrengungen lenkten, den anderen Kommandeuren, mit denen er sich koordinierte, und seiner direkten

---

[*]   benannt nach seinem militärischen Leiter Oberstleutnant James H. Doolittle (A.d.Ü.)

[**]   Seeschlacht vom 4. bis 7. Juni 1942 bei den Midway-Inseln im Pazifik (A.d.Ü.)

[***]   Guadalcanal ist Teil der pazifischen Inselgruppe der Salomon-Inseln. Die Schlacht um Guadalcanal gehört zu den Wendepunkten des Zweiten Weltkrieges. (A.d.Ü.)

[****] westliche Bezeichnung für Massenselbstmord-Angriffe japanischer Truppen (A.d.Ü.)

DER ADMIRAL DER ADMIRALE

Untergebenen, die die tatsächlichen Kampfhandlungen ausführten. Wie sein Biograf schrieb, diente Nimitz' Persönlichkeit als »Verbindungsglied und Puffer«, womit er aus dieser komplizierten Gruppe von Admiralen »eine der effektivsten Kampftruppen in der Geschichte« machte. Ohne Nimitz als alles zusammenhaltendes Bindeglied hätten sich die einzigartigen Kompetenzen der Beteiligten nicht zu einer nahtlosen Kampfkraft zusammengefügt. Genauso wichtig ist in diesem Zusammenhang vermutlich die Tatsache, dass es Nimitz zudem gelang, einen Modus Vivendi zu finden, um mit dem launischsten und schwierigsten Offizier der Kampagne, Armeegeneral Douglas MacArthur[*], auszukommen. Wahrscheinlich hätte außer Nimitz niemand einen Weg gefunden, mit diesem kolossalen Egomanen konstruktiv zusammenzuarbeiten.

Nach dem Krieg behielt Nimitz noch einige Jahre seine Uniform an und folgte King auf die Position des Stabschefs für Marineoperationen, der Spitzenposition der US Navy, die Nimitz stets angestrebt hatte. Aufgrund eines Kongressaktes, der Nimitz und seine Kollegen unter den Fünf-Sterne-Admiralen (einschließlich King und Halsey) auf Lebenszeit in der aktiven Dienstpflicht hielt, konnte er technisch gesehen nie in den Ruhestand gehen. Er besaß jedoch den Anstand und das Gespür, sich nach seiner Amtszeit als oberster Chef der US Navy aus dem aktiven Dienst zurückzuziehen, anstatt in irgendeiner Rolle als »Sonderberater« weiterhin mitzumischen und irgendwann als jemand betrachtet zu werden, der sein »Verfallsdatum« überschritten hat und nicht loslassen kann. Er und seine Frau kauften im kalifornischen Berkeley das erste Haus, das sie je besessen hatten. Allerdings erwies sich die Gartenarbeit – welche Überraschung – schon bald als nicht aufregend genug. Nimitz nahm eine Position bei den Vereinten Nationen an, in der er damit beauftragt war, eine Nach-Bürgerkriegs-Vereinbarung zwischen Indien und Pakistan auszuhandeln. Traurigerweise fanden diese Gespräche nie statt und Nimitz zog sich erneut nach Berkeley zurück.

Trotz zahlreicher lukrativer Angebote schlug Nimitz nie Kapital aus seiner ruhmreichen Militärkarriere, um sich eine komfortable

---

[*] General MacArthur gehört zu den meistdekorierten Offizieren der amerikanischen Streitkräfte, wurde aber am 11. April 1951 wegen öffentlicher Kritik an US-Präsident Truman von diesem seines Kommandos enthoben und entlassen. (A.d.Ü.)

KAPITEL VII

zweite Karriere im Geschäftsleben aufzubauen. Vielmehr blieb er für den Rest seines Lebens ein Symbol für und ein Befürworter der US Navy – eine Entscheidung, die, wie sein Rückzug aus dem Amt des Stabschefs für Marineoperationen, sehr viel dazu beitrug, seinen Ruf zu zementieren. Mit 80 Jahren endete seine Lebensreise. Er starb in einem sonnenbeschienenen Zimmer der Navy-Residenz Quarters One – auch *Nimitz House* genannt – auf der Insel Yerba Buena Island in der Bucht von San Francisco. Nimitz wurde neben seinen Kameraden aus dem Zweiten Weltkrieg, den Admiralen Spruance, Kelly Turner und Charles Lockwood sowie ihren jeweiligen Ehefrauen auf dem Friedhof Golden Gate National Cemetery in San Bruno, Kalifornien, begraben – so wie sie es sich gewünscht hatten.

Die Erinnerung an diesen »amerikanischen Nelson« ist in der US Navy auch heute noch sehr lebendig. Nimitz' Name schmückt die Bibliothek der Marineakademie sowie das Leitschiff der *Nimitz*-Klasse der nukleargetriebenen Flugzeugträger, die Amerikas Macht versinnbildlichen und den Frieden erhalten, den Nimitz vor 70 Jahren errungen hat. Bei Indienststellung der USS *Nimitz* zitierte US-Präsident Gerald R. Ford Nimitz' Biografen E.B. Potter, als er dem herausragenden Admiral Tribut zollte: »Er umgab sich mit den fähigsten Männern, die er finden konnte, und suchte ihren Rat, aber traf stets seine eigenen Entscheidungen. Er war ein geschickter Stratege, der nie vergaß, dass er es auf beiden Seiten des Konflikts mit Menschen zu tun hatte. Er war aggressiv im Krieg, aber ohne Hass, und wagemutig, ohne jemals zu versäumen, die Risiken abzuwägen.« In vielfacher Hinsicht war er von all unseren Admiralen der größte.

Bei der Betrachtung seiner langen beruflichen Laufbahn fühlt es sich so an, als bleibe Nimitz zu stark in Erinnerung als Eroberungsheld von 1945 und als verblasse dahinter der geschickte Stratege von 1941 bis 1942. Zwar ist die eindeutige Unterscheidung zwischen »Nimitz, dem Strategen«, und »Nimitz, dem Umsetzer« der Strategie, nicht ganz einfach, aber der entscheidende Punkt ist, dass Nimitz zu Höchstform auflief, wenn er die strategischen Herausforderungen durchdachte, mit denen er konfrontiert war. Alle Anführer sind verantwortlich für die Bestimmung der Ziele ihrer Organisationen und die benötigten Ressourcen. Diesen Aspekt der Führung beherrschte Nimitz meisterhaft, ganz zu schweigen von seiner Kompetenz bei der Umsetzung. Weder war er jemand, der vor lauter Planung nicht zur Umsetzung fand (»Paralyse durch Analyse«), noch handelte er einfach blindlings, ohne genau zu wissen, was er erreichen und wie er es genau erreichen wollte. Abgesehen davon, dass er das richtige Maß an strategischer Planung auf dem richtigen Niveau verfolgte, beherrschte er auch zwei Elemente der Strategie, die den meisten Führern entgleiten. Erstens wusste er, dass Strategiebestimmung eine Teamaufgabe ist. In seiner Rolle als »Verbindungsglied und Puffer« federte Nimitz nicht nur die Ecken und Kanten der Persönlichkeiten ab, mit denen er zusammenarbeitete, sondern er beherrschte auch die ganz entscheidende Fähigkeit, an höhere und nachgeordnete Ebenen sowie auf gleicher Ebene konstruktiv zu kommunizieren, um die beste Strategie zu entwickeln und umzusetzen. Nimitz hörte auf King, der auch über den Krieg im Atlantik nachdenken musste, scheute sich aber nicht, seinem Vorgesetzten (mit dem für ihn typischen Takt) zu widersprechen, wenn er den Eindruck hatte, dieser irre sich. Auf ähnliche Weise kommunizierte er gegenüber den Kommandeuren Halsey, Spruance und anderen Untergebenen strategische Ziele, wobei er ihnen einen gewissen Spielraum ließ, um im Rahmen der Vorgaben je nach Entwicklung der Ereignisse nach ihrem eigenen Ermessen zu handeln.

Nimitz verstand auch, dass Strategie kein einmaliges Ereignis ist, sondern ein iterativer Prozess. Zwar wurden die groben Konturen des Vorgehens im Zentralpazifik schon zu einem frühen Kriegszeitpunkt festgelegt und während des Pazifikkriegs verfolgt, aber der Plan musste ständig überprüft und immer wieder an veränderte Situationen angepasst werden: Die Amerikaner lernten (zu einem hohen Preis) die Kunst der amphibischen Kriegsführung, der japanische Widerstand wurde erbitterter und die land- und seegestützte Luftstreitmacht entwickelte sich vor aller Augen weiter und veränderte den Charakter des Krieges. Bei der Steuerung all dieser und zahlreicher weiterer Faktoren wusste Nimitz, wann er eine Strategie weiterverfolgen und wann er sie ändern musste. Bei dem Management von »Tausenden von Schiffen und Flugzeugen und Millionen von Männern« handelt es sich in erster Linie um eine organisatorische Herausforderung. Bevor es Nimitz mit der Kaiserlichen Japanischen Marine aufnehmen konnte, musste er zunächst lernen, die Klaviatur der amerikanischen Marine zu bedienen, und das tat er mit

KAPITEL VII

großem Geschick. Wie die Strategie sind auch das Organisationsdesign und Management Dinge, mit denen sich die Führungskräfte auf allen Ebenen vollständig identifizieren und für die sie Verantwortung übernehmen müssen, und das geschieht am besten schon sehr früh. Seit seinem frühen Wunsch, auf kleinen Schiffen große Verantwortung zu übernehmen, entwickelte Nimitz mehrere zentrale Managementgewohnheiten, die alle eng mit seinem Charakter verbunden waren.

Erstens konnte er, wie bereits erwähnt, hervorragend delegieren. Das verbesserte die Menschen und Organisationen, mit denen er zu tun hatte, indem fähige Kandidaten schnell identifiziert wurden und sich weiterentwickeln konnten. Und dabei wurde genauso schnell deutlich, wer die falsche Position innehatte. Effektiv delegieren zu können, bedeutet in erster Linie, das eigene Ego zu zähmen und zuzulassen, dass andere im Rampenlicht stehen. Dazu bedarf es eines großen Selbstvertrauens und eines inneren Gleichgewichts, das das Ego in Grenzen hält. Zweitens war Nimitz äußerst einfallsreich, kreativ und menschlich, was seinen Umgang mit den Menschen in seiner Umgebung anging. Sei es das alternierende Flottenkommando zwischen Halsey und Spruance, eine schnelle diskrete Vergebung von Fehlern oder die Versetzung von Leuten, die sich für ihren Posten als ungeeignet erwiesen, stets fand Nimitz Wege, aus allen das Beste herauszuholen und die Ineffizienzen und Ineffektivitäten innerhalb der Organisation zu minimieren. Und schließlich wusste Nimitz besser als die meisten Manager, wo seine Aufgabe endete und die seiner Vorgesetzten und Untergebenen anfing. Indem er vor jedem Gefecht den Plan und während des Gefechts Anweisungen kommunizierte, ließ er seinen Kommandeuren Raum, innerhalb der Vorgaben nach ihrem Ermessen zu kommandieren, und widerstand der Versuchung, per Funkbefehl Mikromanagement zu betreiben. Wenn es Nimitz in einigen der riskantesten Momente des Pazifikkriegs gelang, die Hände vom Radio zu lassen, dann können moderne Manager, die über einen wesentlich umfangreicheren Zugang zu den Mailboxen ihrer Mitarbeiter verfügen, eine Menge von der Selbstdisziplin dieses Admirals lernen.

Wie jeder weiß, der die heutigen Schlagzeilen liest, hat die Persönlichkeit einer Führungskraft größte Bedeutung. Insbesondere in der heutigen Medienlandschaft ist die Persönlichkeit ein grundlegender Baustein der Botschaft, die Führungskräfte aussenden. Zwar besteht die

Versuchung, die eigene Persönlichkeit von Emotionen steuern zu lassen, der Höhepunkt des charakterlichen Formats manifestiert sich jedoch in der Unterdrückung von Wut, Kleinlichkeit und impulsivem Verhalten zugunsten einer nüchternen, ruhigen Gemütsverfassung. Darin lag Nimitz' Genialität.

Die Persönlichkeit ist naturgemäß individuell unterschiedlich und oft bis zu einem gewissen Grad genetisch festgelegt. Allerdings kann ein Führer zunächst sich selbst und seine eigene Persönlichkeit kennenlernen und dann lernen, wie er sich in einer Organisation am besten einbringt. Die Welt ist immer noch voll von aufbrausenden Halseys, grüblerischen Spruances und cholerischen Kings, wobei jeder einzelne Persönlichkeitstyp etwas zum Gesamterfolg beitragen kann. Wie auch bei diesen drei Admiralen hängt der Gesamterfolg oft davon ab, dass jede Person in der richtigen Position eingesetzt wird, und vor allem von der Anwesenheit einer Person wie Nimitz, die als »Verbindungsglied und Puffer« zwischen den einzelnen Charakteren dienen kann. Zwar ist die Überwindung unserer Emotionen für uns alle eine Herausforderung, aber ein ruhiges, besonnenes Auftreten kann man lernen. Was meine eigene Person betrifft, hatte ich in meinen Zwanzigern mehr Probleme damit als in reiferen Jahren. Ich hatte das Glück, dass mein zweiter Kapitän auf meinem ersten Schiff, dem Zerstörer *Hewitt*, einen ruhigen, besänftigenden Charakter hatte, so wie auch der Offizier für taktische Operationsführung, den ich zutiefst bewunderte und nachzuahmen versuchte. Als ich schließlich selbst Kapitän eines Zerstörers war, sprach ich ganz bewusst mit der 350 Mann starken Besatzung über die Notwendigkeit, niemals die Contenance zu verlieren. Diese von negativen Emotionen befreite Atmosphäre zahlte sich sehr aus, als wir in vorgelagerten Präsenzeinsätzen (Forward Deployment) unter Druck gerieten.

Die Weiterentwicklung von Charaktereigenschaften, vor allem derart subtiler, wie sie Nimitz während des Zweiten Weltkrieges demonstrierte, nimmt ein ganzes Leben in Anspruch. Das Wichtige dabei ist, dass man ein gewisses Maß an Selbstwahrnehmung und Anstrengung auf sich nimmt, um sie zu fördern, wie Nimitz es in der US Navy von Anfang an getan hat. Vielleicht war er dazu vorherbestimmt, *primus inter pares* zu werden, allerdings war seine persönliche Weiterentwicklung weder zufällig noch prädestiniert. Außerdem ist er nicht das einzige

KAPITEL VII

Erfolgsbeispiel und er war auch nicht in jeder Hinsicht erfolgreich. Jeder Führer hat irgendeine Schwachstelle in seiner Persönlichkeit, und es gibt auch nicht den einen Führungsstil, der zu jeder Aufgabe passt. So kann man durchaus bezweifeln, ob King oder Nimitz Erfolg gehabt hätten, wenn ihre Rollen vertauscht gewesen wären – in Kings Position war ein rücksichtsloser, brutaler Antreiber nötig; für Nimitz' Aufgabe wurde ein versöhnlicher Kommunikator gebraucht. Und wir sollten auch die schlichte Tatsache anerkennen, dass praktisch alle Führer der damaligen Zeit große Schwierigkeiten gehabt hätten, auf Augenhöhe mit einer Frau oder einem Mitglied einer Minderheit zu arbeiten. Zwar war Nimitz insgesamt eine herausragende Führungskraft, dennoch stammte er aus einer Zeit, in der die Beiträge und Fähigkeiten von Frauen oder nichtweißen Bürgern nicht anerkannt wurden. Um auch noch lange nach der Nachkriegszeit erfolgreich zu sein, hätte er seinen Ansatz erheblich anpassen müssen. Der Punkt ist: Effektive Führer wissen, dass Persönlichkeit und Führungsstil keine statischen Dinge sind, und sind darauf vorbereitet, sich den veränderten Umständen anzupassen.

Nimitz war ein mitfühlender Führer, der »alles tat, um die Gefühle und den Ruf seiner Untergebenen zu schützen, auch wenn sie den Erwartungen nicht gerecht wurden«. Nimitz setzte extrem hohe Standards, aber, wie US-Präsident Ford betonte, er »vergaß nie, dass er es mit Menschen zu tun hatte«. Nimitz konnte sowohl mit gelegentlichen Fehlern – selbst mit großen Fehlern – von grundsätzlich kompetenten Leuten wie Halsey umgehen und die Würde und Leistungsfähigkeit derjenigen erhalten, die einfach »die Erwartungen nicht erfüllen konnten«, indem er sie schnell und diskret in Positionen versetzte, in denen sie erfolgreich sein konnten. Nimitz degradierte nur sehr selten und würdigte die Betroffenen nie herab. Tatsächlich scheute er nicht davor zurück, bei der Versetzung von Leuten in ungeeigneten Positionen in andere, die besser zu ihrem Kompetenzprofil passten, zu Beförderungen zu greifen.

Anstatt Abstriche bei seinen Standards zu machen, half ihm seine Diskretion während seiner gesamten Kommandantur, Vertrauen zu bilden. Alle Führungskräfte gehen mit Menschen um, aber nicht alle sind gute Menschenführer. Insbesondere heute, da Menschen und Organisationen zunehmend über den Globus verstreut und wesentlich stärker über digital vermittelte Botschaften organisiert sind als über den

DER ADMIRAL DER ADMIRALE

persönlichen Kontakt, müssen Führungskräfte viel Energie in die Bildung und Wahrung von Vertrauen investieren. In dieser Hinsicht wären sie gut beraten, über Nimitz' berühmtes Prinzip des »kalkulierten Risikos« nachzudenken: Nimitz vertraute darauf, dass seine Leute ihre bestmögliche Leistung gaben, und sie vertrauten umgekehrt darauf, dass er sie nicht degradieren und vor allem niemals herabwürdigen würde, wenn sie sich als fehlbare Menschen erwiesen.

Ich habe auf jeden Fall Fehler gemacht, was den Mangel an Diskretion angeht. Wie eines der berühmten Gesetze – das lange Gedicht »Laws of the Navy« – besagt (das von einem pensionierten britischen Admiral geschrieben wurde und das Midshipmen, die »Frischlinge« der US-Marineakademie, auswendig lernen müssen): *Take heed what you say of your seniors / Be your words spoken softly or plain / Lest the birds of the air tell the matter / And so ye shall hear it again.** Von Zeit zu Zeit habe ich indiskrete Kommentare abgegeben, und das ist immer auf mich zurückgefallen. Selbst als erfahrener Offizier mit meinem ersten Stern – einer Position, in der ich es besser hätte wissen müssen – äußerte ich eines Tages freimütige Kritik über meinen Drei-Sterne-Vorgesetzten, die ihm prompt zugetragen wurde. Das war direkt im Anschluss an den 11. September und ich war mir sicher, dass meine radikalen Veränderungsideen der US Navy zugutekommen würden, die Befehlskette aber einfach zu schwerfällig war und Dinge verschleppte. Mein Vorgesetzter rief mich in sein Büro (das von dem Terrorangriff noch nach Rauch roch) und las mir die Leviten, gab mir jedoch eine zweite Chance. Dennoch hörte er sich meine Ideen an und ich lernte dabei eine ganz einfache Lektion: Entweder man hat den Mut, sich direkt an seinen Vorgesetzten zu wenden und ihm seine Ideen vorzutragen, oder man hält besser den Mund. Es ist wesentlich besser, seine Meinung über andere für sich zu behalten und mit privaten und beruflichen Geheimnissen sorgfältig umzugehen. Das ist eine Charaktereigenschaft, die vielen fehlt, und zwar selbst ranghohen, erfahrenen Leuten. In der heutigen Welt der viralen Tweet-Botschaften ist diese Diskretion besonders empfehlenswert.

---

*   sinngemäß: Achte darauf, was du über deine Vorgesetzten sagst / mögest du zurückhaltend sprechen und schlicht / damit die Gerüchte deine Worte nicht weitertragen / sodass sie am Ende auf dich zurückfallen.

KAPITEL VII

Nimitz war ein ewiger Optimist, aber einer, der mit beiden Beinen fest auf dem Boden stand. Er war nie ein Cheerleader, der seine Seeleute mit Liebenswürdigkeiten überschüttete, aber auf seine stille Art und Weise tat er alles in seiner Macht Stehende, um das Positive in jeder Situation zu sehen, egal wie trostlos sie war. Alle Führer wissen, dass Überraschungen und Niederlagen nun einmal zum Leben dazugehören. Glücklicherweise muss kaum ein Führer eine ähnliche Niederlage verkraften wie die von Pearl Harbor, aber alle müssen irgendwann einen schweren Rückschlag verkraften. Das ist schon immer ein zentraler Aspekt meines Ansatzes gewesen und etwas, das ich von meinem Vater geerbt habe. Als Offizier bei den Marines nahm er an Gefechten auf der ganzen Welt teil, vom Ende des Zweiten Weltkrieges bis zum Vietnamkrieg, verlor aber nie seine optimistische Weltsicht. Wie ich zuvor schon erwähnt habe, ist Optimismus eine Charaktereigenschaft, die man entwickeln kann.

Nimitz wusste, dass das Verhalten einer Führungskraft maßgeblich bestimmt, wie sich ihre Untergebenen verhalten. Zwar offenbarte er seiner Frau und ein oder zwei verlässlichen Vertrauten seine großen Ängste, die er bei seiner Ankunft in Pearl Harbor verspürte, jedoch signalisierten seine Worte und Handlungen dem Team, das soeben den Schock des Jahrhunderts erlebt hatte, dass er seinen Männern vertraute. Damit konnte er die moralische Zersetzung aufhalten und die demoralisierten Männer wiederaufrichten. Das Ergebnis war eine schnelle Wiederherstellung der Entschlossenheit und Handlungsbereitschaft. Hätte Nimitz die Männer seines Vorgängers reihenweise entlassen, hätte er mindestens die ersten sechs Monate in seiner neuen Position gegen die Lernkurve gekämpft anstatt gegen den Feind.

So wichtig Optimismus in einer Krise auch ist, er sollte auch berechtigt sein. Ein Führer muss führen; um effektiv sein zu können, muss die Führung allerdings Glaubwürdigkeit besitzen. Pearl Harbor war eine äußerst schwere Krise; vorgetäuschter Optimismus wäre mindestens genauso schädlich gewesen wie Defätismus. Indem Nimitz auf die positiven Aspekte hinwies, nämlich die unzerstörten unterirdischen Treibstoffreserven und die überaus wichtigen Flugzeugträger auf See, konnte er seinen Leuten in einer äußerst heiklen Phase einen echten Grund zu neuer Hoffnung geben. Immer wieder besinne ich mich auf das stille Selbstvertrauen, die ruhige Art, die grenzenlose Zivilität und das scharfe Urteilsvermögen von Flottenadmiral Chester Nimitz zurück. Er legte die charakterliche Messlatte sehr hoch und bleibt ein echter Leitstern für die US Navy und die Nation.

Alle Zitate in diesem Kapitel sind dem folgenden Werk entnommen: E. B. Potter, *Nimitz* (Annapolis, MD: Naval Institute Press, 1976)

KAPITEL VIII

Der Meister des Zorns

ADMIRAL HYMAN RICKOVER

GEBOREN AM 27. JANUAR 1900 IN MAKÓW,
RUSSISCHES KAISERREICH (HEUTE POLEN)

GESTORBEN AM 8. JULI 1986 IN ARLINGTON,
VICTORIA

KAPITEL VIII

Im März 1974 kam es in der US-Marineakademie in Annapolis, Maryland, zu einem Ereignis von historischer Tragweite: Der Vier-Sterne-Admiral Hyman G. Rickover traf in seiner blauen Ausgehuniform der US Navy, an deren Ärmel ein breiter und drei etwas schmalere goldene Streifen prangten, auf dem Campus ein. Er war zur Einweihung der Rickover Hall erschienen, die ihm zu Ehren auf seinen Namen getauft worden war, und man hatte ihn offensichtlich davon überzeugt, ausnahmsweise die Uniform eines Vier-Sterne-Admirals anzulegen – wahrscheinlich auf direkte Anordnung des Marinestaatssekretärs John Warner. Das war die einzige allgemein bekannte Gelegenheit, bei der er diese Uniform trug, obwohl er bereits seit Jahren den Rang eines Admirals bekleidete.

Rickover war dafür bekannt, dass er es vermied, die Ausgehuniform zu tragen, und das aus mehreren Gründen. Erstens gefiel es ihm, gegenüber den anderen ranghohen Mitgliedern der »Marinearistokratie« darauf hinzuweisen, dass er sich nicht von ihren Konventionen einschränken ließ. Und zweitens hütete er gleichzeitig eifersüchtig seine zivile Position beim Energieministerium, wo er Forschung zur Kernenergie betrieb, und benutzte sie, um zwischen der US Navy, der Regierung und dem US-Kongress zu manövrieren. Und schließlich zog er einfach seine ausgebeulten unscheinbaren Anzüge und die übergroßen Hemden vor, weil sie einfach viel bequemer waren als die gestärkten weißen Uniformhemden, die bänderverzierten Uniformjacken und die Admiralsmütze mit ihrer üppigen Goldborte.

Jener Tag im März war meiner Erinnerung nach ziemlich merkwürdig, selbst für einen »Youngster« beziehungsweise Midshipman im zweiten Ausbildungsjahr wie mich. Zum einen schien der ehrwürdige Admiral, der mit seinen vier Sternen einen höheren Rang bekleidete als der äußerst beliebte Superintendent und Drei-Sterne-Admiral Bill Mack, nicht besonders glücklich zu sein. Während eines Großteils der Zeremonie blickte er sehr mürrisch drein, rang sich ab und an ein dünnes Lächeln ab, aber wirkte insgesamt eher unwirsch. Als Mitglied der ausgewählten Eskorte aus Midshipmen war es meine Aufgabe, hinter ihm und seiner zweiten Frau herzugehen, einer Kommandeurin des US

DER MEISTER DES ZORNS

Navy Nurse Corps*, die um einiges jünger war als Rickover. Ich versuchte, nicht in sein Blickfeld zu geraten.

Die Zeremonie offenbarte die zwiespältige Beziehung, die Admiral Rickover zu Annapolis hatte. Er war 1918 in die Marineakademie eingetreten und gehörte zum Abschlussjahrgang von 1922. Rickover war der Sohn eines armen, schmächtigen jüdischen Schneiders und Einwanderers, der über Ellis Island in die Vereinigten Staaten gekommen war. Vom ersten Tag an gab man ihm in Annapolis das Gefühl, er gehöre nicht dazu, und dieses Gefühl der Isolation und Distanz von der klassenbewussten Marine hielt während seines gesamten Lebens an. 56 Jahre nach Rickovers Ankunft in Annapolis an jenem Tag im März, an dem ich diese Legende zum ersten Mal persönlich erblickte, fiel mir vor allem auf, dass an einem Tag, an dem er sich im Herzen der US Navy geehrt und wertgeschätzt hätte fühlen müssen, der Zorn und der Groll, den er seit Jahrzehnten mit sich herumschleppte, allem Anschein nach seine Gefühle beherrschten. Zumindest hatte ich als junger Seekadett diesen Eindruck.

Am Ende diente Rickover in der Navy von 1918 bis 1982; es war die längste Amtszeit in der Geschichte der US-Marine. Er war fast 30 Jahre lang Flaggoffizier – auch das ein beispielloser Rekord. Rickover führte die US Navy in das Zeitalter des Nuklearantriebs, eine Neuerung, die mit Sicherheit genauso wichtig war wie die früheren Wechsel von Segel- zu kohlebefeuerten Dampfschiffen und von Kohle zu Öl. Dennoch konnte ich an jenem stürmischen Märztag bei dem Anblick des mürrischen Widerwillens, mit dem er die Ehrbezeugungen im Rahmen der Einweihungszeremonie entgegennahm, trotz seiner vielen Auszeichnungen und Erfolge keine Ehrfurcht, sondern nur Mitleid empfinden. Er tat mir leid wegen des Zorns, den er anscheinend in sich trug, und des Leids, das er so viele Jahre verspürt haben musste.

Rickover wurde 1900 (möglicherweise aber auch schon 1898, denn die Unterlagen der US Navy stimmen nicht mit dem Geburtsdatum überein, das einige Forscher gefunden haben) im Russischen Kaiserreich (im heutigen Polen) geboren, und zwar unter dem Namen Chaim (abgeleitet aus dem hebräischen Wort für »Leben«) Godalia Rickover. Im Jahr 1906

---

* Einheit des Sanitätsdienstes der US Navy (A.d.Ü.)

KAPITEL VIII

kam seine Familie auf der Flucht vor den antijüdischen Pogromen nach New York und zog von dort aus weiter nach Chicago, wo sein Vater Arbeit als Schneider fand und der junge Hyman, wie er nach einer Namensänderung nun hieß, schon im Kindesalter für einen mageren Lohn arbeiten musste. Im Jahr 1918 bekam er mithilfe der Fürsprache eines Kongressabgeordneten einen Platz an der Marineakademie und schloss seine Ausbildung im Jahr 1922 ab, wobei er es fast unter die hundert besten Absolventen seines Jahrgangs aus 540 Auszubildenden schaffte. Das war ein sehr guter Abschluss, aber kein Abschluss mit Prädikat.

Nach einer Dienstzeit auf dem Zerstörer *La Vallette* und dem Schlachtschiff *Nevada*, für die er eine gute Beurteilung erhielt, begann er ein Graduiertenstudium als Elektroingenieur an der Naval Postgraduate School und der Columbia University, wo er seine Frau Ruth kennenlernte, die ein Graduiertenstudium in Internationalen Beziehungen absolvierte. Im Jahr 1931 heirateten sie. Die Hochzeit schien der Auslöser für Rickovers Konvertierung vom jüdischen zum episkopalen Glauben zu sein, der »offiziellen« inoffiziellen Kirche der Admiralität. Er blieb sein Leben lang ein überzeugter Verfechter der Fächerkombination, die heute als STEM (*Science, Technology, Engineering, Mathematics* – Naturwissenschaften, Technologie, Maschinenbau, Mathematik) bezeichnet wird, und betonte im Verlauf seiner Karriere immer wieder, wie wichtig es sei, dass Marineoffiziere eine solide formale technische Ausbildung erhielten. (Seiner Meinung nach waren Fächer wie Sozialwissenschaften, Literatur, Geschichte und Politik eines formalen Studiums nicht würdig, denn man könne sich die notwendigen Kenntnisse durch privates Studium und Lektüre quasi »nebenher aneignen«.)

Der nächste Schritt war maßgeblich für seinen weiteren beruflichen Werdegang, und das war die Entscheidung, auf einem U-Boot zu dienen. Sie entsprang wahrscheinlich seinem Wunsch, sich in einem kleineren, stärker kontrollierten Umfeld zu bewegen, in dem er einen größeren Einfluss ausüben könnte. Obwohl er für den Wechsel von einem Überwasserzerstörer zu einem Diesel-U-Boot schon ein wenig zu alt war (er war damals 29 Jahre alt), wurde er von seinem ehemaligen kommandierenden Offizier der *Nevada* unterstützt, und so durchlief er Anfang der 1930er-Jahre die Ausbildung zum U-Bootfahrer und qualifizierte sich schließlich für das Kommando eines Diesel-U-Boots, obwohl er tatsächlich nie eines

DER MEISTER DES ZORNS

befehligen sollte. Seine Arbeit an der Übersetzung des Buches *Das Unterseeboot* des deutschen Admirals Hermann Bauer hatte einen erheblichen Einfluss auf die taktische Ausrichtung der US Navy.

Ende der 1930er-Jahre tauchte er kurz an die Oberfläche auf, um das Kommando (sein einziges Seekommando) über ein Minenräumboot an der China Station zu übernehmen. Nach nur drei Monaten wurde seiner Bewerbung um den Posten eines spezialisierten technischen Fachoffiziers stattgegeben und Ende 1937 kehrte er nach Washington zurück, um eine Stelle im Technischen Büro der US Navy anzutreten. Als spezialisierter technischer Fachoffizier konnte er es kaum erwarten, neue Ideen weiterzuverfolgen. Später sagte er einmal:»Gute Ideen setzen sich nicht automatisch durch. Sie müssen mit couragierter Ungeduld vorangetrieben werden.« In seiner neuen Position gehörte Rickover zur sogenannten *Restricted Line* – das sind Offiziere, die nicht für ein Kommando auf See zugelassen sind. Das bedeutete, er würde nie wieder ein Schiff befehligen können, jedoch oblagen ihm diverse Aufgaben, die mit dem Design, der Akquisition, dem Bau und der Reparatur von Schiffen und ihren Systemen zu tun hatten.

Nach dem Eintritt der Vereinigten Staaten in den Zweiten Weltkrieg wurde Rickover im Frühjahr 1942 nach Pearl Harbor beordert, um die Reparatur der schwerbeschädigten Kriegsschiffe zu unterstützen. Angesichts der vorgezogenen Beförderungen in Kriegszeiten erlangte er bereits im Juni 1942 den Kapitänsrang, arbeitete im weiteren Kriegsverlauf an verschiedenen wichtigen technischen Unterstützungspositionen und wurde schließlich mit der ersten von mehreren Verdienstmedaillen (»Legion of Merit«) ausgezeichnet. Im Verlauf seiner Karriere fühlte er sich von dem strengen Regelwerk der US Navy zunehmend verschlissen. Er sagte:»Mehr als der Ehrgeiz und die individuellen Fähigkeiten sind es die Regeln, die limitieren, was der Einzelne zu leisten vermag; Regeln sind der kleinste gemeinsame Nenner des menschlichen Verhaltens. Sie sind ein Ersatz für rationales Denken.«

Nach dem Krieg wurde Rickover zum Generalinspektor für die Westküstenflotte der Navy ernannt und arbeitete mit Feuereifer am Konzept des Nuklearantriebs. Rickover beherrschte jedes Element der Technologieentwicklung und sagte später in einer Rede an der Columbia University:»Ein Mann, der Verantwortung trägt, muss sich mit den Details

KAPITEL VIII

auskennen.« Das wurde zu seinem persönlichen Mantra und entwickelte sich schließlich zum philosophischen Kern der von ihm aufgebauten Behörde »Naval Reactors«, die für das Kernenergieprogramm der Marine verantwortlich war. In den unmittelbaren Nachkriegsjahren arbeitete er zunächst bei General Electric und wurde ins Oak Ridge National Laboratory in Tennessee entsendet, das im Mittelpunkt der Bemühungen der Navy stand, den Nuklearantrieb zu entwickeln. Bemerkenswerterweise gelang es ihm, die Navy von dem gewaltigen Potenzial des Nuklearantriebs zu überzeugen, der ein Auftauchen der U-Boote zur Ladung ihrer sauerstoffhungrigen Batterien erübrigen würde. Bis dahin hatten sämtliche U-Boote einen Dieselmotor und waren daher sehr eingeschränkt (und gefährdet), weil sie regelmäßig auftauchen mussten. Obwohl seine Pläne zunächst immer wieder zurückgewiesen wurden, beharrte Rickover unbeirrt auf seiner Vision nukleargetriebener Schiffe und U-Boote, für die sich auch sein U-Boot-Kamerad, der Fünf-Sterne-Flottenadmiral Chester Nimitz, aussprach.

Mit Unterstützung von Nimitz und des Marinestaatssekretärs John Sullivan wurde mit der USS *Nautilus* das erste nukleargetriebene U-Boot gebaut, das nach dem U-Boot in Jules Vernes Buch *Zwanzigtausend Meilen unter dem Meer* benannt war. Gelegentlich sagte Rickover, der eigentliche Vater des Nuklearantriebs der Marine (ein Spitzname, der ihm sehr gut gefiel) sei Marinestaatssekretär Sullivan. Unabhängig davon, wem der erste Verdienst gebührt, ist es schlicht und ergreifend eine Tatsache, dass die ultimative Entwicklung des Nuklearantriebs auf See von Hyman Rickover erdacht, entwickelt, angeführt und zur Reife gebracht wurde. Seine Arbeit in der Atomenergiekommission zwischen Ende der 1940er- bis Anfang der 1950er-Jahre war von grundlegender Bedeutung und maßgeblicher Ausgangspunkt für seine anschließende Karriere. In den 1950er-Jahren wurde er zum Leiter der Entwicklung nukleargetriebener U-Boote ernannt – eine Position, die seine einflussreiche Rolle in den folgenden drei Jahrzehnten zementierte. Die Atomenergiekommission stand unter ziviler Leitung und war komplett von der US Navy abgetrennt. Sie bot Rickover die Möglichkeit, seine Position als Leiter dieser Behörde zu nutzen, wollte er die Befehlskette der Navy umgehen – ein maßgebliches Element seines Erfolgs, das eines seiner Schlüsselprinzipien illustrierte. Seinen eigenen Worten zufolge »kann

DER MEISTER DES ZORNS

man die Voraussetzungen, die man für eine bestimmte Aufgabe mitbringen muss, nicht in einem Managementkurs erlernen. Die menschliche Erfahrung zeigt, dass es Menschen sind und keine Organisationen oder Managementsysteme, die Ergebnisse erzielen.« Die Einführung des Nuklearantriebs für Schiffe und U-Boote war ein Spiegelbild seiner Persönlichkeit und seiner ausgeprägten inneren Dynamik.

Im Jahr 1958 trug Rickover drei Sterne, und obwohl er praktisch immer und überall aneckte, gelang es ihm, seine Macht über das inzwischen prestigeträchtige Kernenergieprogramm der Navy vollkommen zu konsolidieren. Im Laufe der Jahre führte er allein fast 15 000 Bewerbungsgespräche. Er übernahm Verantwortung, wie er alles im Leben anpackte – mit verbissener Zielstrebigkeit. Über Verantwortung äußerte er sich einst folgendermaßen: »Sie können sie mit anderen teilen, aber deswegen wird Ihr Anteil nicht kleiner; Sie können sie delegieren, aber deswegen bleibt sie dennoch bei Ihnen. Wenn Sie legitimerweise Verantwortung tragen, können Sie sie weder durch Ausweichen noch durch Unwissenheit oder Schuldzuweisung auf andere abladen.« Weil Rickover die volle Last der Verantwortung spürte und sich stets auf die Kompetenz der Offiziere des Nuklearkorps konzentrierte, verbrachte er endlose Stunden mit der sorgfältigen Selektion der Kandidaten, die er in das Programm aufnahm.

Einige der Geschichten aus diesen Bewerbungsgesprächen sind von unschätzbarem Wert, weil sie den klassischen Rickover zeigen: zornig, unflätig, aufbrausend und vollkommen unberechenbar. Das meiste davon ist Stoff für Legenden und lässt sich kaum auf seinen Wahrheitsgehalt überprüfen. Eine Geschichte, die verifiziert wurde, stammt von Leutnant (später Konteradmiral) Paul Tomb, der mit Rickover sprach in der Hoffnung, er würde in das Kernenergieprogramm aufgenommen. Tomb teilte dem Admiral mit, sein Nachname werde »Tom« ausgesprochen. Trotzdem beharrte Rickover darauf, ihn während des gesamten Gesprächs mit »Toom« anzusprechen, obwohl der Leutnant mehrmals versuchte, die Aussprache seines Namens zu korrigieren. Auf die Frage, seit wann er sich für das Programm interessiere, antwortete Tomb: »Kaum dass die erste Atom ›boom‹ fiel, Admiral.« Er wurde angenommen. Viele andere Bewerber wurden dagegen abgelehnt, und das aus Gründen, die äußerst merkwürdig klangen – zum Beispiel wegen angeblich fehlender

KAPITEL VIII

Bereitschaft, die geplante Hochzeit zu verschieben, bis hin zur Verwandtschaft mit ranghohen Marineoffizieren. Einige Kandidaten machten nach dem Bewerbungsgespräch von sich aus einen Rückzieher. Es war mit Sicherheit eine »faszinierende Erfahrung«, wie es der zukünftige Stabschef für Marineoperationen, Elmo Zumwalt, ironisch beschrieb.

Von Zeit zu Zeit ließ Rickover die Bewerber auf einem Stuhl Platz nehmen, deren Vorderbeine halb abgesägt waren, sodass die Männer während des gesamten Gesprächs, das mehrere Stunden dauern konnte, vornübergebeugt saßen. Bei anderen Gelegenheiten wurden sie in das Büro des Admirals hinein- und hinausgezerrt, in kleine Schränke eingesperrt, sollten Mathematikaufgaben lösen, mussten sich von einer Gruppe erfahrener Kapitäne anschreien lassen oder wurden auf andere Weise schikaniert. Der rote Faden all dieser eigenartigen Auswahlmethoden bestand darin, die Bewerber in Stress zu bringen, ihre Reaktion zu beobachten – und dann über ihr Schicksal zu entscheiden. Rickover wollte damit die Offiziere herausfiltern, die auch unter großem Druck ohne Furcht oder Gunst von oben Leistung erbringen können. Einst sagte Rickover: »Eine freie Diskussion setzte eine Atmosphäre voraus, die frei von jeder Andeutung von Obrigkeit und Respekt vor Autorität ist. Wenn ein Untergebener seinem Vorgesetzten nach dem Mund redet, ist er für die Organisation nutzlos.« Rickover war geradezu besessen von der Suche nach den richtigen Kandidaten, weil er fest davon überzeugt war, dass der Nuklearantrieb die Marineoperationen sicherer machen würde.

Während seiner jahrzehntelangen Amtszeit als Direktor der Behörde »Naval Reactors«, der mächtigen Kernenergie-Behörde, konzentrierte sich Rickover vor allem auf die Reaktorsicherheit. Er sah korrekterweise vorher, dass selbst ein einziges signifikantes Strahlungsleck das Vertrauen der Öffentlichkeit in das Nuklearprogramm erschüttern konnte. Rickover konnte die Angst und Verwirrung der Öffentlichkeit in Bezug auf den Unterschied zwischen Nuklearwaffen und Nuklearantrieb nachvollziehen, auch wenn es buchstäblich unmöglich ist, einem Schiffsreaktor eine ausgewachsene Atomexplosion zu entlocken. Interessanterweise war er der einzige technische Fachoffizier, der die Behörde »Naval Reactors« leitete; alle Offiziere, die ihm in dieser Position nachfolgten – und die er fast alle für die Teilnahme am Nuklearprogramm persönlich ausgewählt hatte –, waren Linienoffiziere und U-Boot-Kommandeure.

DER MEISTER DES ZORNS

Ende der 1970er-Jahre begann Rickovers Einfluss trotz seiner Freundschaft zu mächtigen Politikern des Kongresses und seiner Streitkräfteausschüsse zu schwinden. Mit der Wahl von Ronald Reagan in das Amt des US-Präsidenten im Jahr 1980 bekam er mit dem Marinestaatssekretär John Lehman einen neuen jungen Opponenten. In seinen schonungslosen Memoiren *Command of the Seas* legt Lehman dar, was er als »Das Rickover-Problem« bezeichnete. Im Wesentlichen war er davon überzeugt, Rickovers Zeit sei vorbei, da er alle maßgeblichen Beiträge geleistet habe, und eigentlich sei er inzwischen nichts anderes als ein Fossil, das die Navy in ewiger Angst vor seinem explosiven Temperament hielt. Lehman betrachtete die Nuklearsparte korrekterweise als eine Art Elitetruppe innerhalb der Navy und befürchtete, ihr Ressourcenbedarf würde sein übergeordnetes Ziel untergraben, eine 600 Schiff starke Marine zu schaffen.

Im Jahr 1982 hatte Lehman, wie er fand, überzeugende Argumente gesammelt, um den Furcht einflößenden Admiral Rickover loszuwerden. Abgesehen von dessen vorgerücktem Alter und seinem ätzenden Umgang mit allen Menschen, die seinen Weg kreuzten, stand Rickover auch im Mittelpunkt eines schlecht durchgeführten U-Boot-Tests und trug die persönliche Verantwortung für den Verlust der Steuerfähigkeit des U-Bootes. Nur äußerst widerwillig ging Rickover nach 63 Dienstjahren als Vier-Sterne-Admiral, der unter 13 verschiedenen Präsidenten – von Woodrow Wilson bis Ronald Wilson Reagan – gedient hatte, in den Ruhestand. Die Geschichte, wie es dazu kam, ist unbezahlbar und sagt viel über Rickovers Charakter aus.

Im Januar 1982 war Rickover so wütend, dass seine Hände zitterten. Er vergrub sie in den Hosentaschen seines Anzugs, während er zum Weißen Haus fuhr. Dort traf er nur wenige Minuten vor dem neuen, jungen und gutaussehenden Marinestaatssekretär John Lehman ein. Die beiden Männer konnten sich nicht ausstehen und gaben sich schon lange keine Mühe mehr, ihre gegenseitige Abneigung zu verbergen. Während Rickover sich in den Warteraum des Oval Office begab, starrte der neue Marinestaatssekretär unwirsch und angespannt aus dem Fenster seiner Limousine und ging im Geiste das Skript durch, das er für die kurze Besprechung mit Präsident Reagan vorbereitet hatte. Das Ziel der Zusammenkunft war einfach: Der Präsident sollte Admiral Rickover für die

KAPITEL VIII

vielen Jahrzehnte, in denen er der Navy gedient hatte, danken und seine Pensionierung akzeptieren. Lehman hatte den Präsidenten davon überzeugt, dass dies der einzige Weg war, um die Schwierigkeiten zu überwinden, die mit Rickovers übergroßem Einfluss auf das umfangreiche Nuklearprogramm der Navy verbunden waren. Rickover dagegen hatte nicht die geringste Absicht, sich diskret zurückzuziehen, und war mit dem Plan in das Weiße Haus gekommen, das Treffen zu sprengen, den relativ unerfahrenen Marinestaatssekretär auf seinen Platz zu verweisen und klarzustellen, dass nur ein Mann das Nuklearprogramm der Navy leiten konnte – er, Rickover. Es sollte ein explosives Meeting werden.

Nachdem sie den Sicherheitscheck passiert hatten – in den lang vergangenen, unschuldigen Zeiten vor dem 11. September war das noch eine kurze Sache –, wurden der Marinestaatssekretär und der Admiral ins Weiße Haus und dann ins Oval Office geleitet. An diesem Punkt seiner Präsidentschaft war Reagan noch wie die Sonne, die auf seine Besucher scheint – ein breites, offenes und aufrichtiges Lächeln, ein fester, freundlicher und selbstsicherer Händedruck. Die drei Männer setzten sich um den Couchtisch vor dem Schreibtisch des Präsidenten, und Marinestaatssekretär Lehman begann sein gut einstudiertes Plädoyer, dankte Admiral Rickover für seinen Dienst über so viele Jahrzehnte und seine huldvolle Entscheidung, in den Ruhestand zu gehen. Rickover rutschte ein wenig auf seinem Stuhl herum, bis Lehman dem Präsidenten den Ball zuwarf und eine kurze Gesprächspause entstand.

Bevor Präsident Reagan die Gelegenheit hatte, Lehmans Worte aufzugreifen und seine eigenen präsidialen Dankesworte auszusprechen, feuerte der bejahrte Admiral eine Breitseite ab. Er ließ den Präsidenten wissen, er denke gar nicht daran, in den Ruhestand zu treten, und sei nur in das Oval Office gekommen, um darum zu bitten, direkt für den Präsidenten arbeiten zu dürfen. Seine Stimme wurde immer eindringlicher und höher, als er sagte: »Dieser kleine Scheißer [dabei deutete er auf Lehman] hat überhaupt keine Ahnung von der Navy. Er ist ein gottverdammter Lügner; er weiß genau, dass er nur die Arbeit der Auftragnehmer macht.« Reagan war völlig verdattert über diese unerwartete Wendung der Ereignisse.

An diesem Punkt kam Lehman die unangenehme Erkenntnis, dass er Reagans Stabschef James Baker und seinen eigenen Vorgesetzten,

DER MEISTER DES ZORNS

den Verteidigungsminister Caspar »Cap« Weinberger, persönlich dazu überredet hatte, diese Besprechung anzuberaumen. Beiden hatte er versichert, der Admiral habe sich in sein Schicksal gefügt und sei bereit, in den Ruhestand zu gehen. Alles war arrangiert, einschließlich des Angebots an Admiral Rickover, als Sonderassistent des Präsidenten für nukleare Fragen zu fungieren mit lebenslangem Recht auf ein Büro auf dem Navy Yard, eine Sekretärin und einen Dienstwagen.

Rickover war aber einfach nur wütend über die schlechte Behandlung. Er begann, den Präsidenten buchstäblich anzuschreien: »Sind Sie überhaupt ein Mann? Können Sie keine eigenen Entscheidungen treffen? Was wissen Sie überhaupt über dieses Problem? Diese Leute lügen Sie an. Glauben Sie nicht, dass bereits über Sie gesprochen wird? Es heißt, Sie seien zu alt und Ihrer Aufgabe außerdem nicht gewachsen.« Diese Tirade setzte sich noch einige lange Minuten fort, bis Rickover irgendwann die Luft ausging und er dem Präsidenten sagte: »Ach, lassen wir den Quatsch.« Dann verlangte er ein Gespräch unter vier Augen. Lehman erinnerte sich, dass er in diesem Augenblick dachte, Reagan wirke relativ kräftig und wüsste sich wahrscheinlich zu wehren, falls es zu einem Handgemenge käme.

Später erklärte er, in diesem Moment habe er sich nur mit größter Mühe beherrschen können, um nicht über den Couchtisch zu springen und den offenbar verrückt gewordenen Admiral zu erwürgen. Die Besprechung wurde immer chaotischer und schließlich bekam Rickover, was er wollte – ihm wurde ein 20-minütiges Vier-Augen-Gespräch mit dem Präsidenten der Vereinigten Staaten gewährt, während Marinestaatssekretär Lehman, der Stabschef und der Verteidigungsminister vor der Tür des Oval Office ausharrten. Mit jeder Minute, die verstrich, fühlte Lehman, wie ihm die Sache entglitt. Niemand weiß genau, was in diesem Vier-Augen-Gespräch besprochen wurde, aber alle sind sich einig, dass Reagan tat, was Reagan am besten konnte – erhitzte Gemüter besänftigen. Rickover verließ das Weiße Haus vermutlich in dem Glauben, er habe noch eine Chance, seinen Job zu behalten. Die Mühlen der Bürokratie mahlten jedoch unbeirrbar weiter, und am Ende war sein Schicksal besiegelt, trotz einiger Unterstützung aus dem Kongress und seiner eigenen unbeirrten Entschlossenheit, weiterzumachen. Lehman wurde klar, dass der Kampf um Rickovers Entfernung schwerer werden würde, als er angenommen hatte, und vor allem, dass die auf Nuklearenergie fokussierte Kultur der Navy, die Rickover entwickelt hatte, auch ohne ihn weiterexistieren würde. Am Ende ging Admiral Rickover tatsächlich in den Ruhestand; sein Einfluss setzte sich jedoch viele Jahrzehnte nach seinem Tod fort und ist bis zum heutigen Tag zu spüren.

Trotz der außergewöhnlichen Leistung, die US Navy in das Zeitalter der Nuklearenergie führen, war Rickovers Karriere jedoch alles andere als perfekt. Unter anderem gab es wegen ethischer Verfehlungen verschiedene Ermittlungen gegen ihn (er hatte von mehreren Auftragnehmern Geschenke im Wert von mehr als 60 000 Dollar angenommen – ein Vergehen, für das er eine schriftliche Abmahnung erhielt). Am Ende erfuhr er jedoch die einzigartige Ehre, dass zu seinen Lebzeiten ein atomgetriebenes Jagd-U-Boot nach ihm benannt wurde. Das Kriegsschiff USS *Hyman G. Rickover* (SSN-709) wurde 1984, zwei Jahre vor Rickovers Tod, in Dienst gestellt. Passenderweise beherbergt die massive Rickover Hall der U-Marineakademie heute die technischen Disziplinen Maschinenbau, Meerestechnik, Elektrotechnik und Luft- und Raumfahrttechnik. Im Jahr 1980, als sich Rickover noch im aktiven Dienst befand, wurde ihm zudem die Freiheitsmedaille (Presidential Medal of Freedom) verliehen. Außerdem wurde er 1958 und 1982 mit der Goldmedaille des Kongresses (Congressional Gold Medal) ausgezeichnet.

Anfang der 1980er-Jahre verschlechterte sich sein Gesundheitszustand, wenngleich er noch gelegentlich öffentlich auftrat, begleitet von seiner zweiten Frau Eleonore Bednowicz, Kommandeurin des US Navy Nurse Corps a.D. Rickover ist auf dem National Cemetery in Arlington, Virginia, neben seiner ersten Frau Ruth Masters beigesetzt, die 1972 verstarb.

Was trieb ihn an? Niemand hat je härter gearbeitet als Hyman Rickover. Jede Biografie, jeder Untergebene, jeder Offizier und jeder Regierungsbeamte, der ihn traf, jeder Pressebericht und auch sein Nachruf – alle erwähnen als Erstes seine Arbeitsmoral. Diese manifestierte sich nicht nur in der schieren Zahl an Arbeitsstunden, die er leistete, sondern auch darin, dass er neben seiner verbissenen Konzentration auf seine Arbeit und seine beruflichen Ziele keinerlei Hobbys oder Interessen pflegte. Welches ist der Ursprung dieser ausgeprägten Arbeitsmoral? Ein gewisser Teil ist mit Sicherheit auf seinen Charakter, aber auch auf seinen

DER MEISTER DES ZORNS

Einwanderungshintergrund zurückzuführen. In seiner Familie, die zu Beginn des vergangenen Jahrhunderts in die Vereinigten Staaten geflohen war, gehörte harte Arbeit zur Erziehung dazu. Das war zum einen der baren Notwendigkeit geschuldet, denn die Familie Rickover lebte in einem armen Viertel von Chicago, aber auch der Überzeugung – die von vielen Amerikanern geteilt wurde –, dass harte Arbeit ein moralisches und ethisches Gebot ist und Fleiß und Anstrengung zu Erfolg führen.

Ist die Wertschätzung harter Arbeit etwas, das wir als tragende Säule unseres Charakters entwickeln können? Bis zu einem gewissen Grad, ja. Natürlich spielen die äußeren Umstände eine Rolle, das heißt, in eine Familie geboren zu werden, in der einerseits die eindeutige Notwendigkeit zu harter Arbeit besteht, die Fleiß und Anstrengung aber auch als moralisch-ethische Tugenden betrachtet. Letzteres hat allerdings keineswegs allein mit dem sozioökonomischen Status zu tun. Ich habe unter Abkömmlingen sehr reicher Familien sowohl sehr fleißige als auch äußerst faule und selbstzufriedene Menschen erlebt. Unter den Seeleuten, mit denen ich zusammengearbeitet habe, gab es Männer, die sehr fleißig waren und hart angepackt haben, aber auch echte Müßiggänger. Fleiß als Charaktereigenschaft zu entwickeln, ist eigentlich ganz einfach: Man sollte sich einen Beruf aussuchen, den man wirklich gerne ausübt. Rickover liebte seine Arbeit; zuerst erprobte er sich auf Überwasserschiffen, dann auf U-Booten und schließlich fand er seine berufliche Heimat in der Technik. Jeder von uns, der sein Leistungsbedürfnis ausleben möchte, sollte sich als Erstes eine Arbeit suchen, die persönlich befriedigend ist, unabhängig davon, wie die Welt sie beurteilt. Als Zweites sollte man sich Vorbilder suchen, die große Anstrengungen unternommen haben, um eine herausragende Leistung zu erzielen. Lebensgeschichten von Menschen wie Hyman Rickover zu lesen und die Intensität seiner Anstrengungen nachzuempfinden, kann inspirierend sein. In der Nuklearsparte der US Navy sagt man übrigens, »*nuke it out*«*, um zum Ausdruck zu bringen, dass jemand nichts unversucht lässt, um erfolgreich zu sein – ein Vermächtnis des jähzornigen Admirals und Begründers des Nuklearprogramms. Und schließlich bildet es den Charakter, wenn man im Team einer Führungskraft dient, die aus

---

*   in etwa: »atomisieren« (A.d.Ü.)

KAPITEL VIII

Überzeugung und mit Entschlossenheit hart arbeitet. Dafür brauchen Sie einen Vorgesetzten, der sich Tag für Tag noch härter ins Zeug legt als Sie. Als Drei-Sterne-Admiral arbeitete ich mehr als zwei Jahre als Senior Military Assistant des Verteidigungsministers Donald Rumsfeld. Er hatte die gleiche Arbeitsmoral wie Rickover. Bevor ich diese Position antrat, hatte ich mich für jemanden gehalten, der hart arbeitet. Nachdem ich Verteidigungsminister Rumsfeld zwei Jahre lang bei der Arbeit beobachtet hatte, wurde mir klar, dass ich mich noch wesentlich mehr anstrengen musste, wenn ich etwas für meine Nation und die Navy bewirken wollte. Die Beschäftigung mit dem Leben von Hyman Rickover und der Zeit, die er prägte, wird diese wichtige Charakterlektion für jeden verstärken.

Jeder einzelne der in diesem Buch porträtierten Admirale war in irgendeiner Hinsicht visionär. Jeder stellte seine Fähigkeit unter Beweis, die Zukunft vorwegzunehmen, ihre Komplexitäten zu erkennen und einen Kurs zur Erreichung eines Ziels oder zur Vermeidung einer Katastrophe zu bestimmen. Einigen gelang das auf taktischem Gebiet (wie Lord Nelson mit seinen Kampftaktiken), andere waren eher geopolitische Strategen (man denke an Themistokles' diplomatisches Geschick und die Art und Weise, wie er sich das Meer gegen die Perser zunutze machte). Mehrere waren Innovatoren in technischer Hinsicht, darunter Flottenadmiralin Grace Hopper und Admiral Elmo Zumwalt, über den ich in Kürze sprechen werde.

Die Idee, Kernenergie auf Schiffen einzusetzen, ist an und für sich verrückt. Die Schwierigkeit, eine solche Technologie auf relativ begrenztem Raum unterzubringen, die Notwendigkeit, die Seeleute, die die Systeme bedienen und über den Reaktoren lebten, aßen, atmeten und schliefen, zu schützen, die enormen potenziellen Gefahren für die Umwelt (nicht nur für die Ozeane, sondern auch für das Leben an der Küste), falls es zu einem Reaktorschaden käme – all das wären für jeden vernünftigen Menschen Gründe für eine Ablehnung dieser Technologie gewesen. Rickover sah jedoch ganz richtig voraus, dass die Nuklearenergie umwälzende Veränderungen herbeiführen würde, was die globale Einsatzfähigkeit der riesigen Seeflotte (insbesondere der U-Boote) betraf. Bei genauer Betrachtung der geopolitischen Lage, wie sie sich nach dem Zweiten Weltkrieg darstellte, erkannte er die Notwendigkeit, auf globaler Ebene ein militärisches Gegengewicht zur erstarkenden sowjetischen

DER MEISTER DES ZORNS

Flotte zu bilden. In Bezug auf die Charakterbildung lautet die interessante Frage, wie eine Führungskraft ihre Vision dazu nutzt, um Untergebene, Kollegen und Vorgesetzte zu motivieren und zu inspirieren. Trotz seiner wenig charismatischen Persönlichkeit und seines ungeschickten zwischenmenschlichen und öffentlichen Kommunikationsverhaltens gelang es Rickover, seine Vision überzeugend zu kommunizieren und die Entwicklungen voranzutreiben. Diese Fähigkeit war eine der tragenden Säulen seines Charakters. Die andere war eine sehr ausgeprägte hohe Arbeitsmoral und eine ebenso starke Eigenmotivation. Niemand hat je mehr und härter gearbeitet als Hyman Rickover.

Leider passiert es oft, dass Führungskräfte eine Vision haben, aber nicht in der Lage sind, sie erfolgreich umzusetzen. Auch ich habe da meine Erfahrungen. Als frisch ernanntem Vier-Sterne-Admiral wurde mir der Oberbefehl über das Südliche Kommando der Vereinigten Staaten (SOUTHCOM) übertragen, das im Wesentlichen alle Operationen in der Luft, zu Wasser und zu Land südlich der Vereinigten Staaten umfasst. Meine Vision, von der ich nach wie vor überzeugt bin, lautete, dass wir niemals in Lateinamerika oder der Karibik Krieg führen würden. Daher wollte ich das Kommando unbedingt von seinem vom Kalten Krieg bestimmten Fokus, jederzeit auf eine Invasion der Insel Kuba vorbereitet zu sein, befreien und eine internationale, interinstitutionelle öffentlich-private Einrichtung schaffen, die auf humanitäre Einsätze, medizinische Diplomatie, Drogenbekämpfung, Rechtsstaatlichkeit und andere Bereiche der »weichen Machtausübung« fokussiert. Ich hatte Macht und eine Vision und versuchte, diese Idee meinem Vorgesetzten, dem Verteidigungsminister Bob Gates, schmackhaft zu machen. Gates unterstützte mich, wenngleich er skeptisch war. Leider fehlten mir zwei Dinge, die Admiral Rickover hatte – ein langer Zeithorizont und das Gespür, wie sich gewährleisten ließ, dass eine unflexible, rückwärtsgewandte Bürokratie meine Arbeit nicht wieder rückabwickeln würde. Während ich das Südliche Kommando verantwortete, richtete ich die Organisation völlig neu aus, schuf eine neue Kultur, überwand interne und externe Einwände gegen mein neues Konzept ... und dann wurde ich zum NATO-Oberbefehlshaber für Europa ernannt. Im 5000 Meilen entfernten Brüssel konnte ich mitverfolgen, wie mein Nachfolger alles, was ich bis dahin erreicht hatte, auseinandernahm und rückabwickelte und das

181

Südliche Kommando wieder zu dem machte, was es vorher gewesen war. Die Lektion, die ich dabei lernte: Ohne Beharrlichkeit und bürokratisches Geschick ist eine Vision nicht stark genug, um die entsprechenden Veränderungen tief und dauerhaft zu verankern. Außerdem benötigt man zur Umsetzung außergewöhnliche Charakterstärken – vor allem strategische Geduld. Rickover besaß diese eigentümliche Mischung aus *taktischer Ungeduld* bis hin zu dem Punkt, wo sie in echten Jähzorn umschlug, und enormer *strategischer Geduld*, um beharrlich eine langfristige Vision umzusetzen – eine äußerst seltene Kombination an Charaktereigenschaften, die sich sehr zu seinem Vorteil auswirkten.

Die universelle maßgebliche Lektion lautet, dass Visionskraft eine wichtige Eigenschaft ist. Ob Sie der geborene Visionär sind (davon gibt es nicht viele) oder einfach diesen Aspekt Ihres Charakters verbessern wollen, die Fähigkeit zur Entwicklung einer Zukunftsvision ist etwas, das man üben kann. Zunächst einmal, und das liegt auf der Hand, ist es wichtig, in langfristigen Zeiträumen zu denken. Das gilt sowohl für das Privatleben (Vorsätze zum Beginn eines neuen Jahres, finanzielle Fünf-Jahres-Pläne, die Einrichtung eines Trusts und das Abfassen eines Testaments) als auch das Berufsleben (die bewusste persönliche Zielsetzung bei einem Projekt, das Definieren und Kommunizieren dieser Ziele an Mitarbeiter und die Erfolgsmessung). Auch die bewusste Beschäftigung mit der allgemeinen Frage, wohin die Welt steuert, ist wichtig – zum Beispiel indem man Bücher und Zeitschriften liest, die sich mit langfristigen Zukunftsszenarien beschäftigen – zum Beispiel George Friedmans Buch *Die nächsten hundert Jahre* oder die jährlichen Sonderhefte der Zeitschrift *The Economist*, die sich zukunftsweisenden Themen widmen. Auch eigene Beiträge über Zukunftsszenarien zu verfassen oder einen Vortrag zu halten, ist für die Kristallisierung einer Vision wichtig. Ob Sie im Rahmen einer Abendgesellschaft sprechen oder vor einem großen Publikum, ob Sie einen Artikel in Ihrer örtlichen Zeitung veröffentlichen oder einen Online-Blog betreiben, Ihre Meinung auf Twitter kundtun oder ein YouTube-Video posten – wenn Sie Ihre Vision teilen, verbessern Sie Ihre Visionskraft. Eine langfristige Perspektive hilft uns zudem über die tagtäglichen Frustrationen und Turbulenzen hinweg. Auf lange Sicht sind wir natürlich alle irgendwann tot, aber wenn wir uns auf eine Zukunftsvision konzentrieren – sowohl auf persönlicher als auch auf lokaler, nationaler oder globaler Ebene –, gewinnen wir Ruhe und innere Sammlung, werden zu besseren Familienmitgliedern, Freunden und Kollegen und können hoffentlich bedeutsame Beiträge zum Gemeinwohl leisten.

Und schließlich müssen wir uns damit auseinandersetzen, dass unsere Vision möglicherweise falsch ist, auch wenn das möglicherweise kontraintuitiv ist. Das bedeutet, dass wir unsere Vision während der Umsetzung ständig hinterfragen müssen, um sicherzustellen, dass sich die Umstände nicht verändert haben, und dass wir damit rechnen, dass die der Vision zugrunde liegenden Fakten unzutreffend sind. Admiral Rickover sagte: »Seine eigenen wichtigsten Prinzipien zu hinterfragen, zeichnet den zivilisierten Mann aus. Verteidigen Sie keine vergangenen Handlungen; was heute richtig erscheint, könnte morgen schon falsch sein. Seien Sie nicht unbeirrbar; Unbeirrbarkeit ist die Zuflucht der Dummen.« Die große Kunst des Visionären besteht darin, die richtige Balance zu finden zwischen der Formulierung einer Vision und ihrer praktischen Umsetzung, also ihrer zielstrebigen Verfolgung einerseits und ihrer ständigen Anpassung und Aktualisierung andererseits. Rickovers Genialität lag darin begründet, dass er diese Balance immer wieder fand.

In der antiken chinesischen Mythologie gibt es den Regengott Yushi, auch als »Meister des Regens« bezeichnet. Er stand für die launische Natur des Wetters. In vielfacher Hinsicht betrachte ich Admiral Rickover als Meister des Zorns. Er benutzte seinen Zorn als eine Art psychologischen Regen, wobei es ihm darum ging, aus der Anspannung und dem Druck, den er auf seine Untergebenen »niederregnen« ließ, Wachstum zu erzeugen. Und wie ein Regengott war er derjenige, der das Zepter in der Hand hielt. Allerdings war er auch ungeheuer launisch und unberechenbar. All das wirft die Frage auf, ob der Zorn in Hinblick auf Führung und Charakter eine wichtige Rolle spielt.

Jeder, der schon einige Zeit auf dieser Erde verbracht hat, hat wohl irgendwann einmal mit einer schwierigen Führungskraft zu tun gehabt. In meinem Fall war es der erste kommandierende Offizier, dem ich Ende der 1970er-Jahre diente. Er hatte ein geradezu titanisches Temperament, fand dumme Menschen schier unerträglich und war oft sarkastisch, um seinen Untergebenen auf einem neuen Zerstörer eine Reaktion zu entlocken. Zwar gab es durchaus Zeiten, in denen mir sein jähzorniges Naturell zu schaffen machte, nichtsdestotrotz war mir klar, dass sein Zorn eher der Ungeduld entsprang, wichtige Ergebnisse zu erzielen – eine erfolgreiche Suche nach einem sowjetischen U-Boot, korrekte, verzögerungsfreie Kommunikationsverfahren, ein exakt ausgeführtes taktisches Schiffsmanöver in sehr enger Formation mit anderen schnellen US-Kriegsschiffen. Die Griechen, vor allem die kriegerischen Spartaner aus der Antike, sagten bei der Geburt eines Kindes oft:»Mögen die Götter meinem Kind das Geschenk des Zorns gewähren.« Zorn kann ein Katalysator sein, der Untergebene (oder Kollegen, gelegentlich auch Vorgesetzte) zu besseren Ergebnissen antreibt. Admiral Rickover war oft zornig, angefangen bei den Bewerbungsgesprächen mit eingeschüchterten Seekadetten bis hin zur vehementen Ablehnung der Autorität formaler Vorgesetzter wie dem Marinestaatssekretär oder dem Energieminister. Die Frage, die es im Hinblick auf die Rolle des Zorns für die Charakterbildung und die Ergebniserzielung zu beantworten gilt, hat sowohl eine moralische als auch eine pragmatische Dimension.

Moralisch betrachtet ist zorniges Verhalten (man könnte es auch als extreme, äußerlich sichtbare Ungeduld bezeichnen) ein Versagen. Oftmals ist es lediglich Ausdruck einer mangelnden Selbstdisziplin, die sich eine Person, die mit formaler Macht ausgestattet ist, gegenüber ihren Untergebenen erlaubt – ein simples Ventil für die eigene Anspannung, aber keine klinisch angewendete Technik mit dem Ziel einer systematischen Leistungsverbesserung. Zorn verletzt grundlegende Anstandsregeln und erzeugt entweder sklavische Unterwerfung oder heimlichen inneren Groll, der irgendwann offen zutage tritt. Zorn setzt eine Verhaltenskette in Gang, die völlig falsche Anreize gibt und oft zu einem Negativkreislauf aus schlechtem Verhalten führt. Ähnlich wie das Schikanieren von Neuankömmlingen, wie es in Studentenverbindungen und an Militärakademien üblich ist, entsteht daraus oft eine moralische Kettenreaktion nach dem Motto:»Ich wurde schikaniert, also werde ich auch andere schikanieren.« Auch wenn Zorn zuweilen als Führungstechnik verbrämt wird, versagt er in moralischer Hinsicht. Was die pragmatische Dimension betrifft, ist die Frage nach der Rolle des Zorns in Bezug auf Führung und Charakterbildung schwieriger zu beantworten. Jeder zornige Führer, den ich kennengelernt habe, kann

DER MEISTER DES ZORNS

auf Untergebene verweisen, aus denen »nie etwas geworden wäre, wenn ich ihnen nicht durch harte Bandagen, Zorn und Ungeduld ihre Fehler aufgezeigt hätte«. Und ich muss zugeben, dass einige Untergebene selbst an diese Vision glauben. Wiederholt haben mir Anhänger von Admiral Rickover versichert, durch seinen Zorn und seine Ungeduld seien sie wesentlich bessere Menschen geworden. Letztlich ist dies eine sehr persönliche Frage, die sich jede Führungskraft stellen muss; sie hängt unmittelbar mit den Führungsqualitäten und dem Charakter zusammen.

Bei der Suche nach unserer eigenen charakterlichen Ausgewogenheit müssen wir uns fragen, ob wir Zorn und Ungeduld wirklich als Führungsinstrumente einsetzen. Oder müssen wir uns eingestehen, wenn wir spätabends die Ereignisse des Tages Revue passieren lassen, dass es uns einfach eine gewisse Befriedigung verschafft hat, Untergebene, die sich aufgrund ihrer untergeordneten Stellung kaum wehren können, anzuschreien, mit Sarkasmus zu behandeln und zu unterdrücken? Wenn ich ehrlich bin, habe ich bei den Gelegenheiten, bei denen ich selbst die Haltung verloren und meinem ungezügelten Zorn und meinen Machtgelüsten freien Lauf gelassen habe, letztlich das Bedürfnis verspürt habe, mich von meiner Furcht, meiner Anspannung und meinen Versagensängsten zu befreien, weil ich zugelassen hatte, dass mir ein Untergebener nahe kam. Wenn wir Admiral Rickover den Vertrauensvorschuss gewähren wollen, würde ich schlussendlich sagen, dass er Zorn und Ungeduld als Mittel einsetzte, um wirklich wichtige, große und bedeutende Ergebnisse zu erzielen, von denen das größte eindeutig die Einführung des Nuklearantriebs für Schiffe und U-Boote im Dienste seiner Nation war. Aber hat er Zorn und Ungeduld bewusst als Führungsinstrument eingesetzt? Oder handelte es sich eher um eine Charakterschwäche, die er nicht kontrollieren konnte? Er war kein sehr selbstreflektierter Mensch (um es milde auszudrücken), und ich bin nicht sicher, ob irgendjemand in der Lage ist, diese Frage in seinem Namen zu beantworten. Ich habe den Verdacht, dass dieser kleine, komplizierte, energiegeladene, absolut brillante Führer Zorn ganz bewusst einsetzte, um Ergebnisse zu erzielen. Seine Furcht einflößenden Wutausbrüche erfüllten aber auch ein dunkles Bedürfnis in seinem Herzen. Er war der Meister des Zorns und zugleich eine brillante Führungspersönlichkeit.

KAPITEL VIII

Alle Zitate von Admiral Rickover sind dem folgenden Werk entnommen: Konteradmiral Dave Oliver (a.D.), *Against the Tide: Rickover´s Leadership Principles and the Rise of the Nuclear Navy* (Annapolis, MD: Naval Institute Press, 2014)

KAPITEL IX

Der Reformer

ADMIRAL ELMO R.
»BUD« ZUMWALT JR.

GEBOREN AM 29. NOVEMBER 1920 IN SAN FRANCISCO, KALIFORNIEN

GESTORBEN AM 2. JANUAR 2000 IN DURHAM, NORTH CAROLINA

KAPITEL IX

ls ich mich im Frühjahr 1999 als frisch ernannter Executive Assistant und Senior Naval Aide – eine Art leitender Assistent und Chefberater – des Marinestaatssekretärs Richard Danzig an meinem Schreibtisch im legendären Ring E* des Pentagons niederließ, seufzte ich laut. Nachdem ich in San Diego den Dienst auf See als Kommodore des Zerstörergeschwaders 21 aufgegeben hatte, vermisste ich nicht nur das Rollen eines Zerstörers unter meinen Füßen, sondern auch das aufregende Gefühl, 2500 Offiziere und Seeleute auf den acht Schiffen unter meinem Kommando zu führen. Kurzum, ich bedauerte mich selbst, weil ich ein erhabenes Seekommando gegen das Kommando über einen Schreibtisch eingetauscht hatte.

Das Einzige an meinem neuen Job, was meine Stimmung ein wenig aufheiterte, waren die herausragenden Eigenschaften des Marinestaatssekretärs, dem ich von nun an dienen würde: Richard Danzig war ein brillanter, promovierter Rhodes-Stipendiat und ausgezeichneter Jurist, der soeben seine vierjährige Amtszeit als Marineunterstaatssekretär beendet hatte. Außerdem war er freundlich, großzügig, witzig und ein erstklassiger Innovator. Ich wusste, dass ich in meiner neuen Stellung viel lernen würde. Der Blick auf die Fotos früherer Executive Assistants an der Wand neben meinem Schreibtisch trug ebenfalls dazu bei, meine melancholische Stimmung zu heben – eine beeindruckende Galerie an hartgesottenen Offizieren, von denen die meisten später Admiral werden sollten. Ich war verhalten optimistisch, dass ich den gleichen Karriereweg einschlagen würde. Allerdings kann man auf der Karriereleiter im Pentagon leicht in Stolpern geraten, außerdem war ich kein typischer Ring-E-Repräsentant, denn ich hatte zu viele kontroverse Artikel veröffentlicht und auch nicht die imposante Körperstatur, die Admirale üblicherweise besitzen.

Während ich mich umsah und versuchte, mich auf die positiven Aspekte meines neuen Jobs zu konzentrieren, platzte ein aufgeregter Mitarbeiter herein, dicht gefolgt von einem heiter wirkenden älteren Herrn in einem tadellos geschnittenen Anzug. »Sir, Admiral Zumwalt

---

* Jede Seite des Pentagons besteht aus parallelen Gebäudereihen, die als Ringe bezeichnet werden. Die Büros im Außenring E haben Gartensicht und stehen üblicherweise ranghohen Führungskräften zu. (A.d.Ü.)

DER REFORMER

ist hier und möchte kurz bei Ihnen vorbeischauen«, war alles, was der Assistent herausbringen konnte, bevor ich aufsprang, um meinen Besucher zu begrüßen. Er hatte ein angenehmes Lächeln, allerdings waren das Erste, was meine Aufmerksamkeit fesselte, seine buschigen Augenbrauen – ein visuelles Markenzeichen, an das ich mich gut aus der Zeit erinnern konnte, als Zumwalt der ranghöchste Offizier der Navy war und ich gerade erst meine Ausbildung in Annapolis begonnen hatte.

Ich lud Admiral Zumwalt ein, Platz zu nehmen, bestellte Kaffee aus der Messe und dachte, welches Glück mir beschieden war, dass ich einen legendären Stabschef für Marineoperationen kennenlernen durfte, der die Institution, der ich als Schiffskommandeur gedient hatte, grundlegend verändert hatte. Er war etwas zu früh dran für seinen Termin mit meinem neuen Vorgesetzten und hatte beschlossen, bei mir vorbeizuschauen, weil er einst die gleiche Position bekleidet hatte, in der ich mich gerade einrichtete – allerdings zu einer Zeit, da ich mich noch im Graduiertenstudium befand. Über seiner Schulter sah ich sein Schwarz-Weiß-Foto aus seiner Zeit als Executive Assistant des Marinestaatssekretärs, und plötzlich erschien mir dieser neue Job wesentlich attraktiver.

Wir unterhielten uns ungefähr eine halbe Stunde über seine Zeit als Executive Assistant des Marinestaatssekretärs Paul Nitze Anfang der 1960er-Jahre. Er erzählte mir, wie lehrreich diese Position für ihn gewesen sei und wie Marinestaatssekretär Nitze (der damals in seinen Neunzigern war) ihm geholfen hatte, die Schwierigkeiten der Zusammenarbeit zwischen den verschiedenen Behörden zu verstehen. Unwillkürlich fragte ich mich, inwieweit diese Aufgabe auch seine Überzeugung geprägt hatte, dass die Navy einer dringenden Modernisierung bedurfte – ein Vorhaben, das er besser umsetzte als jeder andere Flaggoffizier in der Geschichte der US Navy. Ich dachte auch daran, wie sehr ihn der Tod seines Sohns schmerzen musste, der – höchstwahrscheinlich als Spätfolge seines Kontakts mit dem chemischen Kampfstoff Agent Orange – 1988 an Krebs verstorben war. In einer der bittersten Ironien des Schicksals, die man sich zwischen Vater und Sohn vorstellen kann, hatte Admiral Zumwalt im Vietnamkrieg befohlen, den berüchtigten chemischen Kampfstoff entlang der vietnamesischen Flussufer zu versprühen, um amerikanische Soldaten wie seinen Sohn vor dem Feuer

191

KAPITEL IX

von Heckenschützen zu bewahren. Jahre später erlagen viele von ihnen, darunter sein eigener Sohn Elmo III., einem Krebsleiden.

Gegen Ende unserer Unterhaltung überreichte er mir ein Exemplar seiner äußerst lesenswerten Memoiren mit dem passenden Titel *On Watch*. Ich kannte sie bereits, aber als ich das Buch öffnete, sah ich, dass er eine Widmung hineingeschrieben hatte: »Für Captain Jim Stavridis, mit dem ich einen Schreibtisch teile. Mit besten Wünschen.« Ich schätze mich glücklich, viele signierte Memoiren in meiner Bibliothek auf-zubewahren, aber es gibt keine, die mir mehr am Herzen liegt, als *On Watch*, dazu noch eine Autobiografie, die ich öfter konsultiere. Admiral Zumwalt hatte ein erfülltes Leben, er hat vieles erreicht, hatte aber auch einige Misserfolge, konnte auf zahlreiche Triumphe, aber auch Tragödien zurückblicken. Admiral Elmo Zumwalt war nicht nur ein Innovator, sondern auch eine reflektierte Führungspersönlichkeit, und hatte einen maßgeblichen Einfluss auf die Navy und auf die vielen Offiziere und See-leute, die ihn kennenlernen durften.

Er starb wenige Monate später, in den ersten Wintermonaten des Jahres 2000, und zwar an einem Mesotheliom, einer Tumorerkrankung, die bei Angehörigen der Navy in seinem Alter häufig auftritt, denn viele von ihnen waren lange Zeit Asbest ausgesetzt, das in den älteren Schiffen verbaut worden war. Ich nahm an der Trauerfeier teil, die am 10. Januar 2000 in der Kapelle der Marineakademie stattfand, und beobachtete ehr-fürchtig die zahllosen Admirale, Botschafter und anderen Würdenträger, die gemeinsam mit dem Präsidenten der Vereinigten Staaten Zumwalt die letzte Ehre erwiesen. In den folgenden Jahren hatte ich die Gelegen-heit, auf dem massiven Zerstörer zu fahren, der ihm zu Ehren USS *Zumwalt* (DDG-1000) getauft worden war. Genau wie sein Namensgeber war dieses Schiff der Inbegriff der Innovation.

In den zwei Jahren, in denen ich Admiral Zumwalts ehemalige Position innehatte, dachte ich oft an ihn, und das tue ich auch heute noch. Die Charaktereigenschaften, die sein Leben und seine Karriere be-stimmten, werfen auch heute noch ein strahlendes Licht. Mein damaliger Vorgesetzter Richard Danzig fasste es nach Admiral Zumwalts Tod folgendermaßen zusammen: »Zu einer Zeit, als die amerikanische Ge-sellschaft vor allem von Rassenfeindlichkeit und Diskriminierung ge-prägt war, bekämpfte er diese Probleme in der Navy, die er so sehr liebte,

DER REFORMER

mit besonderem Feuereifer.« Feuereifer ist in der Tat das richtige Wort – vom Scheitel bis zur Sohle war er eine Ausnahmeerscheinung. Elmo Russell Zumwalt Jr., der ab dem Moment, als ihn seine ältere Schwester sah, »Bud« genannt wurde, war in vielfacher Hinsicht »zufällig Admiral« geworden. In San Francisco geboren und aufgewachsen im kalifornischen Tulare, wollte Zumwalt zunächst in die Fußstapfen seiner Eltern treten und Mediziner werden. In der ersten Hälfte seiner Karriere bei der US Navy spielte er immer wieder mit der Idee, auszusteigen und Jura oder Medizin zu studieren. Als er im Jahr 1939 in die Marineakademie eintrat, boten sich ihm jedoch vermehrt attraktive Karrierechancen, und das hielt ihn in der Navy. Am Ende erklomm er die Karriereleiter schneller als irgendeiner seiner Vorgänger und wurde mit nur 49 Jahren der jüngste Stabschef für Marineoperationen (Chief of Naval Operations, CNO) in der Geschichte. In jeder Position, und ganz besonders während seiner transformativen Amtszeit als CNO, agierte Zumwalt mit jugendlichem Elan und beinahe übermenschlicher Energie, um die Navy zu reformieren.

Mahan brachte der Navy strategisches Denken bei und Nimitz fuhr ihre größten Siege ein, Zumwalt jedoch war es, der die Navy lehrte, dass kein Sieg definitiv oder absolut ist. Mit dem Kriegsjahrgang 1943 erwarb Zumwalt seinen Abschluss und war als frisch bestallter Offizier für Überwasser-Seekriegsführung an einigen der größten Schlachten beteiligt, darunter die See- und Luftschlacht im Golf von Leyte im Jahr 1944. Wie Mahan zeigte Zumwalt schon früh ein Faible für Reformen, auf persönlicher und professioneller Ebene war er Nimitz jedoch wesentlich ähnlicher. Schon früh übernahm er Verantwortung, bewies dabei ein ausgesprochenes Organisationstalent und kam viel besser mit anderen aus als Mahan. Von allen drei Persönlichkeiten war Zumwalt derjenige, der wohl über das beste politisch-administrative Gespür verfügte, was ihm sehr zugutekam. Zumwalts Karriere verlief wesentlich reibungsloser als Mahans; unter anderem verhalf ihm eine starke politische Protektion zur Position des Stabschefs für Marineoperationen, dem höchsten Amt innerhalb der US Navy, in dem er Großes leistete. Wie viele Reformer, aber anders als Nimitz, ging er dabei bisweilen viel zu weit, insbesondere in den finsteren letzten Tagen der Regierung unter Richard Nixon.

193

KAPITEL IX

Außerdem weckten seine Brillanz und sein Überschwang Neid unter den übrigen Offizieren.

Im Rückblick wirkt Zumwalts Karrierepfad wie etwas, das Seefahrer als »Großkreisdistanz« bezeichnen – eine Route, die auf einer zweidimensionalen Grafik seltsam kurvenreich wirkt, auf einer Kugel aber tatsächlich die kürzeste Entfernung zwischen zwei Punkten markiert. In Bezug auf seinen früh ausgeprägten Wunsch, das System zu verbessern, ähnelte Zumwalts Zeit an der Marineakademie Mahans Ausbildungszeit; was seinen Lerneifer und seine heitere, fröhliche Art anbetraf, glich er dagegen eher Nimitz. Trotz aller Ähnlichkeiten hatte Midshipman Zumwalt jedoch seine ganz eigene Art. So wie sich bei Mahan und Nimitz die Konturen ihrer prägenden Charaktereigenschaften schon während ihrer Ausbildung zeigten – bei Mahan war es eine distanzierte Brillanz, bei Nimitz sein ausgeglichenes Wesen und seine enorme Kompetenz –, zeigte sich auch Zumwalts Charakter schon sehr früh. Nimitz stand stets im Morgengrauen auf, um fleißig zu studieren, weil er ein verpasstes Highschool-Jahr aufholen wollte. Zumwalt tat es, weil er meist die ganze Nacht mit seiner neuesten Eroberung zugebracht hatte. Mahans Vorstellungen von der Navy bewogen ihn dazu, mit alten Traditionen zu brechen und seinen Kameraden Regeln aufzuzwingen; Zumwalts Vorstellungen von der Navy bewogen ihn zu der Überzeugung, dass es besser sei, »um Vergebung zu bitten, als um Erlaubnis zu fragen«.

Mit seinem Einsatz auf einem Zerstörer wurde Ensign* Zumwalt zu einem der Millionen Männer auf den Tausenden von Schiffen unter Nimitz' Kommando. In der Schlacht im Golf von Leyte war er an erbitterten Kämpfen beteiligt und rettete seinen eigenen Zerstörer vor dem Untergang, indem er den Steuermann auf einen Navigationsfehler aufmerksam machte. Der junge Zumwalt wurde für seine Tapferkeit und Wachsamkeit ausgezeichnet. Gleich nach dem Krieg wurde ihm eine ungewöhnlich große Verantwortung übertragen, als er im Rahmen eines Prisenkommandos den Befehl über ein japanisches Kanonenboot mit einer Mannschaft von 200 Männern übernahm. Er und eine kleine, bis an die Zähne bewaffnete Besatzung aus Seeleuten der US Navy übernahmen das Kommando über das japanische Schiff und fuhren flussaufwärts

---

* niederer Offiziersrang; entspricht einem Leutnant zur See (A.d.Ü.)

194

DER REFORMER

nach Schanghai, wo Zumwalt prompt dem Charme einer Frau erlag, die die Verführungskraft aller seiner früheren Eroberungen weit in den Schatten stellte.

Mouza Coutelais-du-Roche, Tochter eines Franzosen und einer Exil-Weißrussin, sprach kein Englisch, und Bud Zumwalt sprach kaum einen Brocken Russisch, aber, so seine Worte, »wir beide beherrschten die internationale Sprache der Liebe«, und in dieser Sprache verstanden sie sich ausgezeichnet. Innerhalb weniger Tage machte er ihr einen Heiratsantrag und wenige Wochen später waren sie verheiratet, kurz bevor Zumwalt Schanghai wieder verlassen musste. Mouza, die bereits schwanger war, folgte ihm einige Monate später mit dem Schiff nach Kalifornien, wo sie von ihren Schwiegereltern aufgenommen wurde, während Zumwalt noch an der Ostküste Dienst tat. Bud und Mouzas Liebesaffäre ging bis zum Rest ihres Lebens, brachte drei weitere Kinder hervor und überdauerte auch den späteren tragischen Tod ihres ersten Kindes, Elmo III. Wie sein Liebesleben nahm auch Zumwalts Karriere an Fahrt auf. Von 1946 bis 1952 (und obwohl er immer wieder mit dem Gedanken liebäugelte, die Navy für ein Medizin- oder Jurastudium aufzugeben) durchlief Zumwalt in kürzester Zeit eine Reihe von Kommandopositionen auf See und an Land mit wachsender Verantwortung. Wie bei Nimitz gehörten die Jahre, die er in einer Einheit des Trainingskorps für Reserveoffiziere der Navy (in North Carolina) unterrichtete, zu den glücklichsten seines Lebens, was ihn letztlich zu der Verfügung bewog, in der Gemeinde begraben zu werden, in der er als junger Offizier unterrichtet hatte.

Nach einem Jahr am Naval War College, das zu Mahans Vermächtnis gehörte und nach wie vor ein wichtiger Meilenstein für Marineoffiziere mit Ambition auf einen ranghohen Führungsposten ist, berichtete Zumwalt erstmalig an das Bureau of Personnel, eine Position, die für seinen weiteren Werdegang bestimmend sein sollte. Das BUPERS, wie es intern genannt wird, ist der direkte organisationelle Nachfolger des Bureau of Navigation (BUNAV) und sozusagen die Personalabteilung der US Navy. So wie der Abstecher ins BUNAV entscheidend für Nimitz' Aufstieg zum Oberbefehlshaber der amerikanischen Pazifikflotte und zum Stabschef für Marineoperationen war, war die Zeit, die Zumwalt – der zunächst über die Versetzung entsetzt war, weil er sie für einen

KAPITEL IX

»Karrierekiller« hielt – im BUPERS verbrachte, prägend für seine spätere Organisationskompetenz. Wie es für jemanden mit seinem Schaffensdrang nicht überraschend war, wollte Zumwalt bei der Navy aber Schiffe kommandieren und keine Stühle rücken.

Anstatt das vorzeitige Ende seiner Karriere einzuläuten, erwies sich die Tätigkeit im BUPERS jedoch als Karriereturbo. Erstens zwang sie ihn, sich in einer derart großen und bürokratischen Organisation wie der Navy der immensen Herausforderung des Mitarbeitermanagements zu stellen, aber auch dem Problem des institutionellen Rassismus und Sexismus, der das Personalsystem der Navy damals noch prägte. Schon bald stellte Zumwalt fest, dass die Investition seiner Kreativität und Energie in die Reformierung der verkrusteten Strukturen und die Verbesserung des Lebens der Seeleute eine andere, aber deswegen nicht weniger erfüllende Form des Militärdienstes war als der Oberbefehl auf der Kommandobrücke eines Schiffes. Zweitens beeindruckte sein Vorgehen den verantwortlichen Leiter des BUPERS. Sein Vorgesetzter machte daraufhin einen Aktenvermerk, um Zumwalt nach der nächsten Flottenrotation wieder zurückzuholen.

Nach zwei Jahren eines höchst erfolgreichen Dienstes auf See kehrte Zumwalt 1957 ins BUPERS zurück und nahm die Reformierungsinitiativen umgehend wieder auf; die ersten sechs Monate im BUPERS selbst und dann weitere eineinhalb Jahre als leitender Assistent im Büro des stellvertretenden Marinestaatssekretärs. In dieser Zeit befasste sich Zumwalt intensiv mit Fragen des Personalmanagements der Navy und bemühte sich um die Lösung der damit verbundenen Probleme, außerdem entwickelte er eine zunehmend strategische Sicht der Marineoperationen, die von den ranghöchsten und erfahrensten Zivilisten und Marineoffizieren geleitet wurden. Mit der Weiterentwicklung seiner administrativen und politischen Kompetenzen und dem Aufbau eines großen Netzwerks schuf er unbewusst das Sprungbrett und die politische Unterstützung, um sich innerhalb eines Jahrzehnts an die Spitze der Navy zu katapultieren.

Das letzte Jahrzehnt von Zumwalts Karriere war eine dicht gedrängte Abfolge wichtiger Posten, die er jeweils rund 18 Monate ausfüllte. Sie bildeten den Auftakt zu seiner vierjährigen Amtszeit als Stabschef für Marineoperationen. Nach seiner Tätigkeit im BUPERS und im Büro

DER REFORMER

des stellvertretenden Marinestaatssekretärs befehligte er für 18 Monate die Lenkwaffenfregatte USS *Dewey* und war anschließend für einen einjährigen Kurs am National War College eingeschrieben. Dort hielt Zumwalt, der spaßeshalber als Midshipman am Diskussionsteam teilgenommen und sich prompt hervorgetan hatte, eine Rede, von der seine Kommilitonen so aufgerüttelt waren, dass sie einige Tage später einen Gastdozenten mit mehr Fragen über Zumwalts Vortrag bombardierten als zu seinem eigenen. Der Dozent Paul Nitze, Staatssekretär für Internationale Angelegenheiten im Verteidigungsministerium, reagierte eher neugierig als verärgert und wollte diesen Zumwalt unbedingt kennenlernen. Und so traf sich Sokrates im Jahr 1962 mit Platon – und von da an startete Zumwalt richtig durch.

Nach Mouza war die Beziehung zu Nitze die wichtigste in Zumwalts Leben; beide Männer hatten beinahe augenblicklich einen Draht zueinander. Von dem Moment an, da Nitze Zumwalt in sein Büro einlud, um sich ein Bild von dem Mann zu machen, dessen Vortrag seinen eigenen in den Schatten gestellt hatte, geriet der Dialog zwischen den beiden Männern nie wirklich ins Stocken. Gleich nach Abschluss seines Studiums am Naval War College im Jahr 1961 wurde Zumwalt in Nitzes Fachbereich berufen. Als Nitze im Dezember 1963 zum Marinestaatssekretär ernannt wurde, setzte er die Navy in unmissverständlichen Worten darüber in Kenntnis, dass Captain Zumwalt als sein Executive Assistant ins Marineministerium wechseln würde.

Wie Mahan am eigenen Leib erfahren musste, brauchen Reformer einflussreiche Förderer und einen starken politischen Rückhalt. Abgesehen von seiner unvergleichlichen Erfahrung, seiner Rolle als Mentor und seinem institutionellen Blickwinkel, die Nitze seinem Protegé Zumwalt bot, bestand die wichtigste Auswirkung ihrer Beziehung darin, Zumwalt in die Netzwerke der zivilen Führungselite einzuführen, die die eigentliche Kontrolle über die Navy hatte. Als diese Führungsriege fünf Jahre später beschloss, dass die Navy von Grund auf reformiert werden musste, wussten sie, wer ihr Mann war. Dank ihrer kontinuierlichen Unterstützung konnte Zumwalt den internen Kampf gegen fest verwurzelte Traditionen, verhasste Praktiken und die institutionelle Schwerfälligkeit der Navy aufnehmen.

KAPITEL IX

Die Jahre flogen dahin. Im Jahr 1965 konnte sich Zumwalt die ersten beiden Sterne anheften und übernahm das Kommando über die Siebte Kreuzer- und Zerstörerflottille. So wie er es schon immer gemacht hatte, kommandierte er die Flottille in dieser Zeit mit großem Elan. Anschließend kehrte er an Land zurück und unternahm einen ersten Ausflug in sein zukünftiges Büro als Direktor der Systemanalyse-Sparte im Büro des Stabschefs für Marineoperationen (OP-96). Die zwei Jahre in dieser Position erweiterten Zumwalts Blick auf die Marineadministration (innerhalb der uniformierten Hierarchie) und vertieften seine Erfahrung mit der administrativen Seite der Navy. Nach diesen zwei Jahren machte er sich wieder Richtung Westen auf, und zwar nach Vietnam, wo er für einen dritten Stern ein Kommando übernahm, das niemand wollte.

In einer ironischen Wiederholung der von Nimitz praktizierten Methode, Personalprobleme gelegentlich mittels Beförderung zu lösen, wurde Zumwalt unter der Annahme nach Vietnam beordert, diese Mission würde einen übereifrigen Emporkömmling, dessen Arbeitseifer der amtierende Stabschef für Marineoperationen überdrüssig war, zähmen, wenn nicht sogar neutralisieren. (Wie die meisten Senkrechtstarter machte sich Zumwalt nicht nur einflussreiche Freunde, sondern genauso schnell auch einflussreiche Feinde.) Nicht zum ersten Mal übernahm Zumwalt ein Kommando, das keiner seiner Vorgänger erfolgreich bewältigt hatte. Er dagegen genoss die Herausforderung.

Der erste Drei-Sterne-Kommandeur der Marinekräfte in den Küstengewässern vor Vietnam – der sogenannten Brown-Water-Navy (im Gegensatz zur Blue-Water-Navy auf hoher See), auf die sowohl die nordvietnamesischen Feinde als auch die übrigen amerikanischen Streitkräfte mit Verachtung herabsahen – verlor keine Zeit. In seinem letzten Gefechtskommando (und seinem letzten, bevor er selbst zum Stabschef für Marineoperationen ernannt wurde), brachte er noch mal seine gebündelte Tatkraft und seine persönliche Ausstrahlung zum Einsatz. Dabei knüpfte er neue Beziehungen, die sich als einflussreich für seine folgende Amtszeit als Stabschef für Marineoperationen und darüber hinaus erweisen sollten. (Eine davon war die lebenslange Freundschaft zu seinem südvietnamesischen Amtskollegen, dessen Familie die Zumwalts später bei der Erlangung der amerikanischen Staatsbürgerschaft unterstützten.)

198

DER REFORMER

Die Vietnam-Mission hatte allerdings auch tragische Züge: Der Krieg gegen Nordvietnam, den Zumwalts Brown-Water-Navy mit großem Einsatz führte, forderte viele Tote und Verwundete und vor allem zahlreiche Opfer der krebserregenden Wirkung des chemischen Kampfstoffes Agent Orange – ein Entlaubungsmittel, das auf Befehl von Admiral Zumwalt großflächig entlang der Flussufer versprüht wurde, um den feindlichen Kräften die Deckung zu nehmen und die eigenen Leute so vor Guerilla-Angriffen zu schützen. Ein junger Kommandeur, der diesem Gift ausgesetzt war, war Leutnant Elmo Zumwalt III, der sich freiwillig für den Vietnam-Einsatz gemeldet hatte und sein Patrouillenboot mit einem Elan befehligte, der seinem Namen alle Ehre machte. Sein Vater, Admiral Zumwalt, befahl den Einsatz von Agent Orange in der Überzeugung, es sei für Menschen ungefährlich. Diese Entscheidung kostete ihn letztlich seinen Sohn und Namensträger. Wie viele Soldaten der legendären Brown-Water-Navy starb Elmo III 1988 an einem aggressiven Lymphknotenkrebs.

Gegen Ende seiner Zeit als Marinekommandeur in Vietnam wurde Zumwalt nach Washington zitiert. Er erhielt den Befehl, alles stehen und liegen zu lassen, das Kommando seiner geliebten Brown-Water-Navy vor der vietnamesischen Küste abzugeben und mit dem nächsten Flug postwendend nach Washington zu fliegen. Der Befehl enthielt seltsamerweise die Anweisung, er habe die Reise in Zivilkleidung anzutreten. Unterwegs erwog Zumwalt die Möglichkeiten. Er wusste, dass er seit Jahren einer der aufgehenden Sterne der US Navy war – eine Art *Enfant terrible* mit all seinen Konnotationen. Und ihm war bewusst, dass er so etwas wie ein Blitzableiter war: ein aggressiver Bilderstürmer, ärgerlicherweise auch noch ein erfolgreicher. Eineinhalb Jahre zuvor, im Oktober 1968, war er in Vietnam eingetroffen; sein Vorgesetzter dachte, er könne Zumwalt loswerden, indem er ihn auf ein karrieretötendes Abstellgleis beförderte. Zumwalt hatte die Position und die damit einhergehende Beförderung zum Vizeadmiral jedoch mit Freude angenommen. Mit seinem typischen Taktgefühl hatte er seine neuen Drei-Sterne-Schulterklappen aus der Tasche geholt und angeheftet, kaum dass das Flugzeug über dem Pazifik seine Reiseflughöhe erreicht hatte, während das Kabinenpersonal allen Fluggästen Champagner servierte. Auf seinem Rückflug in die Heimat dachte er sich, dass das Risiko, gefeuert zu werden, eigentlich gering sei.

199

KAPITEL IX

Allerdings konnte er sich einfach nicht vorstellen, was ihn zu Hause erwartete, so sehr er sich auch bemühte, den Zukunftsschleier zu lüften.

Er wusste, dass er gute Chancen auf eine weitere Beförderung hatte. Seinen Job in Vietnam hatte er mit Bravour erledigt und ziemlich viel erreicht. Nach einer kurzen Exkursion, um sich ein Bild von der Lage zu Lande und den Inlandsgewässern Südvietnams zu verschaffen, hatte er seinen Leuten befohlen, aus der Deckung zu kommen und anzugreifen, ein höchst effektives Kommandoteam gebildet und schlagkräftige Neuerungen durchgeführt. Alle – seine eigenen Seeleute, die Kommandeure anderer Einheiten und Teilstreitkräfte und die meisten seiner vietnamesischen Feinde – bekamen die Ergebnisse von »Zumwalts wilden Ideen« zu spüren, als die kühnen, raffinierten Pläne des neuen Kommandeurs bekannt wurden. Anstatt seine Karriere vorzeitig auf einem vermeintlichen Abstellgleis zu beenden, hatte Zumwalt das unbeliebte Kommando zu neuem Leben und tödlicher Effektivität erweckt.

Wie sich herausstellte, war Zumwalt selbst zur »wilden Idee« der zivilen Herrscher über die Navy geworden. In dem Glauben, dass die gesamte Institution so aufgerüttelt werden musste, wie Zumwalt sein Vietnam-Kommando und jedes frühere Kommando aufgerüttelt hatte, hatten sie ihn ohne sein Wissen und an der militärischen Führungselite der Navy vorbei für einen vierten Stern und die Spitzenposition der Navy auserkoren: die Position des Stabschefs für Marineoperationen. Entgegen den nahezu einstimmigen Einwänden des amtierenden Stabschefs und der übrigen Führungselite der Navy – eine Gruppe, die Zumwalt als »Marine-Aristokratie« bezeichnete – überzeugte der Marinestaatssekretär Präsident Nixon davon, den wilden jungen Reformer in die Spitzenposition zu holen. Nach seiner Landung wurde Zumwalt noch immer in Zivil und ohne jeden Hinweis auf das, was ihn erwartete, zur Privatadresse des Marinestaatssekretärs in Georgetown gefahren. Dort erfuhr er, dass er das neue Oberhaupt der Navy werden würde. Der Navy stand eine massive Umstrukturierung bevor.

Die Jahre 1970 bis 1974 markierten Admiral Zumwalts revolutionäre Amtszeit als Stabschef für Marineoperationen – eine Position, die er angestrebt hatte, seit er sich endgültig von seinen Überlegungen verabschiedet hatte, in die Medizin oder die Rechtswissenschaften zu wechseln, und sich voll und ganz der Navy verschrieben hatte. Wie

DER REFORMER

bereits an mehreren entscheidenden Karrierestationen in seinem Leben, war Zumwalt auch dieses Mal »im Hintergrund« für diese Position ausgewählt worden, das heißt, über die Köpfe zahlreicher ranghoher Führungspersönlichkeiten und gleichgestellter Admirale hinweg. Wie das Papstamt wird auch die Position des Stabschefs für Marineoperationen aufmerksam beobachtet, wobei die Beobachter bei einer Neubesetzung der Spitzenposition üblicherweise ein sehr gutes Gespür für die aussichtsreichsten Kandidaten haben. Zumwalt hatte niemand auf dem Schirm, nicht einmal als möglicher Außenseiter. Als er ohne jede Erklärung den Befehl erhielt, in Zivil von Vietnam nach Washington zu fliegen, waren die einzigen Listen, auf denen sein Name auftauchte, die des Marinestaatssekretärs John Chafee und des US-Präsidenten Richard Nixon, den Chafee von der Ernennung Zumwalts überzeugt hatte. Nicht ein einziger Admiral im aktiven Dienst unterstützte seine Beförderung zum Vier-Sterne-Admiral. Dass Zumwalt 1970 Chafees Topkandidat für die Spitzenposition innerhalb der Navy wurde, war die Kulmination der Entwicklungen, die seine Persönlichkeit und seine berufliche Historie genommen hatten. Wie bei den Päpsten fallen auch die Stabschefs für Marineoperationen in zwei grundlegende Kategorien: Entweder sie sind Institutionalisten oder Reformatoren. In beiden Rollen gibt es weitaus mehr Vertreter der ersten Kategorie als der zweiten, und beide Institutionen tendieren aus Gründen der Kontinuität zur konservativen Strömung. Alle großen Institutionen neigen jedoch zu Trägheit und bedürfen periodisch der Erneuerung ihrer Vitalität durch einen energischen Reformator.

Für ein Verständnis der Probleme, die die US Navy Anfang der 1970er-Jahre hatte, muss man die zugrunde liegenden Rassenvorurteile bedenken, welche damals die innere Einstellung der US Navy prägten. Jahrzehntelang hatte die Navy afroamerikanische und philippinische Seeleute ausschließlich in der Küche, für Reinigungsarbeiten und als Dienstpersonal eingesetzt. In den Köpfen vieler Offiziere hatte sich die Vorstellung festgesetzt, diese Ethnien seien von Natur aus für niedere Dienste bestimmt; ihre Aufstiegsmöglichkeiten waren daher äußerst begrenzt. Selbst Ende der 1970er-Jahre, als ich meine Ausbildung in Annapolis aufnahm, waren diese Vorurteile noch deutlich spürbar. Die riesige Messe der Marineakademie, in der alle 4000 Mitglieder der

KAPITEL IX

Brigade aus Midshipmen dreimal am Tag zu den Mahlzeiten zusammen-kommen, wurde von Stewards bedient, die in überwältigender Mehrheit Minderheiten angehörten, wohingegen es nur sehr wenige Midshipman aus entsprechenden Bevölkerungsgruppen gab. Ungefähr zu jener Zeit bekam ich ein Foto von 1949 geschenkt, auf dem ein wunderschöner Navy-Zerstörer abgebildet war, der am Pier lag. Davor stand nach Rängen gestaffelt die Besatzung. Das Foto war sehr beeindruckend – bis ich einen näheren Blick auf die zweite Reihe der abgebildeten Seeleute warf, in der alle Chief Petty Officers* standen. Allerdings klaffte in dieser Reihe eine Lücke – drei Chief Petty Officers fehlten. Daraufhin suchte ich eine Lupe und sah mir das Foto noch einmal genau an. Schließlich fand ich die drei Männer, und zwar in der allerletzten Reihe zwischen den jüngsten und rangniedersten Seeleuten. Ganz eindeutig hatte man ihnen befohlen, ihren Rang für das Foto zu verlassen und sich »ganz hinten im Bus« zu verkriechen. Zumwalt wusste, dass die langfristige Zukunft der US Navy eine grundlegende Änderung dieser Mentalität erforderte, und machte sich sehr energisch an die Arbeit.

In der Tat steht auf seinem Grabstein nur ein Wort: »Reformer«. Er trat seinen Job an wie Papst Johannes Paul XXIII., das heißt, er erkannte die Zeichen der Zeit, bekannte sich zu einer umfassenden Erneuerung und war entschlossen, »frischen Wind« in die Navy zu bringen. Zwar war er ein äußerst kompetenter Krieger und setzte seine Reformen im Kontext der wachsenden Bedrohung durch die Sowjetflotte durch, die größten Kämpfe focht er jedoch innerhalb der Navy aus. Für Nimitz war die Vorstellung von Frauen in Uniform undenkbar, und auch die Rassenpolitik der Navy schien ihn nicht weiter zu rühren, trotz all seiner Empathie mit den Seeleuten und seines außerordentlichen Geschicks, die Navy mit einer gemeinsamen Zielsetzung zu einer Siegermannschaft zu schmieden. Ein Jahrhundert nach Japans Kapitulation fiel es Zumwalt zu, seine Nimitz-ähnlichen Organisationsfähigkeiten in Kombination mit seinem energischen Führungsstil dafür zu nutzen, um die büro-kratischen Auswüchse der Institution unter seinem Kommando zu be-seitigen. Letzten Endes gelang es ihm, die rassistische und sexistische Personalpolitik der Navy, die sich seit Nimitz' Zeiten praktisch nicht

---

* entspricht dem Dienstgrad des Oberbootsmanns der deutschen Marine (A.d.Ü.)

DER REFORMER

verändert hatte und überhaupt nicht mehr im Einklang mit der Gesellschaft stand, der die Navy diente und aus der sie ihre Leute rekrutierte, zu überwinden und zu modernisieren.

Zumwalts Reforminitiativen ähnelten dem Zweiten Vatikanischen Konzil nicht nur bezüglich Umfang und Reichweite, sie lösten auch eine ähnliche institutionelle Kontroverse aus und ihr Vermächtnis bleibt ähnlich einflussreich, aber nach wie vor ungefestigt. Zumwalts berühmteste Methode war der Versand von sogenannten Z-Grams (auch »Zinger« genannt); dabei handelte es sich um Direktiven über konkrete politische oder operative Veränderungen, die er direkt von seinem Schreibtisch als Stabschef für Marineoperationen an die gesamte Navy verschickte. Seine Kritiker bezichtigten ihn der Zerstörung der guten Disziplin, die für eine funktionierende Marine unverzichtbar ist, und warfen ihm in blumigen Formulierungen vor, er bringe »Bärte, Bier und Bräute« in ihren gemütlichen Altherrenklub. Zumwalt ließ sich jedoch nicht beirren und feuerte zurück, indem er einem Kritiker mit dem sarkastischen Satz antwortete: »Ich bin sicher, als in der Navy das Auspeitschen verboten wurde, gab es Leute (in Uniform und in Zivil), die das als fatale ›Freizügigkeit‹ geißelten.«

Die zwei wahrscheinlich wichtigsten – und vorhersehbarerweise umstrittensten – Zielscheiben seiner Reformen waren der tief verwurzelte Rassismus und Sexismus der Navy. Mit Arbeitseifer allein würde er nichts ausrichten können, um mit diesen lang gehegten, aber beschämenden Traditionen zu brechen und die Institution auf die Höhe der Zeit zu bringen. Für dieses Unterfangen musste Zumwalt sämtliche politischen und bürokratischen Register ziehen. Glücklicherweise und erwartungsgemäß besaß Zumwalt nicht nur den Mut, dieses Problem frontal anzugehen, sondern war auch so klug, den bestmöglichen Rat einzuholen und die politischen Veränderungen so konkret wie möglich zu gestalten. Zwei Beispiele aus meiner eigenen Karriere verdeutlichten den langen Widerhall seiner Reformen; das erste zeigt die Notwendigkeit und das zweite das Ergebnis.

Im Jahr 1980, einige Jahre nach dem Ende von Zumwalts Amtszeit als Stabschef für Marineoperationen, wurde ich Maschinenraumoffizier auf der USS *Forrestal* (CV-59), einem veralteten, bejahrten Flugzeugträger mit Heimathafen in Mayport, Florida. In dieser Funktion befehligte ich

KAPITEL IX

unter anderem über rund 150 der toughsten Persönlichkeiten auf diesem Schiff – Ingenieure, die tief unten in den Kesselräumen unterhalb der Wasserlinie arbeiteten, in denen die Temperatur oft 40 Grad Celsius und mehr erreichte. Das war eine brutale, anstrengende und größtenteils undankbare Arbeit an dem unattraktivsten Ort des Schiffes. Ich stellte fest, dass unter meinen Seeleuten Rassenkonflikte, Simulantentum und alle Arten von Disziplinlosigkeiten grassierten und ein Piratengeist vorherrschte, demzufolge »alles erlaubt« war. Die vier Jahre Studium in Annapolis hatten mich nicht darauf vorbereitet, eine solche Herkulesaufgabe allein zu stemmen. Glücklicherweise hatte ich einen frisch beförderten Chief Petty Officer und Maschinenraumtechniker namens Clevon Jones an meiner Seite – ein Afroamerikaner von beeindruckender Größe und Statur, der wie ein Leuchtturm über den jungen, mageren, kleinwüchsigen Leutnant, der ich war, hinausragte. In unserem gemeinsamen Wunsch, die Arbeitsmoral unserer Division zu verbessern, hatten wir sofort einen Draht zueinander und einigten uns schnell auf eine Arbeitsteilung. Der Leutnant würde den administrativen Papierkram machen, die wenigen Seeleute belobigen, die tatsächlich gute Arbeit leisteten, die übrigen konstant anspornen und mit den höheren Rängen der Kommandokette kommunizieren. Der Chief Petty Officer würde die unzufriedenen Rebellen disziplinieren – mit welchen Mitteln auch immer (damals konnte man noch zu wesentlich primitiveren Disziplinierungsmethoden greifen als heute) –, dafür sorgen, dass unsere Maschinen reibungslos funktionierten, und sich dafür einsetzen, dass unsere verdienten Seeleute befördert wurden. Außerdem verständigten wir uns darauf, dass wir so viel Zeit wie möglich zusammen verbringen würden – von außen mochten wir wie ein seltsames Paar wirken, aber eines, das symbolisierte: »Das Führungsteam in dieser Maschinenraum-Division glaubt an das Motto: ›ein Team, ein Kampf‹ und an den Satz ›Wir stehen zu unseren Schiffskameraden‹«. Es gelang uns, den Geist, den Bud Zumwalt ein Jahrzehnt zuvor eingeführt hatte, hochzuhalten und schließlich eine hoch effektive Mannschaft aus Flugzeugträger-Ingenieuren zu schmieden, die bei mehreren vorgelagerten Stationierungen (Forward Deployments) erstklassige Arbeit leistete.

Zehn Jahre später, Anfang der 1990er-Jahre, wurde ich Kapitän der USS *Barry* (DDG-52), einem brandneuen Zerstörer der *Arleigh-Burke*-Klasse

DER REFORMER

mit Heimathafen in Norfolk, Virginia. Während dieses Kommandos wurde die *Barry* als eines der ersten Kriegsschiffe für eine gemischtgeschlechtliche Besatzung ausgewählt. Mit einem Federstrich wurden rund 15 Prozent meiner 350 Mann starken Besatzung durch Frauen ersetzt. Das löste nicht nur bei den verbliebenen Männern eine ziemlich große Bestürzung aus, sondern auch bei den Ehefrauen dieser ehemals rein männlichen Besatzung, die gar nicht damit einverstanden waren, dass andere Frauen mit ihren Männern auf See geschickt wurden. Ich verbrachte sechs Monate damit, von Arbeitsstation zu Arbeitsstation zu gehen (ungefähr zehn Seeleute pro Gruppe) und zu erklären, warum diese Entscheidung getroffen wurde (die Flotte braucht mehr Seeleute; es handelt sich um erstklassige, sehr gut ausgebildete Kameradinnen) und wie wir die Frauen in das Schiff und seine Abläufe integrieren würden (sie sind hier, um als eure Schiffskameraden zu arbeiten, nicht, um euren potenziellen Dating-Pool zu bereichern). Das war harte Führungsarbeit auf individueller Ebene, aber es funktionierte. Nach ein bis zwei Monaten war allen klar, dass wir nun ein besseres Schiff mit noch mehr kompetenten Leuten waren als zuvor. Auch hier konnte man eine direkte Verbindungslinie zu den Reformen ziehen, die Elmo Zumwalt eingeführt hatte. Auch als Stabschef für Marineoperationen hörte Zumwalt, der ein sehr zugänglicher, aufgeschlossener Führer war, den Seeleuten und Offizieren aufmerksam zu, denn er war davon überzeugt, dass sie am besten wussten, welche Veränderungen nötig waren. Mehrere Offiziere heuerte er direkt an, darunter Lieutenant Commander William Norman, der kurz davor war, seinen Dienst zu quittieren, weil er es nicht länger miteinander vereinbaren konnte, »schwarz und Angehöriger der Navy zu sein«. Norman war einer der Haupturheber des Z-Grams Z-66 vom 17. Dezember 1970 (ungefähr sechs Monate nach Zumwalts Amtsübernahme), das mit dem Satz schloss: »Es gibt keine schwarze Navy, es gibt keine weiße Navy – es gibt nur eine Navy, die Navy der Vereinigten Staaten.« Zumwalt veröffentlichte das Z-66 mit einer persönlichen Anmerkung, die wie folgt lautete: »Unsere Navy muss eine Familie sein, die keine künstlichen Schranken wie Rasse, Hautfarbe oder Religion kennt.«

Später sinnierte Zumwalt, die Navy sei zwar »eine rassistische Institution gewesen, aber ich fand es einfacher, den Rassismus zu bekämpfen als den Sexismus«. Tatsächlich dauerte es mehr als 18 Monate

KAPITEL IX

und 50 weitere Z-Grams, bis er die »Gleichberechtigung und Chancengleichheit für Frauen in der Navy« (Überschrift des Z-116) in der gesamten Institution durchgesetzt hatte. Als Zumwalt das Amt des Stabschefs für Marineoperationen übernahm, durften Frauen 22 Jahre nach dem Ende des Zweiten Weltkrieges immer noch nicht an Kampfeinsätzen teilnehmen und wurden wie in der Kriegsära als *Women Accepted for Volunteer Emergency Service* (WAVES)* bezeichnet. Z-116 und nachfolgende Bemühungen versuchten, das zu ändern, aber die Bürokratie schlug hart zurück. In zwei weiteren Jahren als Stabschef versandte Zumwalt nur fünf weitere Z-Grams.

Während Mahans Vermächtnis in seiner geistigen Arbeit lag und Nimitz' Vermächtnis am deutlichsten in dem von ihm gebildeten Team zum Ausdruck kam, zeigt sich Zumwalts Einfluss – wie bei allen Reformern – am deutlichsten in seinen langfristigen Innovationen, die von seinen Nachfolgern weiterentwickelt werden. So umwälzend seine Reformen auch waren, er annullierte sie (einer altehrwürdigen Tradition folgend) feierlich bei seiner Ablösung an der Spitze der Navy; sein Nachfolger weigerte sich still, aber entschlossen, die Mehrheit seiner Reformen zu institutionalisieren. Zwar hat sich einiges gebessert, aber die heutige Navy ist immer noch sehr restriktiv in Bezug auf »Bärte und Bier« und hat die Gleichberechtigung von Frauen und Minderheiten noch immer nicht vollständig umgesetzt. Nichtsdestotrotz hat Zumwalt gezeigt, was möglich ist, und viele Veränderungen, die die Navy nach seinem Ausscheiden vorgenommen hat – egal wie widerwillig oder zögerlich –, sind ein Widerhall seines unglaublichen Arbeitseifers.

So prägend seine Amtszeit auch war, blieb sie nicht von Skandalen verschont. Wie bei den meisten Reformern lag es in seiner Natur, weiter und stärker vorzupreschen, als die Institution bereit war, zu folgen, und manchmal ging er dabei zu weit. In 121 Z-Grams, in denen er sich zu einem breiten Spektrum an umstrittenen Themen äußerte, befinden sich auch unvermeidliche Beispiele für Übertreibungen und Korrekturen.

Nach dem Ende seiner Amtszeit als Stabschef für Marineoperationen ging Zumwalt 1974 im noch jungen Alter von 53 Jahren in den Ruhestand. Wie sein Vorgänger Chester Nimitz widmete er sich allen möglichen

---

* freiwilliger Notdienst der Seestreitkräfte (A.d.Ü.)

DER REFORMER

öffentlichen Projekten. Er schrieb ein Buch, kandidierte – allerdings erfolglos – gegen den amtierenden Senator von Virginia, Harry F. Byrd Jr., und blieb ein leidenschaftlicher und unermüdlicher Verfechter der Interessen der Seeleute, die in Vietnam unter seinem Kommando gedient hatten, und setzte sich ebenso couragiert ein für eine Versöhnung nach dem Krieg, und zwar sowohl innerhalb der Vereinigten Staaten als auch zwischen den Vereinigten Staaten und dem Vietnam.

Ein Großteil von Zumwalts Engagement zielte auf breite öffentliche Anerkennung und Leistungen für US-Militärangehörige, die unter den Spätfolgen des Kontakts mit Agent Orange und anderen Entlaubungsmitteln litten. Zumwalt war fest davon überzeugt, dass sowohl die Krebserkrankung seines Sohns Elmo III. als auch die schweren Lernbehinderungen seines Enkels Elmo IV. auf Agent Orange zurückgingen. Zwar distanzierte er sich nie von seinem Befehl, den chemischen Kampfstoff einzusetzen, aber er (und auch Mouza) konnte sich den Tod seines Sohns auch nie ganz verzeihen.

Zumwalt setzte sich persönlich für vietnamesische Flüchtlinge ein, die nach dem Krieg in die Vereinigten Staaten auswandern wollten, und gewann für dieses Anliegen die Unterstützung seiner gesamten Familie. Die größte Belohnung seines Engagements war die Einbürgerung seines einstigen Verbündeten, des ehemaligen südvietnamesischen Stabschefs für Marineoperationen, den Zumwalt als »einen Bruder« betrachtete, mitsamt seiner Familie.

Zumwalt starb im Jahr 2000 im Kreise seiner Angehörigen. Die Trauerfeier fand an der Marineakademie statt, wo der damalige US-Präsident die Trauerrede hielt. Zumwalt und seine Frau Mouza wurden gemeinsam unter einem schwarzen Grabstein in Durham, North Carolina beigesetzt. Passenderweise besteht die Inschrift des Grabsteins aus einem einzigen Wort: »Reformer«. Unter Mouzas Namen steht »Seine Kraft«. Zumwalts Vermächtnis lebt in der Navy fort, die im Jahr 2014 das Leitschiff der neuesten Zerstörerklasse, die USS *Zumwalt*, nach ihm benannte – die letzte institutionelle Ehre für einen Zerstörer-Reformer wie Zumwalt. Passenderweise ist *Zumwalt* eine eigene Schiffsklasse. Die USS *Zumwalt* ist als Schiff so einzigartig wie ihr Namensgeber. Sie fährt heute stolz auf dem Pazifik, auf dem Bud Zumwalts Karriere ihren Anfang nahm.

KAPITEL IX

Wie alle herausragenden Reformer war Bud Zumwalt ein herausragender Visionär – kühn, was die Überwindung überkommener Sitten, Konzepte und Annahmen anging, und sowohl bereit als auch in der Lage, die Bürokratie mit ihren verkrusteten Strukturen zu einer grundlegenden Veränderung zu zwingen. In Zumwalt vereinigten sich eine absolute Hingabe an die höchsten Ideale der Navy mit einer geradezu lausbubenhaften Ader, die mindestens bis zu seiner Ausbildung an der Marineakademie zurückreichte, wo er für seine Scherze und seine Angewohnheit bekannt war, die Regeln bis zum Zerreißen zu dehnen. Im Verlauf seiner gesamten Karriere machte er sich geschickt beide Seiten seiner Persönlichkeit zunutze, während er überlieferte Traditionen beständig in Einklang mit der modernen Kultur brachte und dabei den besten Traditionen (zumindest im Geiste) stets treu blieb. In vielerlei Hinsicht war er ein Bilderstürmer und instinktgesteuerter Querdenker. Das ist eine Charaktereigenschaft, die sehr nützlich sein kann, vor allem, wenn sie in einer tief verwurzelten Bürokratie zum Tragen kommt. Genauso oft kann sie eine Karriere aber auch zerstören, bevor diese sich richtig entfalten kann. Oftmals wird das *Enfant terrible* bereits in der Wiege erwürgt.

Wie bei den meisten Reformern wirkte sich Zumwalts revolutionäre Ader auf vielfältige Weise aus. Ihm fiel es zu, die Navy neu zu erfinden, vor allem in Bezug auf ihre Mitglieder. Er tat das auf eine Weise, die einerseits das Gefühl vermittelte, die Navy halte an altehrwürdigen Traditionen fest, passe sich aber andererseits auch an den Kontext einer modernen Gesellschaft an. Zumwalt wurde zum Stabschef für Marineoperationen ernannt, weil eine Reihe von Traditionalisten sich hartnäckig der Modernität verweigerten und damit einen Bilderstürmer bitter nötig hatten. So wie nicht alle Traditionen automatisch richtig waren, erwiesen sich aber auch einige von Zumwalts Innovationen als fehlgeleitet oder nicht nachhaltig.

Insbesondere vor dem Hintergrund der heutigen Fokussierung auf das Thema »Den Wandel anführen« und angesichts der Veränderungen von gesellschaftlichen Normen und der Arbeitswelt – die kaum weniger anspruchsvoll sind als die, mit denen Zumwalt und die Navy in den 1970er-Jahren konfrontiert waren –, müssen moderne Führungskräfte darüber nachdenken, wie sie das richtige Maß an Bilderstürmerei in ihre Organisationen und ihre eigene Weltsicht tragen können. Immerhin

DER REFORMER

sind sie dafür verantwortlich, dass ihre Organisation reaktions- und anpassungsfähig bleibt. Kontinuierliche kleinere Innovationen sind oft die beste Versicherung gegen die epochalen Veränderungen von morgen. Oft stelle ich die Frage – vor allem junge Führungskräfte sollten sie sich ebenfalls stellen –, was eine von mir geführte Organisation heute macht, das sich in 50 Jahren als ein Riesenfehler herausstellen könnte. Zumwalt hatte ein besonderes Gespür für diese Frage, und er wusste auch, *an wen* er sich in der Organisation wenden musste, um die richtige Antwort zu erhalten. Er musste nicht mit sehr vielen schwarzen, philippinisch- oder hispanischstämmigen oder weiblichen Seeleuten sprechen, um Praktiken aufzudecken, die völlig anachronistisch wirkten. Für Führungskräfte, und vor allem für ranghohe, ist es eine sehr gute Übung, die Meinung von Menschen in der Organisation einzuholen, die keine Führungsposition bekleiden (einschließlich junger Nachwuchskräfte).

Im Verlauf meiner Karriere habe ich zweimal – als Quasi-Stabschef – im inneren politischen Zirkel für echte Vordenker gearbeitet, die nicht unterschiedlicher hätten sein können, bis auf die Tatsache, dass beide sehr originell waren. Der erste war der Marinestaatssekretär Richard Danzig, der viele von Zumwalts Qualitäten besaß, darunter nicht nur seine wirklich originäre Denkweise, sondern auch die leichte, heitere Art und einen feinen Sinn für Humor und Scherze. Er trieb intensiv alle möglichen Veränderungen in der Navy voran, von ihrer überholten Beförderungspolitik bis zum erstmaligen U-Boot-Einsatz von Frauen. Er wählte seine Kampfschauplätze gut aus, realisierte mehr Siege als Verluste und bewirkte im Laufe mehrerer Jahre einen echten Wandel an der Spitze des gewaltigen Marineministeriums. Seine frühen Bemühungen, weiblichen Soldaten den Dienst in U-Booten zugänglich zu machen, die während seiner Amtszeit nicht umgesetzt wurden, zahlten sich ein Jahrzehnt später aus – was deutlich macht, dass Ikonoklasten gelegentlich Geduld aufbringen müssen, um die Früchte ihrer Arbeit zu erleben.

Der andere wirklich originelle Denker, der buchstäblich alles hinterfragte, was ihm irgendjemand sagte, war Verteidigungsminister Donald Rumsfeld. Ich war für mehr als zwei Jahre sein Senior Military Assistant, und das war eine äußerst anstrengende Zeit in meiner Karriere. Obwohl ich selbst ein Drei-Sterne-Admiral war und soeben einen Zweijahreseinsatz als Kommandeur einer Flugzeugträgerkampfgruppe mit

KAPITEL IX

der USS *Enterprise* (CVN-65) als Leitschiff absolviert hatte, konnte ich nicht mit ihm mithalten. Er arbeitete mehr, kämpfte härter und dachte schneller und cleverer als alle anderen in seiner Umlaufbahn und ließ uns Stabsmitarbeiter ständig mit hängender Zunge hinterherhecheln. Zwar machte er einige Fehler, was seine politischen Entscheidungen anging, aber insgesamt nahm er das Verteidigungsministerium hart an die Kandare und bewirkte echte Veränderungen – von der Einrichtung eines Combatant Command for Homeland Security (Nördliches Kommando der Vereinigten Staaten, NORTHCOM)* bis zur Restrukturierung der nachrichtendienstlichen Funktionen im Anschluss an den 11. September, um die Abhängigkeit der Vereinigten Staaten von Auslandsstützpunkten aus der Zeit des Kalten Krieges zu verringern. Und das tat er, indem er sich viele Gedanken über jeden Vorschlag machte, der ihm unterbreitet wurde. Er hinterfragte die Annahmen hinter jedem einzelnen Vorschlag, diskutierte mit Assistenten und Beratern, die ihm Vorabinformationen und Hintergrundberichte lieferten, über scheinbare Nebensächlichkeiten, bis sie ihren Standpunkt belegen konnten oder ihn änderten, gab vollkommen andere Empfehlungen und beharrte vor allem auf neuen Methoden zur Lösung altbekannter Probleme. Ich warnte diejenigen, die ihm Informationen und Berichte vorlegten, immer mit den Worten: »Denken Sie daran, dass Sie beim Minister keinen Freischuss haben«, womit gemeint war, dass sie kein Argument vorbringen sollten, das sie nicht hundertprozentig belegen konnten – von der Höhe der Umlaufbahn eines Satelliten bis zur Testtiefe für ein neues U-Boot-Design. Aus der Beobachtung von Rumsfeld und Danzig lernte ich sehr viel über die Kraft einer unabhängigen, originären Denkweise.

Vielleicht hatte es damit zu tun, dass Zumwalt in Kalifornien am äußeren Rand von Amerikas pazifischer Welt geboren wurde, jedenfalls war er ein Admiral, wie er im Buche steht. Auf Schnappschüssen und gestellten Fotos aus seiner Zeit als junger Offizier kann man bereits erkennen, dass er vom Scheitel bis zur Sohle dem Bild einer

---

* Vereinigtes Kampfkommando für Heimatschutz. Die Kampfkommandos setzen sich aus mehreren Einheiten verschiedener Teilstreitkräfte zusammen und sind je nach militärischem Zuständigkeitsbereich in funktionale und regionale Bereiche unterteilt. (A.d.Ü.)

DER REFORMER

körperlich imposanten Führungsfigur entsprach; dieser Effekt war noch viel intensiver, wenn man ihn persönlich erlebte. Zumwalt besaß ein ausgeprägtes natürliches Charisma, aber er achtete auch darauf, sich in der Kunst der Persönlichkeitsentwicklung und Überzeugungskraft weiterzubilden: Von den Diskussionswettbewerben als Midshipman bis zu der bewussten Entscheidung, im BUPERS zu arbeiten, in dem er im Wesentlichen das Personalmanagement der gesamten uniformierten Navy verantwortete, ergänzte Zumwalt seine angeborene charismatische Persönlichkeit um eine herausragende soziale Kompetenz und konnte auf diese Weise seinen Charakter so weiterentwickeln, dass er sich zum jüngsten Stabschef für Marineoperationen in der Geschichte qualifizierte und der verknöcherten »Marinearistokratie« die Stirn bieten konnte. Nicht jede erfolgreiche Führungskraft besitzt Zumwalts natürliches Charisma – man braucht nur einen Blick auf Fisher, Mahan, Rickover und Hopper zu werfen, um im Pantheon historischer Admirale weitaus weniger charismatische Beispiele zu finden. Wenn man den Hollywood-Effekt einer naturgegebenen charismatischen Erscheinung beiseitelässt, ist es jedoch wichtig, sich daran zu erinnern, dass Zumwalt als Stabschef für Marineoperationen nicht wie die Göttin Athene fertig geformt Zeus' Schädel entsprungen ist. Ja, er besaß von Haus aus mehr Charisma als viele andere Menschen, aber er wusste auch, dass dieses einzigartige Geschenk eine Grundlage zur weiteren Entwicklung darstellte, und unternahm während seines gesamten Lebens kontinuierliche Anstrengungen, um es weiterzuentwickeln und zu nutzen.

Wichtig ist zudem der Hinweis, dass es auch stillere, subtilere Formen von Charisma gibt. Bei einer Gelegenheit beendete Zumwalt einen wegweisenden Vortrag mit einem Tarzanschrei, der das gesamte Publikum erschütterte. Das konnte er nur wegen seiner herausragenden Persönlichkeit machen. (Diese Art Urschrei verurteilte zum Beispiel die Präsidentschaftskandidatur von Howard Dean im Jahr 2004 zum Scheitern.) Nur wenige Führer können so viel rohe Energie effektiv kanalisieren, aber jeder kann daran arbeiten, die Kommunikationsformen zu verfeinern, die am besten zu seinem Charakter und den jeweiligen Umständen passen. Zumwalt galt weithin als Admiral der Seeleute. Eines der Markenzeichen seines Charakters war absolute Loyalität gegenüber seinen Seeleuten. Insbesondere wenn er einen Kampfeinsatz kommandierte, nahm er

KAPITEL IX

seine Leute hart heran. Gleichzeitig tat er, was er konnte, um ihre Erfahrung zu teilen und ihr Leben ein wenig zu leichter zu machen. Als Kommandeur der Marinekräfte vor Vietnam besuchte er oft die Kampfeinheiten an der Front und die Lazarette, ließ für die Einheiten Bier in seinem persönlichen Helikopter liefern und führte Gespräche mit verwundeten Soldaten.

Zumwalts Mitgefühl mit seinen Seeleuten reichte weit über seinen aktiven Militärdienst und seine eigene kriegsbedingte Treuepflicht hinaus. Nicht nur wurde er zum Fürsprecher der Soldaten, die unter den Spätfolgen des chemischen Kampfstoffes Agent Orange litten, er sprach sich auch für eine Versöhnung mit dem Vietnam aus. Er besuchte das Land seines einstigen Feindes als Gast und unterstützte persönlich die Einbürgerung südvietnamesischer Flüchtlinge in den Vereinigten Staaten.

Heutige Führer können Zumwalts Empathie auf unterschiedliche Weise nacheifern. Erstens sollten sie ständig Ausschau nach systemischen Ungerechtigkeiten in ihren Organisationen halten. Wie Zumwalt mit der Bildung eines Beraterkomitees aus jüngeren Seeleuten oder durch die Gewinnung von Lieutenant Commander Bill Norman demonstrierte, der ihm dabei helfen sollte, den Widerspruch zwischen »schwarz sein und Angehöriger der Navy sein« aufzulösen, wie Norman es ausdrückte, besteht echte Empathie als Charaktereigenschaft nicht in willkürlichen Akten der Freundlichkeit, sondern in einem aktiven Führungsstil. Außerdem achten empathische Führungskräfte nicht nur aufmerksam auf mögliche Probleme, sondern wissen auch, dass sie nicht auf alles eine Antwort haben.

Zumwalt erkannte nicht nur sehr schnell, dass es mit vermeintlichen Banalitäten wie der Bordverpflegung und schönfärberischen Angeboten für die Minderheiten unter den Seeleuten nicht getan war, sondern er ermutigte diese auch, in Eigeninitiative akzeptable Veränderungen vorzuschlagen, anstatt dass er alle Lösungen vorgab. Und schließlich müssen Führer erkennen, dass ein aktiv empathischer Führungsstil auch couragiertes Handeln erfordert, selbst wenn die notwendigen Veränderungen schwierig oder schmerzhaft sind (wie es oft der Fall ist).

Von den Führungspersönlichkeiten, für die ich in enger Zusammenarbeit tätig war, würde ich sagen, dass Verteidigungsminister Robert Gates

212

DER REFORMER

die größte Empathie für die Truppen unter seinem Kommando hatte. Das wirkt vielleicht merkwürdig für eine Person, die in einer langen, erfolgreichen Karriere bei der CIA, zu deren Direktor er Anfang 1990er-Jahre ernannt wurde, als Chefspion der Vereinigten Staaten gearbeitet hat. Ich habe ihn jedenfalls wiederholt Entscheidungen treffen sehen, die letztlich in einer tiefen, unverbrüchlichen Fürsorge für seine Truppen wurzelten. Und trotz der Tatsache, dass er das Amt als Verteidigungsminister abgeben wollte, diente er am Ende unter den beiden Präsidenten Bush und Präsident Obama in der wichtigsten und anstrengendsten Position des Kabinetts. Als ich ihn einst bei einem Empfang in meinen Räumlichkeiten im Hauptquartier des Südlichen Kommandos, in dem ich als Kampfkommandeur diente, fragte, wie er mit den offensichtlichen Belastungen seines Amtes umging, nahm er einen kleinen Schluck Wodka, lächelte matt und sagte: »Ich kann den Truppen nicht einfach den Rücken kehren. Sie geben alles, was sie haben, und ich habe ihnen gegenüber die Pflicht, weiterzumachen.« Es ist kein Zufall, dass seine großartigen Erinnerungen an diese Zeit schlicht *Duty** (Pflicht) heißen. Er besaß ein Pflichtgefühl, das seiner Empathie für seine Truppen entsprang. Das ist eine herausragende Charaktereigenschaft, die uns alle zum Nachdenken anregen sollte. Zumwalt besaß sie auch.

Zumwalt war nicht nur relativ jung, er stellte in seiner Karriere in allem, was er tat, auch eine grenzenlose Energie unter Beweis. Er genoss schwierige Aufgaben. Seine Überzeugung lautete: »Wenn man ganz unten anfängt, gibt es nur einen Weg, und der weist nach oben.« Zumwalt übertrug seine eigene Tatkraft auf die Soldaten unter seinem Kommando und stärkte ihren Korpsgeist. Insbesondere in Führungspositionen war seine Arbeitsmoral ein lebendes Denkmal für die Idee, dass erfolgreiche Reformer intelligenter und härter arbeiten müssen als ihre Gegner.

Zumwalts Tatkraft ermöglichte ihm, die verkrusteten Strukturen der Navy durch harte Arbeit zu bekämpfen. Ein Großteil seines Erfolges basierte jedoch auf seiner Fähigkeit, seine Energie auf die richtigen Ziele zu richten. Von frühen Initiativen wie der Änderung des schlaff klingenden Funkrufzeichens in einen dynamischeren Ton bis hin zu

---

* Der vollständige Titel lautet: *Duty: Memoirs of a Secretary of War*. Das Buch ist allerdings nicht auf Deutsch erhältlich. (A.d.Ü.)

KAPITEL IX

seinen »wilden Ideen« und den Z-Grams schien sich sein Reform-
eifer stets auf die Sache mit der größten kulturellen Hebelwirkung zu
richten. Wie jede Führungskraft weiß, passiert so etwas weder durch
Glück noch durch Zufall. Unabhängig davon, wie wild seine Ideen auch
sein mochten, waren sie fast immer das Ergebnis wohlwollender, aber
freimütiger Debatten mit Beratern, auf deren ungeschminkte Bericht-
erstattung Zumwalt vertraute. Auf diese Weise konnte er wohlüberlegte, zielgerichtete politische Veränderungen bewirken, anstatt sich auf
Slogans und vorgestanzte Formulierungen zu beschränken. Ähnlich wie
beim Einfühlungsvermögen können Führungskräfte sich nicht immer
nur auf ihr Reaktionsvermögen verlassen; früher oder später müssen
sie *führen*, indem sie aktiv vorangehen und dabei die richtigen Ziele
anvisieren. Wie »Zoomwalt« schon früh in seiner Karriere feststellte,
kann gebündelte Energie, die geschickt eingesetzt wird, die Gegner aus-
manövrieren und die Dynamik zugunsten des Reformers verändern.

Charisma plus Energie plus Geschick war die Kombination, die
Zumwalt sein großes Selbstvertrauen gab. Wie alle herausragenden
Führungspersönlichkeiten verließ er sich jedoch nicht allein auf dieses
Selbstvertrauen. Mithilfe seines enormen Arbeitsvermögens und der
Beratung durch hoch kompetente Mentoren (allen voran Paul Nitze)
entwickelte Zumwalt sein angeborenes Begabungspotenzial mit zu-
nehmender Erfahrung weiter und vertraute mit Recht darauf, dass dies
ihm den Weg zu einer erfolgreichen Karriere ebnen würden. Wie sein
Ikonoklasmus war auch sein Selbstvertrauen jedoch ein zweischneidiges
Schwert. Wäre er schüchtern oder zögerlich gewesen, hätte er sich als
Reformer nicht durchgesetzt. Ein überzogenes Selbstvertrauen, das
an Egozentrik grenzt, und ein gewisser Fanatismus, der Reformer oft
kennzeichnet, können zu Übertreibungen führen. Zwar hatten die
zahlreichen Z-Grams, die Zumwalt in seiner Position als Stabschef für
Marineoperationen versendet hatte, einen langfristigen Kulturwandel in
der Navy bewirkt, allerdings überdauerten nur wenige seiner konkreten
Veränderungen seine Amtszeit. Die heutige Navy ist zwar meilenweit von
der verkrusteten Institution entfernt, die Zumwalt bei Amtsantritt vorfand, aber sie ist in vielerlei Hinsicht immer noch sehr restriktiv und
hinkt vielen Organisationen im Privatsektor hinterher.

DER REFORMER

Wie zuvor erwähnt, ist der Skandal um den »Spionagering des Admirals« (»admirals' spy ring«), der sich unter seiner Ägide ereignete, zweifellos ein Makel, der einen gewissen Schatten auf sein Ansehen wirft. Die ganze Angelegenheit war eine schwere Verletzung der US-Gesetze und der guten Sitten, und selbst Zumwalts wichtigste Biografen finden es schwer zu glauben, dass er nicht über die Vorgänge informiert war. Sie geschah unter der Verantwortung des Vorsitzenden des Vereinigten Generalstabs und des Stabschefs für Marineoperationen und warf Schatten auf seine Reputation. In einem internen Krieg zwischen Regierungsbehörden mag vieles erlaubt sein, aber es gibt Grenzen, die eine Führungskraft nie übertreten darf. Keine noch so große Frustration über Nixons Tricks und Täuschungen kann die Übertretung von Gesetzen oder die Verletzung der stärksten kulturellen Tabus rechtfertigen.

Nichtsdestotrotz gibt es an Bud Zumwalt ungeheuer viel zu bewundern. Ich bewundere jeden der hier porträtierten Admirale auf die eine oder andere Weise; meine tiefste Zuneigung gilt jedoch diesem energiegeladenen, enthusiastischen, äußert originellen und idealistischen Führer. Sein Charakter ist es, dem ich im Verlauf meiner eigenen Charakterreise am meisten nachgeeifert habe.

Alle Zitate sind den folgenden Büchern entnommen: Elmo R. Zumwalt Jr., *On Watch* (New York: Quadrangle, 1976) beziehungsweise Larry Berman, *Zumwalt: The Life and Times of Elmo Russell »Bud« Zumwalt, Jr.* (New York: Harper, 2012)

KAPITEL X

Nicht zu nah ans Wasser gehen!

FLOTTILLENADMIRALIN GRACE HOPPER

GEBOREN AM 9. DEZEMBER 1906
IN NEW YORK CITY

GESTORBEN AM 1. JANUAR 1992
IN ARLINGTON, VIRGINIA

KAPITEL X

Ich lernte die damalige Captain Grace Hopper 1976 in Annapolis während meiner fortgeschrittenen Studienjahre kennen, als ich bereits meinem Abschluss entgegenfieberte und hoffte, anschließend auf einem Zerstörer eingesetzt zu werden. Captain Hopper hielt eine Vorlesung vor einer Gruppe von Midshipmen, die mit primitiver Computerprogrammierung beschäftigt waren und versuchten, die behäbigen Maschinen der Akademie mit Lochstreifen dazu zu bringen, geheime Berechnungen anzustellen. Hopper, eine kleine, zierliche Person in einer elegant geschnittenen blauen Ausgehuniform, entsprach kaum dem Bild verwegener Marineoffiziere, die wir üblicherweise zu Gesicht bekamen, wenn Gastdozenten eintrafen. Aber sie hatte einen stechenden Blick und genoss es eindeutig, in einer Gruppe athletischer junger Männer im Mittelpunkt der Aufmerksamkeit zu stehen. Sie war für uns Midshipmen sowohl eine Inspiration als auch eine rätselhafte Figur – so weit von dem typischen heldenhaften Marineoffizier entfernt, wie man sich nur vorstellen konnte. Nichtsdestotrotz eilte ihr der Ruf als herausragende Vordenkerin voraus, und wir hörten ihr aufmerksam zu.

Sie sprach über Innovation und die Notwendigkeit, Risiken zu wagen. Wir, die wir uns in dem streng reglementierten System der US-Marineakademie der 1970er-Jahre bewegten, konnten uns nichts Spannenderes vorstellen, als eine ranghohe Offizierin, die uns dazu aufforderte, etwas zu wagen, das außerhalb der Norm lag. Eine derartige Ermutigung aus dem Munde einer legendären Wissenschaftlerin und landesweit bekannten Marineoffizierin zu hören, war höchst ansteckend. Jahre später sagte sie: »Die derzeitige Malaise besteht in der mangelnden Bereitschaft, Wagnisse einzugehen. Alle gehen auf Nummer sicher. Wir haben unseren Mumm verloren. Es macht viel mehr Spaß, seinen Hals zu riskieren und etwas zu wagen. Überall sehen wir die Haltung, sich gegen alles zu schützen und jedes Risiko zu vermeiden. Wir haben dieses Land aber aufgebaut, indem wir etwas gewagt haben.« Das war auch die Kernbotschaft ihrer Vorlesung von 1976, und diese Ermahnung ist mir in meiner ganzen Karriere in Erinnerung geblieben.

Grace Hopper verbrachte weder besonders weder viel Zeit auf See noch hat sie je Flugzeugträgerkampfgruppen in die Schlacht geführt. Flottillenadmiralin Grace Hopper war eine begabte Mathematikerin und Computerwissenschaftlerin (wenngleich dieser Begriff zu ihrer Zeit noch

218

nicht existierte), die die Navy in das Computerzeitalter führte. Ihre Arbeit war maßgeblich für das Konzept, für die Zusammenstellung von Daten Wörter statt mathematische Symbole zu verwenden; oft wurde sie als »Mutter von COBOL« (Common Business-Oriented Language), einer der ersten Computersprachen, bezeichnet.

Vor allem aber war Admiralin Hopper eine außergewöhnliche Persönlichkeit, die in einem Zeitalter, in dem Frauen oft das Privileg der Führungsverantwortung versagt blieb, ihren eigenen Instinkten folgte. Sie strahlte die Art von Selbstsicherheit gepaart mit Demut aus, die eine geradezu magnetische Anziehungskraft entfaltet und in vielfacher Hinsicht der beste Indikator für Charakterstärke ist. Es ist keine Übertreibung zu sagen, dass ihre damalige Vorlesung in jeder Hinsicht unvergesslich war und mir und vielen anderen während der Verwandlung der Navy in die computerbasierte Organisation, die sie heute ist, als Maßstab diente. Dieser Wandel der analogen Welt meiner Jugend war so bedeutend wie der Übergang von Holz zu Stahl und von Segeln zu kohlebetriebenen Dampfschiffen ein Jahrhundert zuvor. Nachdem ich Hopper kennengelernt hatte, verfolgte ich ihren weiteren Werdegang bis zu dem Tag, an dem sie starb – zu jener Zeit war ich bereits Kommandeur und hatte als Kapitän einen Zerstörer befehligt. In jedem meiner Kommandos wandte ich viel von dem an, was ich durch ihre Beobachtung gelernt hatte, und selbst heute noch erinnere ich mich lebhaft an die zierliche Person, die so viele große Ideen hatte.

Flottillenadmiralin »Amazing« Grace Brewster Murray Hopper war die Urenkelin eines Admirals der Unionsstaaten aus dem Amerikanischen Bürgerkrieg, ein Umstand, dessen sie sich sehr bewusst war. Oft verwebte sie ihr nautisches Vermächtnis in persönlichen Anekdoten, von denen eine besonders hervorstach, nämlich die Geschichte, wie sie als Kind beinahe in dem See ihres Familiengrundstücks ertrunken wäre, nachdem ein kleines Segelboot, auf dem sie sich befand, kenterte und ihre Mutter ihr vom Dock aus zuschrie, sie solle »sich an den Admiral erinnern«. (»Verdammt, Grace, schwimm!« wäre vermutlich ein besserer Rat gewesen. Und das sage ich als Admiral.)

Man kann eigentlich nur dann verstehen, welchen enormen Einfluss Admiralin Hopper auf die Navy hatte, wenn man das Ausmaß der technologischen Revolutionen, die im Verlauf ihres Lebens stattfanden,

KAPITEL X

richtig einordnet. Hopper wurde geboren, als die Schiffe der Navy gerade erst den Spanisch-Amerikanischen Krieg entschieden hatten und neben der Kohlebefeuerung »zur Sicherheit« noch mit Segelmasten ausgerüstet waren. Es gab weder U-Boote noch seegestützte Flugzeuge. Die Kommunikation zwischen den Schiffen fand zumeist per Signalflaggen statt. Ein Großteil der Strategie des angehenden 20. Jahrhunderts (die natürlich von Alfred Thayer Mahan entwickelt wurde) konzentrierte sich auf Bekohlungsanlagen, an denen die Kriegsschiffe ankern, Kohle nachladen und Reparaturen durchführen konnten, um im Namen Amerikas die Weltmeere mit ihren endlosen Patrouillenfahrten zu kontrollieren. Die Kriegsschiffe waren nicht besonders komplex und ihre primitiven Feuerleitsysteme zur Lenkung der massiven Kanonen stützten sich zumeist auf Sichtverbindung. Die Schiffe mussten kaum technologische Anforderungen erfüllen; ihr Betrieb bestand im Wesentlichen aus seemännischer Kompetenz, Technik und Schiffsartillerie.

Der Erste Weltkrieg brachte zahlreiche Fortschritte in der Kriegstechnologie und markierte den Beginn des U-Boot-Kriegs, der ersten seegestützten Aufklärungsflugzeuge und des Einsatzes von lenkbaren Luftschiffen zu Beobachtungszwecken, die ihre Basis auf größeren Schiffen hatten. Die maritime Kriegsführung war damals noch relativ schlicht. In den Jahren nach dem Ersten Weltkrieg fanden in zahlreichen Disziplinen technologische Fortschritte statt, und als Grace Hopper Mitte der 1940er-Jahre zur Navy kam, hatte sich in der Flotte schon vieles verändert. Die Funkkommunikation war zur Norm geworden, die Schiffe wurden mit Öl angetrieben und ihre Anlagentechnik war weitaus robuster und ausgefeilter; die U-Boote waren besser mit Angriffswaffen ausgerüstet, die Feuerleitsysteme konnten die Radarinformationen besser verarbeiten und die Flugzeugträger konnten relativ leistungsfähige Flugzeuge auf See bringen. Allerdings gab es noch keinen Bedarf an den hoch komplexen Systemen, die nach dem Zweiten Weltkrieg aufkamen und eine Umstellung auf eine computerbasierte Flotte nötig machten. Zu dem Zeitpunkt, als Grace Hopper in die Navy eintrat, machten sich die ersten Anzeichen der Computerrevolution bemerkbar, und zwar an dem wachsenden Bedarf an Hochgeschwindigkeit-Raketenleitsystemen, an der Analyse komplexer akustischer Unterwassersignale, an Satellitennavigation und -kommunikation, autonomen Artilleriesystemen,

NICHT ZU NAH ANS WASSER GEHEN!

modernen Antriebssystemen einschließlich Gasturbinen und Nuklearenergie und anderen technologischen Anforderungen. Hoppers berufliche Karriere in der zweiten Hälfte des 20. Jahrhunderts verlief parallel zu dem wachsenden Bedarf an umfassenden Datenanalysen, einer hohen Reaktionsgeschwindigkeit und einer nahtlosen Integration komplexer Kampf- und Techniksysteme – in anderen Worten, der Notwendigkeit, analoge Technologien durch digitale Technologien zu ersetzen. Hoppers Karriere ist ein Spiegelbild des technologischen Wandels, der in dieser Zeit stattfand und die noch komplexeren Kriegsschiffe von heute möglich machte.

Admiralin Grace Hopper wurde 1906 in eine liebevolle Familie geboren. Ihre Eltern entdeckten und förderten ihr Interesse für Technik schon sehr früh in ihrem Zuhause in New York und ihrem Feriendomizil in New Hampshire. Hopper nahm oft Dinge auseinander, um herauszufinden, wie sie funktionierten – mit sieben Jahren nahm sie einmal sieben Wecker auseinander. Später erinnerte sie sich an diese Episode und sagte:»Es war so, dass ich zunächst einen Wecker zerlegte, und dann konnte ich ihn aber nicht mehr wieder zusammenbauen, also nahm ich den nächsten auseinander. Am Ende hatte ich alle sieben zerlegt. Danach durfte ich nur noch einen Wecker auseinandernehmen. Da war diese Neugier; ich wollte einfach wissen, wie Dinge funktionieren.« Hopper, die ihrem Alter voraus und schon sehr früh akademisch orientiert war, begann mit 17 Jahren an der Elite-Universität Vassar College* zu studieren und erlangte 1928 ihren Abschluss und den Phi-Beta-Kappa-Schlüssel.** Zwei Jahre später machte sie ihren Master-Abschluss in Yale und begann ihre Promotion in Mathematik, die sie 1934 erlangte. Ab 1931 unterrichtete sie Mathematik in Yale und heiratete den Gelehrten und Professor der New York University, Vincent Hopper, dessen Namen sie annahm und auch nach ihrer Scheidung im Jahr 1945 nicht ablegte. Sie sagte:»Ich hatte das große Glück, dass mein Vater davon überzeugt war,

---

*   Sie wurde 1861 als College ausschließlich für weibliche Studenten gegründet, um die akademische Ausbildung von Frauen zu unterstützen, und gehört zusammen mit weiteren sechs Universitäten zu den sogenannten Seven-Sisters-Colleges. (A.d.Ü.)

** US-amerikanische akademische Ehrengesellschaft und älteste Studentenvereinigung der USA (A.d.Ü.)

KAPITEL X

dass seine Töchter die gleichen Chancen erhalten sollten wie sein Sohn, daher konnten meine Schwester und ich am Vassar College studieren. Das war damals etwas unüblich.»

Ihr Leben wäre möglicherweise auch weiterhin in behäbigen akademischen Gleisen verlaufen, wenn die Vereinigten Staaten durch den Angriff auf Pearl Harbor am helllichten Tag des 7. Dezembers 1941 nicht in den Zweiten Weltkrieg gezwungen worden wären. Grace und ihr Ehemann Vincent saßen sich in ihrem Arbeitszimmer in der 95. Straße in Manhattan an einem großen Doppelschreibtisch gegenüber, umgeben von Büchern, während das fahle Licht des frühen Wintertags durch die Fenster schien. Wenn ihr Leben so weitergegangen wäre, hätte sie wahrscheinlich viel gelesen und dabei eine Lucky Strike nach der anderen geraucht. Ihre Welt war immer voll von Büchern. Ihre letzten Jahre verbrachte sie in einem kleinen Apartment, das mit Kisten an Forschungsaufsätzen und Magnetband, einem tragbaren Fernseher und unendlich vielen Bücherstapeln angefüllt war – es waren wohl um die 10 000 Bücher von Krimis bis hin zu komplizierten Lehrbüchern über Elektrotechnik. Sie war eine hochbegabte Mathematikerin, aber in ihrem tiefsten Inneren verbarg sich eine unersättliche Wissbegier, die sie befriedigte, indem sie unendlich viele Bücher über die unterschiedlichsten Themen las.

Zu Beginn des Krieges befand sich ihre Ehe in Schwierigkeiten. Ihr Mann Vincent, ein begabter Autor und Lehrer, liebte sie, aber irgendetwas funktionierte einfach nicht in ihrer Ehe – irgendeine grundlegende Qualität fehlte in ihrer Verbindung zueinander, ein winziger Draht, der verhinderte, dass die Elektronen der Liebe frei fließen konnten. Hopper war außerdem sehr damit beschäftigt, einen Weg zu finden, ihrem Land zu dienen, und sehnte sich nach einem interessanteren Leben, als die akademische Welt ihr zu bieten schien. Als sie von dem Angriff auf Pearl Harbor hörte, wirbelte das ihre Welt gehörig durcheinander, so formulierte sie es später einmal. In der Sekunde wusste sie, dass ihr Leben sich für immer verändern würde, und tief in ihrem Herzen war ihr auch klar, dass ihre Ehe vorbei war. Der Angriff hatte die latente Unzufriedenheit, die sie während ihrer Ehe verspürt hatte, auf geheimnisvolle Weise akut zugespitzt. Später sagte sie, in diesem Augenblick habe sie gewusst, dass sie ihren Mann verlassen würde, und gehofft, dass sie zur Navy gehen könnte. Nach ihrer Scheidung heiratete ihr Ex-Mann schließlich eine

NICHT ZU NAH ANS WASSER GEHEN!

ihrer ehemaligen Brautjungfern und machte eine beachtliche Karriere als Professor und Gelehrter an der New York University – genau dieses Leben wollte sie unbedingt vermeiden. Grace Hopper sprach selten über ihre Scheidung und behielt auch ihren Nachnamen. Nach einer gewissen Zeit glaubten die Leute, sie sei Witwe, möglicherweise eines Veterans aus dem Zweiten Weltkrieg.

Zur Zeit des Überfalls auf Pearl Harbor gab es keine Frauen bei der US Navy. In gewisser Hinsicht flog Hopper bei dem Angriff ihr gesamtes bisheriges Leben um die Ohren. Aus der Asche erhob sich eine neue Grace Hopper, erschaffen in einer nationalen Krise, die sie für eine neue Berufung und ein neues Leben – in der US Navy – auserkoren hatte. Zwar fuhr Hopper nie zur See, ihr Dienst als Admiralin der Navy des 20. Jahrhunderts war jedoch auf so vielfältige Weise prägend, wie sie es sich an jenem 7. Dezember 1941 nie hätte vorstellen können.

Nach dem Kriegseintritt der Vereinigten Staaten begann die Navy Frauen in ihren Reihen zu akzeptieren. Mit ihrem Körpergewicht von 48 Kilo wog Hopper jedoch deutlich weniger als die 55 Kilo, die die Navy als Mindestgewicht festgelegt hatte, und wurde daher zunächst abgelehnt. Diese Ablehnung hing womöglich auch mit der Bedeutung ihrer Arbeit als Professorin am Vassar College zusammen, die als wichtig für die Kriegsanstrengungen eingestuft wurde, sowie mit ihrem Alter, denn sie war damals bereits Mitte 30. Der Hauptgrund war aber wohl ihre zerbrechlich wirkende Statur. Im Jahr 1943 zahlte sich ihre Beharrlichkeit endlich aus; nach einer Ausbildung mit dem Trainingskorps für Reserveoffiziere am Smith College wurde sie 1944 in Dienst gestellt.

Ihre erste Aufgabe als Angehörige des freiwilligen Notdienstes der Navy (Women Accepted for Volunteer Emergency Service, WAVES) fand unter der Aufsicht des Bureau of Ships an der Harvard University statt. Gemeinsam mit ihrem Vorgesetzten und Mentor Howard Aiken, einem imposanten, gestrengen Navy Captain, schrieb sie Aufsätze über primitive Computergeräte. Nach dem Abschluss ihrer Erstausbildung an einem Institut mit der Bezeichnung »Midshipmen's School« hoffte sie, in der Codeknacker-Einheit der Navy eingesetzt zu werden, dem Naval Communication Annex. Sie hatte das Gefühl, ihr Mathematikstudium mache diese Arbeit zu einer idealen Einstiegsposition. Während ihrer Zeit an der Midshipmen's School wurde von IBM ein innovativer Computer

KAPITEL X

entwickelt. Damit sollte die junge Leutnantin (Juniorgrad) Grace Hopper nicht mehr zum Naval Communication Annex gehen, sondern gehörte zu der kleinen Gruppe von Leuten, die den ersten Computer der Welt programmierten.

Dieser riesige (2,4 Meter hohe, 16 Meter breite und 5 Tonnen schwere) primitive Computer war eigentlich nichts anderes als eine automatische Rechenmaschine. Mithilfe eines Lochstreifenmechanismus konnte er jedoch auch menschliche Instruktionen verarbeiten. Unter Aikens Leitung begann Hopper an einer Maschine zu arbeiten, die als Computer mit der Bezeichnung *Mark I* bekannt wurde (damit wurde bezeichnet, dass es sich um die erste Version des Geräts handelte, so wie wir heute 1.0 oder 2.0 verwenden). Dieser Computer diente zur Berechnung der Flugbahn von Raketen, zur Lösung von komplexen Waffen- und Feuerleitprogrammen, zur Analyse von Radiowellen und zahlreichen kriegsentscheidenden Aufgaben. Als Teil eines kleinen, hoch visionären Elite-Teams der Navy an der Harvard University stand Hopper im Zentrum dieser Aktivitäten.

Ihre Arbeitsumgebung war weit entfernt von den Ozeanen dieser Welt. Die Physiklabore der Universität, in denen sie arbeitete, wurden von bewaffneten Seeleuten bewacht, und sowohl die Aufgaben als auch ihr Vorgesetzter – der respekteinflößende Captain Aiken – waren anspruchsvoll. Aiken ließ sie umgehend Arkustangenten berechnen (der Arkustangens ist im Wesentlichen eine Umkehrfunktion einer normalen Tangensfunktion). Da sich diese Funktionen nicht ohne hochleistungsfähige Rechenmaschinen exakt berechnen ließen, war Hopper gezwungen, den IBM *Mark I* zu »programmieren«. (Dieses Wort existierte 1944 allerdings noch nicht im Zusammenhang mit Computern.) Wie Aiken und ihre Handvoll Kollegen (ausnahmslos männliche Navy-Angehörige) musste Hopper ihren eigenen Weg austüfteln. Als sie die Aufgabe übernahm (gemeinsam mit ihrer neuen rechten Hand, Ensign Richard Milton Bloch), *Mark I* zu programmieren, wusste sie, dass sie wichtige Probleme hinsichtlich des Kriegseinsatzes löste. Konkret ermöglichte ihre Arbeit eine wesentlich größere Genauigkeit der Radar- und Raketentechnologie, und das war ein bedeutender Beitrag. Sie konnte damals nicht wissen, dass ihre Arbeit bis heute in den täglichen Prozessen der menschlichen Maschinensteuerung nachklingen würde.

NICHT ZU NAH ANS WASSER GEHEN!

Der springende Punkt ist: Hopper war sich bewusst, dass sie die Funktionsweise der Maschine verstehen musste, um sie programmieren zu können. *Mark* I bestand aus knapp einer Million verschiedener Teile. Hopper verbrachte viel Zeit damit, Blaupausen zu studieren, um genau nachvollziehen zu können, wie die Maschine arbeitete. Anschließend musste sie Lochstreifen herstellen, um die Bewegungen – die rohe Rechenleistung – von *Mark I* zu steuern. Selbstverständlich war der erste »Computer« verglichen mit den heutigen Hochleistungsgeräten ziemlich primitiv, und daher war es eine sehr große Herausforderung, weil die Befehle häufig in Echtzeit eingegeben werden mussten, um die notwendigen Berechnungen zu veranlassen. Allein mit grimmiger Entschlossenheit gelang es Hopper, die Arbeitsleistung der Maschine zu steigern. Hoppers außerordentlicher Verdienst bestand in der Zähmung dieses mechanischen Ungeheuers. Diese Leistung, die sie während des Kriegs vollbrachte, markierte den Beginn ihrer außerordentlichen Karriere in modernen Computerwissenschaften.

Neben ihrer Hauptbeschäftigung verbrachte Hopper zudem einen guten Teil ihrer Zeit außerhalb des Labors mit anderen neuen Computertechnologien, die der Unterstützung der amerikanischen Kriegsanstrengungen dienten. Zu diesem Zeitpunkt hatte der Zweite Weltkrieg seine entscheidende Phase erreicht – es war die Zeit der Landung in der Normandie, der Inselschlachten im Pazifik und der intensiven Bombenangriffe auf die deutschen Städte, die schließlich zur Kapitulation Deutschlands und Japans führten. Man kann Hoppers Arbeit an *Mark I* direkt mit einigen taktischen Kriegserfolgen in Verbindung bringen, aber auch mit dem längerfristigen Eintritt der Navy ins Computerzeitalter.

In dieser Zeit kam der Begriff »Bug« (Insekt) für Fehler im Kontext der ersten Computer auf. Bei einer Gelegenheit beschrieb Hopper buchstäblich, wie sie ein Insekt – einen unternehmungslustigen Nachtfalter – im Computer *Mark II* fand, dem Nachfolge ihres geliebten *Mark I*. Sie sagte, der Nachtfalter sei ungefähr 10 Zentimeter groß gewesen und dafür verantwortlich, dass die Maschine »den Geist aufgab«. Der Nachtfalter wurde entfernt und in ein Computerlogbuch geklebt, in dem die Ereignisse der Nacht festgehalten wurden. Das Logbuch ist heute Teil der Sammlung des Smithsonian Museum und der Nachtfalter ist wahrscheinlich das berühmteste Insekt in der Geschichte. Ab diesem Zeitpunkt sprach das

KAPITEL X

gesamte Navy-Team über „Bugs« im Computerprogramm, wenn im Programm (oder bei den Computern) irgendetwas nicht funktionierte.

Nach dem Krieg blieb Hopper bei der Navy. Dafür lehnte sie eine Stelle am Vassar College ab und setzte ihre Arbeit bis Ende der 1940er-Jahre im Navy Computational Lab unter dem jähzornigen Aiken fort. Trotz der angespannten Atmosphäre, die er im Labor erzeugte, sagte sie später, Aiken sei die beste Führungskraft gewesen, die sie je erlebt habe. Sowohl Leutnantin Hopper als auch ihr engagierter treuer Helfer Ensign Richard Bloch setzten ihre Arbeit fort, wenngleich die Unterstützung innerhalb der Navy ein wenig nachließ – obwohl es Aiken gelang, finanzielle Ressourcen für die Computer *Mark II* und *Mark III* zu beschaffen. Um die Kontinuität zu gewährleisten, wurden wichtige Mitglieder des Projekts zur Marinereserve verlagert (damit sie nicht auf aktive Dienstposten mit einer höheren Priorität versetzt werden konnten). Als andere zivile Mitarbeiter das Team verstärkten, begann das Gefühl, als Teil der Navy an einem wichtigen Projekt der Marine zu arbeiten, ein wenig zu verblassen, und die Spannungen zwischen den ursprünglichen Teammitgliedern – im Navy-Jargon *Plank Owners** genannt – und den neu hinzugekommenen Mitarbeitern nahmen zu. Zum Glück für Hopper war sie Aikens Favoritin und konnte ihre Pionierarbeit weitgehend ungestört fortsetzen. Sie und Richard Bloch arbeiteten im entwicklungstechnischen Grenzbereich der Programmierung und trieben den Ersatz der Lochstreifen durch Unterprogramme und Magnettrommeln voran.

Als Hopper nach Auslaufen ihres Vertrags mit der Navy im Jahr 1949 Harvard schließlich den Rücken kehrte, blieb sie Mitglied der Navy-Reserve, wandte sich nun aber verstärkt der Privatwirtschaft zu. Anfang der 1950er-Jahre wurde sie zu einer Pionierin auf dem Gebiet der UNIVAC-Computer, den ersten kommerziell produzierten leistungsfähigen Computern der Vereinigten Staaten. Ihre legendäre Zusammenarbeit mit J. Presper Eckert und John Mauchly war von grundlegender Bedeutung für die Kette an Ereignissen, die dazu führten, dass sie bei der Neuausrichtung der Navy auf das Computerzeitalter schließlich eine

---

* Wörtlich: »Plankenbesitzer« – so wurden die Mitglieder der ersten Besatzung eines neu in Dienst gestellten Schiffs genannt. Der Ausdruck wird für Leute verwendet, die von Anfang an bei einer Sache dabei waren. (A.d.Ü.)

NICHT ZU NAH ANS WASSER GEHEN!

zentrale Rolle einnahm. Das war nicht immer einfach. Im Rückblick sagte Hopper: »Ich erinnere mich, dass ich einmal zum Geschäftsführer von UNIVAC ging, um mehr Geld oder mehr Leute zu bekommen. Er lehnte ab und ich erklärte ihm: ›Okay, dann gehe ich. Ich räume meinen Schreibtisch aus und heute Nachmittag bin ich weg.‹ Er bat mich, zurückzukommen, und sagte zu mir: ›Einen Moment mal, Grace, Sie haben das dieses Jahr schon einmal gemacht, Sie können das nicht noch mal machen.‹ Man muss standhaft sein. Das ist die halbe Miete.«

Mehreren Biografen zufolge gab es aber auch verschiedene problematische Episoden in ihrem Leben, darunter eine Verhaftung wegen Trunkenheit und Erregung öffentlichen Ärgernisses, begleitet von düsteren Selbstmordgedanken. Insgesamt verlief ihr Lebensweg aber aufwärts und ihre innere Kompassnadel zeigte weiterhin einen innovativen Kurs an.

Admiralin Hopper war auch eine frühe Verfechterin der Entwicklung von Computersprachen, die auch Nichtmathematiker verstehen konnten. Anfang der 1960er-Jahre, als die Industrie den Wert sprachbasierter Steuerungssysteme für Computer erkannte, die verständlicher waren als das zahlenbasierte System aus Einsen und Nullen, gewann die Programmiersprache COBOL, an deren Entwicklung Hopper beteiligt war, an Bedeutung. Nun fand die Navy eine neue Verwendung für sie: Von 1967 bis 1977 war sie Direktorin der Navy-Abteilung für Programmiersprachen, Programming Languages Group. Damals kam sie oft nach Annapolis, um die Verwendung von COBOL und Fortran (Formula Translation) zu fördern und für die Einführung obligatorischer Computerkurse für alle Midshipmen zu werben. Ihrem Einfluss war es zu verdanken, dass der altehrwürdige traditionelle Lehrplan der Marineakademie um elementare Computerwissenschaften erweitert wurde. In dieser Zeit lernte ich sie kennen – sie hinterließ einen unauslöschlichen Eindruck.

Ende der 1970er-Jahre verfügte auf ihr Wirken hin nicht nur die Navy, sondern das gesamte Verteidigungsministerium über kleinere, dezentrale Netzwerke. Die frühen Vorläufer der Systeme, die heute auf allen Schiffen der Navy verwendet werden, gehen unmittelbar auf Grace Hoppers Entschlossenheit zurück, zu innovieren und die Navy voranzubringen. Mit ihrer Arbeit bei der Marinereserve war sie zum Beispiel

KAPITEL X

die Erste, die sich überzeugend und nachdrücklich dafür einsetzte, dass die Schiffe auf See Computer benutzten. Dieses Konzept, das zunächst als närrisch abgetan wurde (so wie einst auch die Vorstellung belächelt wurde, Flugzeuge könnten von Flugzeugträgern aus operieren), ging ihr angesichts der technologischen Fortschritte, die eine größere Rechenleistung in kleineren, stabileren Maschinen ermöglichten, nicht mehr aus dem Kopf. Sie sah richtig voraus, dass massive Großrechner keine Zukunft haben würden, und erkannte den daraus resultierenden Bedarf, zahlreiche kleinere dezentrale Systeme zu vernetzen. In dieser Hinsicht war sie vielen der späteren Pioniere der PC-Revolution – von Ed Roberts über Steve Wozniak bis zu Steve Jobs – voraus. Vielleicht noch wichtiger war die Tatsache, dass sie bereits in den 1970er-Jahren die Idee eines »Computerzeitalters« und der Synthese von Mensch und Maschine hatte. Aufgrund ihres Wissens über eine effiziente Kommunikation zwischen Menschen und den ersten massiven Rechenmaschinen, das sie im Computerlabor der Navy erworben hatte, war sie in der Lage, in die Zukunft zu extrapolieren und grenzenlose Anwendungsmöglichkeiten für die Techniken und Technologien zu erkennen, an deren Entwicklung sie mit ihrer Pionierarbeit beteiligt war. Hopper leistete außerdem einen wichtigen Beitrag zur Entwicklung der universellen Standards für die Vernetzung physisch getrennter Computersysteme. Heute ist das National Institute of Standards and Technology für diese Art Standardisierungsprozesse zuständig. Diese Arbeit war Teil des entscheidenden technologischen Fortschritts, der die Weiterentwicklung des Internets (von den Systemen des Verteidigungsministeriums) ermöglichte. An jedem zentralen Punkt des Computerzeitalters war Flottillenadmiralin Hopper präsent und leistete maßgebliche Beiträge.

Nach Jahrzehnten in der Marinereserve, in der sie seit Ende des Zweiten Weltkrieges gedient hatte (und in der sie der Navy sehr verbunden blieb – sie nahm an zahlreichen Konferenzen, Wochenend-Drills und kurzen aktiven Diensteinsätzen teil), musste sie 1967 mit 60 Jahren als Kommandeurin schließlich in den Ruhestand gehen. Die Navy hatte jedoch Schwierigkeiten mit der Implementierung von COBOL, und so wurde sie wieder zurückgeholt – zunächst war ihr Einsatz auf sechs Monate begrenzt, aber Hopper erwies sich schon bald als unverzichtbar. Aus den sechs Monaten wurde ein Jahr, dann ein weiteres,

NICHT ZU NAH ANS WASSER GEHEN!

und schließlich wurden daraus weitere 20 Jahre. Und so wurde sie auch weiterhin befördert. Im Jahr 1973 wurde sie Captain; das Rangabzeichen wurde ihr vom Stabschef für Marineoperationen Elmo Zumwalt angesteckt – zwei Seelenverwandte, die sich jeweils auf ihre ganz eigene Weise für Innovation einsetzten. Hoppers Ruhm wuchs beständig; immer öfter wurde sie in den Medien porträtiert, unter anderem in der Fernsehsendung *60 Minutes*. Außerdem war sie sehr nachgefragt als Vortragsrednerin auf Militär- und Industriekonferenzen im ganzen Land. Diese ganze Aufmerksamkeit kulminierte in einem Sondergesetz des US-Kongresses im Jahr 1983, mit dem ihre Beförderung in den Ein-Stern-Dienstrang verabschiedet wurde – damals wurde dieser Rang als »Kommodore« bezeichnet und später als Flottillenadmiral (Rear Admiral Lower Half); der Konteradmiral (Rear Admiral Upper Half) hat zwei Sterne. Am Ende diente sie 42 Jahre in der Navy und wurde 1986 mit 79 Jahren im Rahmen einer sehr gut besuchten Zeremonie an Bord des ältesten im Dienst befindlichen Kriegsschiffes, der USS *Constitution*, in Boston Harbor in den endgültigen Ruhestand verabschiedet. Flottillenadmiralin Hopper gehörte zusammen mit Nimitz, William Leahy und Rickover zu der handverlesenen Elite von Admiralen, die bis in ein derart hohes Alter dienten.

Nachdem sie aus der Navy ausgeschieden war, arbeitete Hopper für das Unternehmen Digital Equipment Corporation (DEC), verbrachte aber die meiste Zeit als Sprecherin der Navy, warb für die Rolle von Computern in der Gesellschaft und für mehr Beiträge von Frauen auf den Gebieten Wissenschaft und Technologie. Sie war dafür berühmt, ungefähr ein Meter lange Stücke Telefonkabel herumzureichen, um zu demonstrieren, welche Strecke Licht in einer Nanosekunde zurücklegt, und zu verdeutlichen, warum die Kommunikation per Satellit so lange dauert. Bei jedem Vortrag, egal an welchem Ort und vor welchem Publikum, trug sie ihre blaue Ausgehuniform. Zwar erlauben das die Bestimmungen der Navy, aber für Offiziere im Ruhestand ist es sehr unüblich. Einst fragte ich Admiral Mike Mullen, ehemaliger Stabschef für Marineoperationen und Vorsitzender der Vereinigten Generalstabschefs, ob er seine Uniform im Ruhestand zu irgendeiner Gelegenheit noch einmal getragen habe, und er sagte: »Ich werde die Uniform noch ein einziges Mal tragen, und das wird bei meinem Begräbnis sein.« Für »Amazing Grace« fühlte es sich

KAPITEL X

jedoch richtig an. Sie wurde von der Navy hochgeschätzt; dass sie auch nach ihrem Ausscheiden aus dem aktiven Dienst noch Uniform trug, vermittelte ein positives Bild der Institution.

Im Alter von 85 Jahren verschied Flottillenadmiralin Grace Hopper, USN (a.D.), friedlich im Schlaf in Arlington, Virginia, unweit des Pentagons. Sie wurde mit allen Ehren auf dem Friedhof Arlington National Cemetery beigesetzt. Im Jahr 2016 wurde ihr als Krönung der vielen Dutzend nationalen und internationalen Auszeichnungen, die sie im Verlauf ihres langen Lebens erhalten hatte – darunter über 30 Ehrendoktorwürden von Universitäten im gesamten Land –, posthum die Freiheitsmedaille des Präsidenten verliehen. Obwohl sie ihren Einfluss auf die Navy an Land und nicht auf See geltend gemacht hatte, ehrte die Nation ihre Leistungen im Jahr 1997 mit der Indienststellung des Lenkraketenzerstörers USS *Hopper*.

Hopper war eine Patriotin, die ihr Land liebte. Tief in ihrem Inneren hatte sie den Wunsch, Teil von etwas Größerem zu sein, das über ihr Leben hinausreichte. Deswegen unternahm sie so große Anstrengungen, nach dem Angriff auf Pearl Harbor in die Navy einzutreten, und das warf einen hellen Schein auf jeden Aspekt ihres Lebens und ihrer Karriere. Obwohl sie zunächst immer wieder abgelehnt worden war, gab sie nicht auf und bewarb sich unbeirrt immer wieder aufs Neue. Ihr Patriotismus spielte auch eine maßgebliche Rolle bei ihrer Entscheidung, auf ein traditionelles Leben als Ehefrau und Mutter zu verzichten und sich stattdessen voll und ganz in den Dienst der US Navy und ihrer Nation zu stellen.

Patriotismus ist eine grundlegende Charaktereigenschaft. Werden Patrioten geboren oder gemacht? Die Antwort lautet selbstverständlich: beides. Charakter manifestiert sich oft in der Opferbereitschaft; die Bereitschaft, großzügig etwas von sich selbst zu geben, wird oft beschrieben als, »der Preis, den wir für das Recht bezahlen, dienen zu dürfen«. Wie bei vielen Menschen, die eine tiefe Liebe zu ihrem Land empfinden, hatte auch der Patriotismus von Flottillenadmiralin Grace Hopper seinen Preis. Die Charaktereigenschaften, die zu diesem Maß an persönlicher Opferbereitschaft führen, sind zumindest teilweise von Geburt an bei einem Menschen angelegt, aber sie lassen sich auch pflegen und entwickeln. Grace Hoppers Eltern und ihre engen Angehörigen gingen mit einem guten Beispiel voran und ermutigten sie dazu, ihrem Land zu dienen. Und sie schufen die Voraussetzungen dafür, dass sie sich im Anschluss an Pearl Harbor und auch später für ihre Nation einsetzte. Schon lange bevor der Satz »Vielen Dank für Ihren Dienst« geprägt wurde, mit denen die amerikanischen Bürger den aktiven Militärangehörigen und Militärveteranen für ihren Einsatz danken, erlebte Grace Hopper, wie ihr ihre Eltern, Freunde und Verwandten dankten und sie zum Dienst an der Nation ermutigten. Das ist eine sehr wertvolle Charaktereigenschaft, die schon in jungen Jahren gefördert werden kann.

Für unsere oft zynischen Zeiten gibt es eine wichtige Lektion: Der Dienst an der eigenen Nation muss aktiv verteidigt und gefördert werden, denn er erfährt keine automatische Wertschätzung. Sehr oft glaubt unsere Gesellschaft, dem eigenen Land zu dienen beziehe sich ausschließlich auf das Militär. Mir wird ständig gesagt, »Vielen Dank für Ihren Dienst«, und glauben Sie mir, nach vier Jahrzehnten in Uniform bin ich für dieses kleine Zeichen der Anerkennung zutiefst dankbar. Es gibt aber noch sehr viele weitere Formen des Dienstes am eigenen Land – die Diplomatie, der Geheimdienst, der Verfassungsschutz, die Polizei, die Feuerwehr, der öffentliche Dienst und die Notfallmedizin, ehrenamtliche und karitative Tätigkeiten, Lehrkräfte an Brennpunktschulen, Essenstafeln und vieles mehr. Ich spreche oft über den Wert des Dienstes an der Nation; mein Denken wurde von Grace Hoppers Karriere geprägt. Ihr Leben ist auch weiterhin ein Beispiel für jeden von uns, dass Patriotismus und Dienst an der Nation unauflöslich miteinander verknüpft sind.

Eine weitere grundlegende Eigenschaft von Flottillenadmiralin Grace Hopper war ihr instinktives Gespür für die Weiterentwicklung und Förderung junger Nachwuchskräfte. Ständig feuerte sie andere zu Hochleistungen an. Dabei demonstrierte sie stets die Fähigkeit, den richtigen Ton für ihr jeweiliges Publikum zu treffen, sei es in einer beiläufigen Unterhaltung im Labor oder vor vielen Hundert internationalen Wissenschaftlern. Im Verlauf ihres langen zielstrebigen Lebens nahm sie sich stets die Zeit, andere anzuspornen, auszubilden und zu fördern. Gegen Ende ihres Lebens sagte sie oft, ihre größte Leistung sei weder die Entwicklung von Computersprachen noch die Programmierung des Computers *Mark I* in Harvard oder ihr Aufstieg in eine ranghohe Position innerhalb der Navy gewesen. Ihre größte Leistung sei vielmehr

KAPITEL X

das Unterrichten, ihre Rolle als Mentorin und die berufliche Förderung und Begleitung so vieler junger Männer und Frauen gewesen. Am Ende repräsentierten diese das Beste von Admiralin Hopper, und sie freute sich über ihre großartigen Lebenswege. Zu einem späteren Zeitpunkt in ihrem Leben sagte sie: »Neben der Entwicklung des Kompilierers* war meine größte Leistung die Ausbildung junger Menschen. Wissen Sie, sie kommen zu mir und fragen mich: ›Glauben Sie, dass wir das machen können?‹ Und ich antworte: ›Versuchen Sie es.‹ Und dann stärke ich ihnen den Rücken. Das brauchen sie. Ich verfolge ihre Entwicklung und rüttle sie von Zeit zu Zeit auf, damit sie nicht vergessen, Risiken einzugehen. Irgendwie warten die Menschen darauf, dass jemand Vertrauen in sie setzt. Und wenn man das macht, schwingen sie sich zu Höchstleistung auf.«

Die Art und Weise, wie Hopper junge Nachwuchskräfte gefördert und begleitet hat, liefert wertvolle Lektionen. Oft beschränkt sich die Karriereentwicklung junger Mitarbeiter auf reine Lippenbekenntnisse. Überzeugte Mentoren betreiben die Nachwuchsförderung dagegen auf systematische und organisierte Weise. Mentoren sollten eine Liste mit vielversprechenden Kandidaten und regelmäßige Entwicklungsgespräche mit den Mentees (mindestens alle sechs Monate) über die beruflichen und persönlichen Aspekte ihrer Karrierefortschritte führen, ihre Mentees eigeninitiativ bei anderen herausragenden Mitarbeitern mit Vorbildfunktion einsetzen und aufrichtige, wohlüberlegte Ratschläge erteilen, um ihren Mentees dabei zu helfen, kluge berufliche und persönliche Entscheidungen treffen. Die Arbeit eines Mentors ist anspruchsvoll und erfährt nicht immer die gleichbleibende Stärkung, die sie verdient, dabei ist sie ein perfektes Beispiel für die Art und Weise, wie wir anderen etwas von der Unterstützung zurückgeben können, die wir selbst erhalten haben. Wenn ich an die Förderung und Begleitung zurückdenke, die mir im Verlauf der Jahre zuteilwurde, empfinde ich Demut und gelobe stets, meiner Dankbarkeit durch die Förderung und Begleitung anderer Ausdruck zu verleihen. Menschen wie die ehemaligen Vorsitzenden der Vereinigten Generalstabschefs Colin Powell und Admiral Mike Mullen

---

* ein Übersetzungsprogramm, das Quellcodes einer bestimmten Programmiersprache in eine vom Computer ausführbare Maschinensprache umwandelt (A.d.Ü.)

232

NICHT ZU NAH ANS WASSER GEHEN!

und die ehemaligen Verteidigungsminister Bob Gates und Leon Panetta waren immer bereit, einen Gang zurückzuschalten, sich Zeit zu nehmen und mir die benötigten Kurskorrekturen zu geben. Sie waren auch da, wenn ich ins Stolpern geriet, und halfen mir, mich wieder zu sammeln und weiterzumachen. Wie Flottillenadmiralin Hopper habe ich stets versucht, das Gleiche für andere zu tun; die Beobachtung, wie Hopper zahllose junge Nachwuchskräfte förderte, gehörte zu diesem Prozess.

Grace Hopper war außerdem unendlich freundlich und rücksichtsvoll und besaß einen klugen Sinn für Humor, den sie in angespannten Situationen ohne jede Scheu einsetzte. Und sie spielte anderen gerne Streiche, aber nie bösartige. In dem Wissen, dass einer ihrer Kollegen ein wichtiges Rendezvous hatte, versteckte sie einmal seine Offiziersmütze zwischen den Rohren unter der Decke. Das brachte den Kollegen tüchtig ins Schwitzen, denn das Marinepersonal darf nicht in Uniform auf die Straße gehen, ohne die entsprechende Kopfbedeckung zu tragen. Von jeder Reise brachte sie Mitbringsel für ihre Mitarbeiter und Freunde mit; oft kehrte sie mit zwei Einkaufsnetzen voller Geschenke zurück.

Von den Parallelen, die zwischen den Innovatoren der Navy gezogen werden, ist die am wenigsten zutreffende (aber oft gehörte) die Parallele zwischen Admiral Hyman Rickover, dem »Vater der Nuklearmarine«, und Flottillenadmiralin Grace Hopper, der »Mutter von COBOL.« Rickover war jähzornig, reizbar, voller aufgestauter Wut und berüchtigt für seine schwierige zwischenmenschliche Art. Hopper war genau das Gegenteil. Wohin sie im Leben auch ging, stets gewann sie unzählige Freunde, obwohl sie in angespannten, herausfordernden Umgebungen arbeitete, in denen sie aufgrund ihres Geschlechts zunächst oft nicht ernst genommen wurde. Außerdem war sie bescheiden und unprätentiös. Sie erklärte einmal: »Ich habe nie darüber nachgedacht, was ich im Leben erreichen wollte. Ich hatte einfach zu viel zu tun. Ich war so tief in die Arbeit versunken, dass ich einfach immer weitergemacht habe. Dann kreuzte irgendetwas meinen Weg, und ich habe die Richtung geändert und bin dem neuen Kurs gefolgt. Ich wusste nicht, wohin er mich tragen würde. Und dieser Weg führt mich auch jetzt einfach weiter.« Wie wir gesehen haben, glauben einige Menschen, dass es Zeiten gibt, in denen berechtigter Zorn ein effektives Führungsinstrument sein kann. Sowohl meine eigene Lebenserfahrung als auch zahlreiche empirische Studien

233

KAPITEL X

demonstrieren jedoch, dass ein Arbeitsplatz, der von Angst und Zorn geprägt ist, weitaus weniger effektiv ist als ein Arbeitsplatz mit einer positiven Atmosphäre. In all ihren Führungsrollen erwies sich Admiralin Hoppers faire und freundliche Natur als äußerst effektiv bei der Schaffung einer Atmosphäre, in der ihre Mitarbeiter das Gefühl hatten, ihre Anstrengungen und Fähigkeiten würden echte Wertschätzung erfahren.

Außerdem war Hopper sehr loyal. Wo auch immer sie arbeitete und egal wie anstrengend und fordernd ihr direkter Vorgesetzter war, stets versuchte sie, ihn zu unterstützen (und es war immer ein »er«). Sie wusste nur zu genau, dass die Chancen für Frauen aus Gründen der Geschlechterdiskriminierung sehr beschränkt waren. Dennoch ließ sie nie zu, dass Verärgerung oder Frustration über die wahrgenommene Ungerechtigkeit die Oberhand gewannen über ihre tief empfundene Loyalität gegenüber der Navy als Institution. Außerdem glaubte sie daran, dass es auf die Loyalität zu dem Prinzip ankam, nicht auf blinde Loyalität gegenüber irgendeinem Vorgesetzten. Mehrmals in ihrer Karriere machte es ihr nichts aus, ihren Vorgesetzten unverblümt mitzuteilen, dass sie schlichtweg unrecht hatten – entweder was ihren Führungsstil betraf oder ihre technischen Urteile. Admiralin Hopper gelang es, loyal, aber nicht sklavisch oder unterwürfig zu sein. Sie zeigte uns, dass Loyalität als Charaktereigenschaft zwei Seiten haben kann. Bisweilen ist sie die wichtigste Charaktereigenschaft, die ein Mensch besitzen kann. Wir schätzen sie als überaus wichtiges Merkmal bei unseren Untergebenen, aber man darf nicht vergessen, dass Loyalität in beide hierarchischen Richtungen gelten muss – nach oben und nach unten. Ranghöhere Personen müssen gegenüber ihren Untergebenen genauso loyal sein, wie sie umgekehrt Loyalität von ihnen erwarten. Das ist eine Art goldene Charakterregel. Loyalität hat aber auch noch eine andere, dunklere Seite. Wann ist es angebracht, loyal gegenüber einem Vorgesetzten zu sein, der einfach eine schlechte Führungskraft ist oder ethisch inakzeptable Ansichten vertritt? In dieser Hinsicht schulden wir unseren Vorgesetzten keinen blinden Gehorsam; unsere Loyalität gilt den übergeordneten Werten einer Organisation oder Nation. Wenn Angehörige des US-Militärs befördert werden, wie es bei Grace Hopper viele Male der Fall war, schwören sie keine Treue gegenüber ihren Vorgesetzten, sondern sie leisten einen Eid auf die Verfassung der Vereinigten Staaten – der

NICHT ZU NAH ANS WASSER GEHEN!

höchsten Quelle unseres Wertesystems und unserer unveräußerlichen Rechte. In der heutigen moralisch fragwürdigen Welt denke ich oft »Wie tief kann man sinken?«, wenn ich mir die charakterlichen Verfehlungen so mancher Führungskraft in Erinnerung rufe. Es kommt einem vor wie eine sportliche Messlatte, nur umgekehrt. Im Sport werden Rekorde aufgestellt, um gebrochen zu werden, und das heißt, sie werden verbessert. Traurigerweise wird die Messlatte unserer ethischen und moralischen Standards immer tiefer gehängt, und das sollte uns zu denken geben. Admiralin Hopper hat mich gelehrt, dass Loyalität eine Charaktereigenschaft ist, die mit Bedacht, aber nicht blindlings gewährt werden sollte.

Als hochrangige Offizierin richtete Admiralin Hopper ihren Blick stets auf den entfernten Horizont. Genau wie zahlreiche andere der hier porträtierten Admirale dachte sie nicht nur an die Gegenwart und die unmittelbare Zukunft, sondern in sehr langfristigen Zeiträumen. Oft forderte sie ihre Untergebenen und auch die Zuhörer ihrer Vorträge auf, nicht nur an den folgenden Tag oder das folgende Jahr zu denken, sondern an die nächsten 150 Jahre. Eng mit diesem Ansatz verbunden war ihr unermüdliches Bestreben, in der Welt der komplexen Computertechnologie immer auf dem Laufenden zu bleiben, und das selbst noch in hohem Alter. Visionäres Denken macht den Kern ihres Charakters aus. Von dem Augenblick, als sie während des Zweiten Weltkrieges begann, sich mit nautischen Fragestellungen zu beschäftigen, bis zu dem Moment, in dem ihre unwahrscheinlich lange Karriere endete, hatte sie die unbeirrbare Vision, die Navy in das Computerzeitalter zu führen. Sie wusste, dass die Navy nach dem Zweiten Weltkrieg immer weiterwachsen und immer komplexer werden und neue Technologien nutzen würde und dass die Instrumente, die sie so meisterhaft beherrschte – Mathematik und Computerwissenschaften –, diese Fortschritte befeuern würden.

Für jede gute Führungskraft ist visionäres Denken die Eigenschaft, die auf Untergebene am inspirierendsten wirkt. Nur durch eine dauerhafte Vision können sich andere wichtige Charaktereigenschaften im Verlauf der Zeit voll entfalten. Die Vision zeigt uns, wie unsere heutigen Handlungen die Zukunft gestalten. Eine Vision der entfernten Zukunft setzt alles in die richtige Perspektive und kann den Humor, die Bedachtsamkeit, die Nachwuchsförderung und die Loyalität fördern, die

KAPITEL X

gemeinsam die angestrebten nachhaltigen Ergebnisse erzielen. Hoppers Fähigkeit, die Navy unermüdlich voranzutreiben, ermöglichte die Entwicklung der hochmodernen Systeme, die wir heute auf See einsetzen: das elektronische Warn- und Feuerleitsystem Aegis, das Hunderte von Zielen in fast unbegrenzter Entfernung bis in den Weltraum verfolgen kann; unsere Konstellation aus integrierten Satelliten für eine lückenlose globale Navigation und Kommunikation; die autonomen Artillerie- und Lenkwaffensysteme für Hochgeschwindigkeitsgefechte; vollautonome unbemannte Luft- und Unterwasserfahrzeuge; der Einsatz künstlicher Intelligenz in der vorausschauenden Wartung – die Liste lässt sich endlos weiterführen. All diese Entwicklungen gehen zu einem großen Teil letztlich auf die Vision dieser zierlichen, schelmischen und nachdenklichen Visionärin zurück.

Und schließlich sollte man sich in Erinnerung rufen, dass Flottillenadmiralin Grace Hopper in physischer Hinsicht keine charismatische Person war. Aufgrund ihrer zierlichen Statur und ihrer leisen Stimme konnte sie einen Raum nie allein durch ihre physische Präsenz beherrschen, so wie es vielen anderen Führungspersönlichkeiten im Verlauf der Geschichte gegeben war. Sie war kein Themistokles, der sich vor den griechischen Ruderern aufbaute und sie dazu inspirierte, die Perser bei Salamis zu besiegen; sie war auch kein staatsmännischer Chester Nimitz, der mit einer kräftigen, attraktiven äußeren Erscheinung gesegnet war, die von einer respektgebietenden physischen Präsenz ergänzt wurde. Dennoch wollten die Menschen, die in ihrer Nähe waren, stets zu ihrem Team gehören. Sie schätzten ihren Charakter, denn sie erkannten darin das grundlegend Gute einer wissbegierigen Träumerin, die die praktischen Fähigkeiten besaß, einflussreiche und bedeutsame Ergebnisse zu erzielen. Ihre Innovationskraft diente den Menschen in ihrer Umgebung immer wieder als Inspiration: »Ich besitze eine unersättliche Neugier. Ich will Probleme lösen. Immer wenn man ein Problem löst, taucht dahinter sofort ein neues auf. Das ist die Herausforderung. Nichts bleibt, wie es ist – die Probleme sind immer neu und anders.« Als ich sie vor so vielen Jahren in Annapolis kennenlernte, war ich weder von ihrer äußeren Erscheinung noch von ihren Eigenheiten fasziniert, sondern von ihrem offensichtlichen Idealismus, ihrem Enthusiasmus und ihrer Vision. Die Kombination aus Charaktereigenschaften, die sie in ihrem

NICHT ZU NAH ANS WASSER GEHEN!

langen, ereignisreichen Leben entwickelte und demonstrierte, spiegelt eine mächtige, einflussreiche und hoch raffinierte Mischung wider, die sie für einen guten Zweck einsetzte: die grundlegende und dauerhafte Veränderung der Navy. Gegen Ende ihres Lebens sagte sie: »Wäre es nicht langweilig, Dinge zu tun, die ein Ende haben? Ich lass es mir verdammt gutgehen und trage hier und dort ein wenig dazu bei, Probleme zu lösen.« Kein schlechtes Epitaph für Amazing Grace.

Alle Zitate von Grace Hopper, die in diesem Kapitel genannt wurden, sind dem folgenden Werk entnommen: Lynn Gilbert mit Gaylen Moore, *Grace Murray Hopper: Women of Wisdom* (Eigenverlag, 1981)

KAPITEL XI

Resilienz und Admirale aus der heutigen Zeit

KAPITEL XI

Bisher haben sich unsere Marineporträts auf zehn Admirale konzentriert, die inzwischen die Himmelsflotte kommandieren. Ohne einige Anmerkungen über Admirale (und Generäle), die noch unter uns weilen, wäre eine Charakterstudie in der modernen Welt aber unvollständig. Ein Kernelement aller bisherigen Porträts ist die Widerstandsfähigkeit gewesen. Jeder der zehn Admirale bewies im Verlauf seiner beziehungsweise ihrer Karriere ein hohes Maß an Belastbarkeit. Eindeutig ist sie eine zentrale Charaktereigenschaft, wenn nicht die wichtigste überhaupt. Nun, da wir uns Admiralen von heute zuwenden, wollen wir einige Beispiele für Resilienz in der jüngsten Vergangenheit betrachten.

Die Geschichten der Admirale aus der heutigen Zeit verdeutlichen, womit man angesichts der Komplexität des Kommandos mächtiger Flotten in einer solchen Position konfrontiert ist, während man zugleich eine Reihe wichtiger persönlicher Herausforderungen meistern muss. Zwar ist nicht jeder ein Flottenkommandeur, aber wir alle sind in Bezug auf unsere Charakterreise und unser Leben mit unterschiedlichen persönlichen Problemen und Konflikten konfrontiert. Das kann von gesundheitlichen Problemen, mit denen wir alle früher oder später zu kämpfen haben, bis hin zu gesellschaftlichen Barrieren reichen – der sogenannten gläsernen Decke –, an die viele von uns auf ihrem Karriereweg stoßen. Auch das eigene Ego spielt bei der Charakterreise oft eine Rolle. Oft heißt es, der wahre Charaktertest sei nicht die Frage, wie wir uns in widrigen Situationen verhalten, sondern wie wir uns verhalten, wenn wir über Macht verfügen. Das gilt auf alle Fälle für ranghohe Militäroffiziere.

Beginnen wir mit der Macht. Viele wunderbare Dinge geschehen, wenn man die Hierarchieleiter des Militärdienstes erklimmt. Wer das Glück hat, zum Admiral (oder General) befördert zu werden, reist an faszinierende Orte, lernt interessante Menschen kennen und nimmt an Veranstaltungen teil, die unvorstellbar gewesen wären, bevor man sich diese hart erarbeiteten Sterne anheften konnte. Mit all diesen Vorteilen gehen aber auch Bürden einher – wobei mir klar ist, dass man in dieser Hinsicht kaum auf das Mitgefühl der Öffentlichkeit rechnen kann. Mit dem Rampenlicht kommt auch die mikroskopisch genaue Beobachtung. Alles, was Sie tun und lassen, wird bis ins Kleinste seziert und analysiert. Zum größten Teil ist das eine unabänderliche Begleiterscheinung des

RESILIENZ UND ADMIRALE AUS DER HEUTIGEN ZEIT

Jobs. Wie es in Lukas 12:48 heißt: »Wem viel gegeben ist, bei dem wird man viel suchen; und wem viel anvertraut ist, von dem wird man umso mehr fordern.« Sich stets diese biblische Weisheit vor Augen zu halten, verlangt einem gelegentlich mehr ab als die Geduld des Hiob.

In meinen Erinnerungen an meine Zeit bei der NATO, *The Accidental Admiral*, sprach ich über die Herausforderungen und die Notwendigkeit, Resilienz zu entwickeln, sowie die karriereverändernden und in der Öffentlichkeit vieldiskutierten negativen Ereignisse im Leben und der Karriere anderer Vier-Sterne-Offiziere, nämlich der Armeegeneräle David Petraeus und Stan McChrystal und des Marinekorpsgenerals und ehemaligen Kommilitonen an der Marineakademie, General John Allen. Stan McChrystal wurde aus dem Militärdienst entlassen, nachdem sein Stab sich während seiner Zeit als Truppenkommandeur in Afghanistan abfällig über die zivile Führung im Weißen Haus geäußert hatte. Es war das überaus öffentliche und peinliche Ende einer brillanten Karriere. David Petraeus wurde eine Affäre mit einer Reserveoffizierin nachgewiesen, die eine Biografie über ihn schrieb, und – was noch schwerwiegender war – der er geheime Informationen weitergegeben hatte. Er wurde einer schweren Straftat angeklagt, bekannte sich am Ende eines Vergehens für schuldig und kam mit einer zweijährigen Bewährungsstrafe und einer Geldstrafe in Höhe von 100 000 Dollar davon. John Allen wurde des »standeswidrigen Verhaltens«* beschuldigt, nämlich eine Affäre mit einer verheirateten Partylöwin in Tampa zu unterhalten. Im Zuge der Ermittlungen im Fall Petraeus war man auf eine äußerst rege E-Mail-Korrespondenz zwischen General Allen und besagter Gesellschaftsdame gestoßen. Am Ende wurde er entlastet, beschloss aber, in den Ruhestand zu gehen, anstatt eine weitere Vier-Sterne-Mission anzunehmen. Auch ich hatte meine Prüfungen und Sorgen zu bestehen und musste mich gegen Anschuldigungen der Verletzung von Reisebestimmungen verteidigen, einen Vorwurf, von dem ich letztendlich entlastet wurde. In meinem Fall handelte es sich um die anonyme Beschwerde, ich hätte während meiner Zeit als NATO-Oberbefehlshaber eine Reise nach Frankreich unternommen, um an einer »Weinverkostung« teilzunehmen. Tatsächlich nahm ich an einer gut besuchten

---

* Laut US-Militärrecht sind Militärangehörigen außereheliche Affären verboten. (A.d.Ü.)

KAPITEL XI

Zusammenkunft mit dem Oberbefehlshaber der französischen Streitkräfte teil, bei der ich eine formale Rede über die Werte der NATO hielt
(auf Französisch und in voller Ausgehuniform). Die Ermittlungen zogen
sich über Monate hin und überschatteten meine letzten Monate in
Uniform. Wir vier Offiziere haben uns jedoch aus diesen unangenehmen
Situationen befreit und unser jeweiliges Leben auf positive Weise weiter-
geführt: Dave ist Partner bei KKR, einer riesigen Private-Equity-Gesell-
schaft; Stan leitet ein erfolgreiches Beratungsunternehmen; John ist
Präsident der Brookings Institution und ich wurde Dekan der Fletcher
School of Law and Diplomacy der Tufts University und arbeite heute in
der Carlyle Group, einer großen internationalen Private-Equity-Gesell-
schaft. Jedes dieser Beispiele bietet eine gute Lektion, was die Notwendigkeit betrifft, Resilienz zu entwickeln, um schwierigste Situationen zu
bewältigen. Sie werden ausführlich in meinem Buch *The Accidental Admiral* beschrieben.

Wenn ich über Resilienz als grundlegende Charaktereigenschaft
nachdenke, fallen mir zwei weitere Geschichten von Führungskräften
ein, die mit wesentlich schwierigeren Situationen konfrontiert waren.
Beide sind Offizierskollegen gewesen – Vier-Sterne-Admirale a.D. – und
ihre Geschichten lohnen eine kurze Erwähnung. Eine ist die Admiralin
Michelle Howard und der andere ist Admiral Bill McRaven.

Ich möchte mit Admiralin Michelle Howard beginnen. Als erste afroamerikanische Vier-Sterne-Admiralin könnte man meinen, ihre Karriere
sei ein ununterbrochener Erfolgspfad gewesen. Als Afroamerikanerin
in einer weißen, vollkommen männlich dominierten Admiralität war
sie jedoch mit zahlreichen Barrieren konfrontiert. Vom Schulhof bis zu
den höchsten Rängen des Militärdienstes ist Pioniergeist ein universelles
Zeichen von Führungskompetenz. Admiralin Howard hat sich im Verlauf ihrer Karriere immer wieder als Pionierin erwiesen.

RESILIENZ UND ADMIRALE AUS DER HEUTIGEN ZEIT

Zwischen ihrem Eintritt in die Marineakademie im Jahr 1978 (zwei Jahre, nachdem die Akademie erstmalig Frauen zuließ) und ihrer Verabschiedung in den Ruhestand im Dezember 2017 wurde sie die erste afroamerikanische Frau, die ein Schiff kommandierte; das erste Mitglied des Abschlussjahrgangs von 1982, das es in den Rang eines Admirals brachte; die erste Frau, die ihren Abschluss in Annapolis machte und in den Rang einer Flaggoffizierin aufstieg; die erste Afroamerikanerin in irgendeiner Teilstreitkraft, die Drei-Sterne-Offizierin wurde; die erste weibliche Vier-Sterne-Marineoffizierin und die erste Frau und Afroamerikanerin, die Vizestabschefin für Marineoperationen wurde.

Wie viele andere Admirale, die in diesem Buch porträtiert wurden, zeigten sich Admiralin Howards Energie und Entschlossenheit schon sehr früh. Als Tochter eines Master Sergeant der Air Force waren ihr von klein

KAPITEL XI

auf die Strenge und die vielen Ortsveränderungen, die mit einem Leben beim Militär verbunden sind, vertraut. Davon unbeirrt beschloss sie mit zwölf Jahren, eine Militärakademie zu besuchen – keine nahm damals Frauen auf. Ihre Mutter, die immer eine von Admiral Howards Heldinnen war, unterstützte den Ehrgeiz ihrer Tochter bedingungslos und sagte ihr, nötigenfalls würde sie vor Gericht ziehen, um ihrer Tochter den Besuch einer Militärakademie zu ermöglichen. Was die Gleichberechtigung zwischen Mann und Frau in den Militärakademien betrifft, musste sie ausnahmsweise keine Pionierleistung erbringen. Im Jahr 1976 ordnete der US-Kongress die Öffnung aller Militärakademien für Frauen an. Daraufhin sicherte sich Michelle Howard die Zulassung in Annapolis, nachdem sie 1978 ihren Highschool-Abschluss in Colorado erworben hatte. Von dem Moment an, in dem sie den Campus von Annapolis betrat, stellte sie ihre Führungsqualitäten unter Beweis und begann, Barrieren niederzureißen. Ich lernte sie kennen, als sie Midshipman an der Akademie war und bei den Masqueraders, der Theatergruppe der Akademie, eine Rolle in einem Shakespeare-Drama (ich glaube, es war *Ein Mittsommernachtstraum*) spielte. Zwar ist Michelle nur ungefähr 1,55 Meter groß, aber sie beherrschte die Bühne von dem Augenblick an, in dem sie sie betrat. Sie strahlt sowohl Selbstvertrauen als auch Anmut aus, und trotz ihrer relativ zierlichen Statur hat sie eine kräftige Kommandostimme. Damals dachte ich: *Das ist jemand, dessen Lebensweg man weiterverfolgen sollte.* Und das tat ich in den folgenden Jahrzehnten ihrer Karriere, fungierte bei bestimmten Gelegenheiten auch als ihr Mentor und konnte dabei stets beobachten, wie sie diese Förderung und Unterstützung kontinuierlich an jüngere Nachwuchskräfte weitergab.

Nachdem sie 1982 ihre Ausbildung in Annapolis beendet hatte, wurde sie in Dienst gestellt und qualifizierte sich als Offizierin für Überwasserseekrieg. In kürzester Zeit erwarb sie ihre Meriten und begann einen kometenhaften Aufstieg über verschiedene Dienstränge und Verantwortlichkeiten. Nur fünf Jahre nach ihrer ersten Indienststellung wurden ihre Führungsqualitäten im Jahr 1987 mit der militärischen Auszeichnung »Captain Winifred Collins Award« geehrt, die gemeinsam von der Navy und der Navy League jedes Jahr an einen weiblichen Offizier verliehen wird. Bei diesem Karrieretempo ist es kein Wunder, dass sie das erste

RESILIENZ UND ADMIRALE AUS DER HEUTIGEN ZEIT

Mitglied ihres Abschlussjahrgangs war, das die Schulterklappen des Admiralsranges anlegen durfte.

Ihr Weg war jedoch nicht leicht. Während meines eigenen Aufstiegs hörte ich immer wieder Kommentare von gleichrangigen und höherrangigen Offizieren und sogar Untergebenen über Michelle. Oft waren diese Bemerkungen einfach von Unmut über ihren Erfolg – Neid – geprägt. Zwar hoffe ich, dass sie nicht rassistisch motiviert waren – zumindest habe ich nie etwas Derartiges vernommen –, aber es war klar, dass viele ihren Erfolg einfach dem Umstand zuschrieben, dass sie »die erste schwarze Frau in der Navy« war. Das ist eine schwere Bürde und verlangte von Michelle, um ein Vielfaches besser zu sein – als Schiffskommandeurin, in Bezug auf ihr Auftreten, ihre taktischen Gefechtsentscheidungen auf See und die Art und Weise, wie sie disziplinarische Prozesse auf andere anwendete. Jeder, der in der Navy einen kometenhaften Aufstieg hinlegt, wird genauestens beobachtet, und für Michelle galt das gleich doppelt. Man muss allerdings sagen, dass sie selbst bei provokativen Kommentaren, die ihr zugetragen wurden, ruhig und gelassen blieb (»Sie sollten wissen, dass Captain Smith Sie nicht leiden kann, Michelle« und ähnliche Bemerkungen). Sie blieb ungerührt, machte ihren Job, traf harte Führungsentscheidungen und verdiente sich ihren Aufstieg durch Leistung. Das ist wahre Charakterstärke, und Michelle bewies sie ein ums andere Mal.

Zwar glänzte Michelle Howard in jeder Beziehung, aber ihre Leistungen sind umso bemerkenswerter, wenn man bedenkt, welche Hindernisse sie auf ihrem Weg überwinden musste und mit welcher festen Entschlossenheit und Widerstandskraft sie sie überwand. Um die Herausforderungen, mit denen sie konfrontiert war, in den richtigen Kontext zu setzen, muss man sich an Bud Zumwalts revolutionäre Amtszeit als Stabschef für Marineoperationen (1970–1974) erinnern. Obwohl er entschlossen gegen den tief verwurzelten Rassismus und Sexismus (der seiner Auffassung nach noch tiefer saß) in der Navy ankämpfte, endete seine Amtszeit ohne langfristige Lösungen für beide Probleme. Viele seiner ehrgeizigsten Reformen wurden gleich nach Ende seiner Amtszeit wieder rückgängig gemacht, was eine Karriere in der Navy für Frauen und Minderheiten wie Michelle Howard noch schwieriger machte. Zum Beispiel war es Frauen bis 1978 (das Jahr, in dem Howard in die Marineakademie eintrat) verwehrt, auf anderen als Lazarettschiffen zu arbeiten, was ihr den Weg zum Dienstgrad einer Offizierin für Überwasserseekrieg versperrt hätte.

In vielfacher Hinsicht erfüllte und institutionalisierte Howards Karriere einige der verlockenden Versprechen, die sich in der Navy unter der Ägide von Admiral Zumwalt abzeichneten, den Howard sehr bewundert. Sie bewahrt übrigens immer noch eine seiner Visitenkarten auf und hütet sie als Erinnerung. Mit am inspirierendsten an ihrer Geschichte ist, dass sie nicht mehr und nicht weniger als die Gelegenheit erhielt, sich auf jeder Ebene zu beweisen, und dass ihr das trotz allen möglichen Arten von Misstrauen, Ablehnung und simplen Blockiertechniken immer wieder gelang. Wie ihr ihre Mutter in Momenten des Selbstzweifels und der Frustration zu erkennen half, war die Zeit sowohl ein Segen als auch ein Fluch für ihre Karriere: Der Zeitpunkt, an dem sie in die Navy eintrat, bedeutete, dass ihre Karriere mit jedem Schritt Geschichte machte; immer bei allem die Erste zu sein, gab ihr aber auch oft das Gefühl, allein zu sein.

Wann immer sie sich besonders demoralisiert gefühlt habe, so Admiralin Howard, habe sie ihre Mutter angerufen, um dieser ihr Leid zu klagen. Abgesehen von der wachsenden Verantwortung ihrer verschiedenen Positionen, von denen jede einzelne selbst für die Führungskräfte eine Herausforderung darstellte, die von allen äußeren Vorteilen profitierten, stand sie ständig unter öffentlicher Beobachtung, innerhalb und außerhalb der Navy. Innerhalb des Militärs, wo ihre Leistung bei jeder Pionieraufgabe den Standard für alle setzte, die ihr nachfolgten, wollte man einfach sehen, zu welchen Leistungen sie fähig war. Gleichzeitig prasselten Anfragen von Unternehmen, Presse und anderen Medien auf sie ein, da sich eine wachsende Zahl von Menschen aus der allgemeinen Öffentlichkeit von all den Leistungen inspirieren lassen wollte, zu denen sie ganz offenkundig tatsächlich fähig war. »Du kannst dich dem Zeitgeschehen nicht entziehen«, sagte ihre Mutter. »Solange du in der Navy bleibst, wird das nicht aufhören. Akzeptiere es hier und jetzt, oder verlass die Navy.«

Gott sei Dank entschied sich Admiralin Howard für die Uniform, und ihr Glaube an die Navy wurde von dem Glauben der Navy an sie belohnt. Im Verlauf ihres Aufstiegs in ranghohe Führungspositionen sammelte sie einige beeindruckende Pioniererfahrungen, insbesondere

RESILIENZ UND ADMIRALE AUS DER HEUTIGEN ZEIT

die, als erste afroamerikanische Frau ein Kriegsschiff zu befehligen (das amphibische Docklandungsschiff USS *Rushmore*), was sie als ihre schönste Zeit bei der Navy bezeichnete. Als Admiralin kommandierte sie später die Combined Task Force 151, eine spezielle Marine-Taskforce zur Bekämpfung von Piraterie. Nur wenige Tage nach ihrer Ernennung kam die Nachricht, dass die MV *Maersk Alabama* von somalischen Piraten gekapert worden war, was zu den Ereignissen führte, die durch die Geschichte des Kapitäns Richard Phillips berühmt wurden.[*] In jenen schwierigen Tagen war Admiralin Howard für die Organisation der Reaktion der Navy und die Autorisierung der hochriskanten Mission der Navy SEALs verantwortlich, die Kapitän Phillips in einer dramatischen Rettungsaktion befreite.

Jede Führungsposition kann sich bisweilen sehr einsam anfühlen, aber die Art bahnbrechender Führung, die Admiralin Howard vier Jahrzehnte lang ausgeübt hat, übertrifft in dieser Hinsicht alles. Auf dem Gipfel des Berges weht der Wind am stärksten. Für sie war das Rampenlicht immer greller, die mikroskopische Beobachtung immer intensiver und ihr Pfad immer steiler. Pionier zu sein erfordert ein besonders hohes Maß an Courage und Stehvermögen, und Admiralin Howard musste ständig beides beweisen.

Wie lautet ihr Vermächtnis? Michelle, die von Natur aus zu bescheiden ist, um von sich aus darüber nachzudenken, wird als ein herausragendes Beispiel für Resilienz dienen. Alle hochkarätigen Führungskräfte hinterlassen ein Vermächtnis, aber nicht alle denken über ihr Vermächtnis nach, während sie ihren Weg gehen. Admiralin Howard, die in vielem die Erste war und anderen Wege eröffnete, hatte bis gegen Ende ihrer Karriere nicht den Luxus, über ihr Vermächtnis nachzudenken. Mit jeder Bresche, die sie in der Navy für Frauen, Minderheiten und Führungskräfte im Allgemeinen schlug, wusste sie, dass an ihrem Beispiel alle nachfolgenden Führungskräfte gemessen werden würden. Führungskräfte setzen ständig Standards für ihre Umgebung und die, die ihnen nachfolgen. Auf diese Weise prägt ihr Charakter ständig den Charakter der Menschen und Organisationen, die sie führen. Admiralin Howards

---

[*] Die Geschichte um den Piratenangriff und die Rolle von Kapitän Richard Phillips wurde unter dem Titel *Captain Phillips* mit Tom Hanks in der Hauptrolle verfilmt. (A.d.Ü.)

KAPITEL XI

Erfahrung liefert ein sehr öffentliches Beispiel für die Bedeutung von Charakterstärke und die Entwicklung eines Vermächtnisses, über das Führungskräfte nachdenken sollten. Das Stehvermögen, die Anmut und die Widerstandskraft, mit der sie alle Herausforderungen gemeistert hat, dienen uns allen als Vorbild.

***

Die Herausforderungen, die Michelle Howard zu bewältigen hatte, waren einzigartig. Lassen Sie mich nun kurz auf eine andere weitverbreitete Herausforderung eingehen. Viele von uns, eigentlich sogar die Mehrheit, sind an irgendeinem Punkt ihres Lebens von einem erheblichen gesundheitlichen Problem betroffen. Vor allem ab 50 Jahren steigt das Risiko einer schweren Erkrankung ganz erheblich. Kaum jemand muss sich jedoch dieser Herausforderung stellen, während er gleichzeitig als Vier-Sterne-Admiral und Kommandeur der Navy SEALs die Bürde großer nationaler Verantwortung tragen muss. Ein Flaggoffizier, der in dieser Hinsicht meinen größten Respekt genießt, ist Admiral Bill McRaven.

RESILIENZ UND ADMIRALE AUS DER HEUTIGEN ZEIT

Ich traf ihn zum ersten Mal, als er gerade zum Captain und ich gerade zum Ein-Stern-Offizier ernannt worden war. Einige Monate nach dem Anschlag vom 11. September saßen wir in meinem Büro im Pentagon (McRaven erholte sich gerade von einem fürchterlichen Fallschirmunfall) und sprachen über die Reaktion der Navy auf den Terroranschlag. Im stark beschädigten Pentagon hing noch immer ein schwerer Geruch nach Rauch in der Luft, der sich erst viele Wochen später allmählich verzog. Bill hat so eine entspannte intensive Ausstrahlung. Der stolze Absolvent der University of Texas mit der robusten Statur und der Größe eines Middle-Linebackers ist außerdem sehr belesen, besonnen in Wort und Auftreten und stets freundlich im Wesen. Unsere Zusammenkunft war der Auftakt einer Freundschaft, die bis heute andauert und sowohl operative als auch soziale Interaktionen über mehrere Kontinente und Kriegszonen und das Schlachtfeld Washington, D.C. einschließt.

Als Gefechtskommandeur und Kamerad erzählte er mir gegen Ende seiner Karriere die Geschichte seines Kampfes gegen die Leukämie. Wir saßen in einem Bus und wurden vom Pentagon ins Weiße Haus gefahren, um an einem Dinner mit dem US-Präsidenten teilzunehmen. Bill kam im Rahmen unserer Unterhaltung und der Frage, wie lange wir jeweils noch in Uniform dienen würden, auf dieses Thema zu sprechen. Ich hatte bereits beschlossen, relativ bald nach meiner NATO-Kommandozeit, die in jenem Frühjahr enden sollte, in den Ruhestand zu gehen, aber ich drängte Bill, im aktiven Dienst zu bleiben, und warf seinen Namen für die Position des Vorsitzenden der Vereinigten Generalstabschefs in den Ring – die einzige höhere Position, die wir uns beide noch vorstellen konnten. Dann erzählte er mir von seiner Erkrankung – eine lebensbedrohliche Form der Leukämie –, und das auf sehr nonchalante Weise, trotz eventueller fataler Konsequenzen. »Hey, das ist einfach eine weitere Mission, oder nicht? Heute können sie den Krebs einfach wegpusten, und wenn er zurückkommt, dann machen sie es noch mal. Beim zweiten Mal wird es nicht mehr so effektiv sein, aber danach haben sie bestimmt eine neue Methode gefunden.« Keine Angst oder irgendetwas anderes in seiner Stimme als ruhiges Vertrauen. Das ist die Art profunde Widerstandsfähigkeit, die Führungskräfte auf jeder Ebene brauchen. Da er wusste, welche Herausforderungen auf ihn zukommen würden,

KAPITEL XI

beschloss er, den aktiven Dienst zu quittieren und sich auf seine Gesundheit zu konzentrieren.

Glücklicherweise konnte er den Krebs nach einer ausgedehnten Behandlung besiegen und wurde Kanzler der University of Texas, und zwar ungefähr zu der Zeit, als ich Dekan der Fletcher School of Law and Diplomacy der Tufts University wurde. Oft verglichen wir unsere Aufzeichnungen über unser neues Leben in der akademischen Bildung. Im Sommer 2018 gab Bill diese Position nach drei ganzen Jahren auf. Bisher ist er seinen andauernden Gesundheitsproblemen mit Mut und einer bewundernswerten Haltung begegnet. Die medizinische Welt ist immer noch dabei, »eine neue Methode zu finden« – nicht nur für ihn, sondern für unsere ganze Nation. Ich hoffe, es wird ihnen gelingen. Unser Land braucht Menschen wie Bill McRaven.

Man muss über Bill wissen, dass er mehr als ein Jahrzehnt zuvor, genauer gesagt im August 2001 – damals war er Captain McRaven – als Kommandeur aller West Coast SEALs bei einer Fallschirmübung schwer verletzt wurde. Beim Öffnen des Fallschirms verfingen sich seine Beine in den Leinen. Durch den heftigen Öffnungsschock wurden ihm dabei der Rücken und das Becken gebrochen. Durch eine Notoperation konnte ihm nicht nur das Leben, sondern auch seine Bewegungsfähigkeit gerettet werden, aber er war monatelang ans Bett gefesselt und seine weitere Karriere war ungewiss. Am 11. September 2001, nur wenige Tage nach diesem potenziell lebensverändernden Unfall, sah Captain McRaven vom Krankenhausbett aus, das in seinem Zuhause aufgebaut worden war, live im nationalen Fernsehen, wie sich die Kriegsführung von einem Augenblick zum nächsten veränderte.

Noch bettlägerig verbrachte McRaven während seiner Rekonvaleszenz Tage, Wochen und Monate nach dem 11. September damit, die Gemeinschaft der Marine-Sondereinheiten aufzurütteln und auf den Krieg vorzubereiten, der nun kommen würde. Sobald er wieder arbeitsfähig war, reiste McRaven nach Washington, um seine neue Position als stellvertretender nationaler Sicherheitsberater und strategischer Planer für Terrorismusbekämpfung anzutreten. In dieser Funktion schrieb er als Hauptautor das 2006 erschienene Buch *National Strategy for Combating Terrorism* über den kommenden Kampf. In den verbleibenden acht Jahren seiner Karriere kehrte er in die operative Welt zurück und unterstützte die

RESILIENZ UND ADMIRALE AUS DER HEUTIGEN ZEIT

amerikanischen Spezialeinheiten bei ihrem Kampf gegen den Terroris-mus im Irak, in Afghanistan und an anderen Plätzen. In jenen Tagen arbeiteten wir eng zusammen – ich war zu diesem Zeitpunkt bei Deep Blue beschäftigt, der strategischen und operativen Denkfabrik, die die Navy im Anschluss an den 11. September gegründet hatte. Außerdem saß Bill im Weißen Haus im Team des Nationalen Sicherheitsrats. Er erholte sich vollständig und konnte es kaum erwarten, wieder ins aktive Geschehen zurückzukehren – was er auch tat.

Ein Jahrzehnt später, lange nachdem Osama bin Laden die Ver-einigten Staaten in einen Krieg gestürzt hatte, war Admiral McRavens Karriere vollständig wiederhergestellt. Im Frühjahr des Jahres 2011 war er als Kommandeur der Einrichtung Joint Special Operations Command (JSOC), die gemeinsame Operationen verschiedener Spezialeinheiten der verschiedenen Teilstreitkräfte koordiniert und leitet, an der Planung und Durchführung der riskanten Operation Neptune Spear beteiligt – dem Militäreinsatz am vermuteten Aufenthaltsort Osama bin Ladens in Pakistan –, bei der Mitglieder der Spezialeinheit US Naval Special Warfare Development (DEVGRU) den meistgesuchten Terroristen der Welt töteten. Dieser Einsatz war mindestens so riskant in seiner Konzeption und Durchführung wie die Operation »Eagle Claw«, der fürchterlich fehlgeschlagene Spezialeinsatz zur Rettung der amerikanischen Geiseln in Teheran im Jahr 1980.* Der überwältigende Erfolg der Operation »Neptune Spear« trug (trotz eines Helikopterabsturzes, der auf unheim-liche Weise an das Debakel in der iranischen Wüste erinnerte) dazu bei, den dunklen Schatten des Scheiterns zu vertreiben, der die US-amerikanischen Spezialeinsätze in das moderne Zeitalter begleitete, und half, die jahrzehntelangen Anstrengungen des JSOC zur Koordination der Zusammenarbeit der verschiedenen Spezialeinheiten zu rehabilitieren.

Im Anschluss an diese Operation, die er per Live-Video-Link in Echtzeit in den sogenannten SITROOM (Lagebesprechungsraum) des Weißen Hauses gesendet und kommentiert hatte, traten Admiral McRaven und die SEALs ins öffentliche Rampenlicht, das sie seit Jahr-zehnten konsequent gemieden hatten. Der Admiral wurde in nationalen

---

*   Die Geiseln kamen erst 1981, mehr als ein Jahr nach ihrer Entführung, nach Ver-handlungen zwischen den Vereinigten Staaten und dem Iran wieder frei. (A.d.Ü.)

KAPITEL XI

Zeitungen porträtiert und innerhalb kurzer Zeit in den Vier-Sterne-Rang erhoben und zum Kommandeur des US Special Operations Command (der Mutterorganisation des JSOC) befördert, während die Spezialeinheit DEVGRU und die Heldentat ihrer Mitglieder zu Fixpunkten in der nationalen Vorstellungswelt wurden.

Ein abschließender Punkt zu dieser Geschichte, den Admiral McRaven ausdrücklich betonte, ist, dass man bei einer so schweren Erkrankung wie der seinen leicht das Gefühl haben kann, sie sei zutiefst ungerecht. »Warum ich?«, sind wir versucht zu fragen, obwohl wir wissen, dass die Antwort einfach lautet: »So ist das Leben.« Admiral McRaven illustriert das anhand der »Sugar Cookie«-Praxis – eine übliche und manchmal willkürlich wirkende Bestrafung für SEAL-Kämpfer in Ausbildung, die darin besteht, dass sie am Strand ins Wasser eintauchen und sich dann von Kopf bis Fuß in Sand wälzen müssen. »Manchmal kann man sich noch so gut vorbereiten oder eine noch so gute Leistung zeigen«, so McRaven, »man endet trotzdem als Sugar Cookie. So ist nun mal das Leben eben.« Wer führen will, müsse in der Lage sein, »den Sugar Cookie wegzustecken und einfach weiterzumachen«.

In physischer Hinsicht können zwei Menschen nicht unterschiedlicher sein als Admiralin Michelle Howard und Admiral Bill McRaven. Erstere ist eine zierliche afroamerikanische Frau und Annapolis-Absolventin, die im unglamourösesten Teil der Navy, ihrem Überwasserseekriegskader, diente. Der andere ist ein hochgewachsener, weißer, adretter Starläufer der University of Texas, der die prestigeträchtigste Truppe des US-Militärs, die legendären US Navy SEALs, geführt hat. Oberflächlich betrachtet haben diese beiden Admirale nicht viel gemeinsam. Ich kenne beide gut und würde sagen, dass jeder auf seine Weise eine der wichtigsten Charaktereigenschaften verkörpert, die im Kern der Projektion von Führungsqualität steht: Resilienz. So unterschiedlich Michelle und Bill auch sind in Bezug auf ihren Stil, ihre Persönlichkeit und ihre persönlichen Umstände, erinnern sie mich beide an die Worte Jesajas 40:31: »Aber die auf den Herrn vertrauen, gewinnen neue Kraft, dass sie auffahren mit Flügeln wie Adler, dass sie laufen und nicht matt werden, dass sie wandeln und nicht müde werden.« Ob man an die Bibel glaubt oder nicht, Resilienz ist die Eigenschaft, die uns erlaubt, zu wandeln und nicht müde zu werden. Diese beiden Admirale aus der heutigen Zeit waren mit

252

große Herausforderungen konfrontiert, und beide meisterten sie mit vorbildlicher Widerstandskraft und bewundernswertem Stehvermögen. Ihr Charakter ist Teil der heutigen Navy und ein ausgezeichnetes Vorbild für uns alle.

Das zeigen uns auch die Ozeane Tag für Tag. Als Kapitän auf der Brücke können Sie Ihr Schiff an einem wunderbar sonnigen Tag bei ruhiger See steuern, entspannt Wache tun und sich auf ein gutes Abendessen in der Offiziersmesse freuen. Doch plötzlich kommt der Bootsmann herein und sagt, »Sir, der Steuermannsmaat sagt, dass das Barometer fällt«, und aus der Gegensprechanlage der Operationszentrale ertönt die unwillkommene Nachricht, dass direkt vor uns ein Sturm aufzieht. Es bleibt keine Zeit, um das Schiff zu drehen; die Sturmböen peitschen das Meer auf, das sich hart am Schiffsbug bricht, Seile und Leinen klatschen und zwei Seeleute gehen über Bord. Sie wissen nicht, ob es der Decksmannschaft gelingt, ein Boot zu Wasser zu lassen, und sorgen sich, dass sie es womöglich in der aufgewühlten See verlieren könnten. Sollten Sie den Bordhelikopter losschicken? Befinden Sie sich auf dem richtigen Kurs, um die Sicherheit dieses Vorhabens zu gewährleisten? Tausend Gedanken jagen Ihnen in diesem Augenblick durch den Kopf, von tiefster Sorge über die über Bord gegangenen Seeleute bis zu der sehr realen Angst vor einer falschen Entscheidung. Und egal was passiert – in welche Richtung Sie Ihr Schiff auch steuern, wie schnell Sie ein Boot zu Wasser lassen, ob Sie sich die zusätzliche Zeit nehmen, einen Bordhelikopter loszuschicken –, es ist und bleibt Ihre Entscheidung, Ihre ganz allein. Sich in solchen Momenten durchzukämpfen, erfordert ein hohes Maß an Resilienz. Und ob Sie sich in einem konkreten taktischen Moment beweisen oder Ihre ganze Karriere über wie Michelle Howard oder durch die Überwindung einer lebensbedrohlichen gesundheitlichen Krise wie Bill McRaven – wie Sie reagieren, bestimmt das Maß Ihrer inneren Widerstandsfähigkeit.

Ein Teil dieser Widerstandsfähigkeit oder Resilienz ist ein inhärenter Bestandteil Ihres Charakters, der von Ihrer Erziehung und dem Beispiel geprägt ist, das Ihre Eltern und andere Bezugspersonen Ihnen gegeben haben, worauf Sie keinen Einfluss haben. Ein erheblicher Teil der Entwicklung von Resilienz beruht jedoch auf drei Schlüsselelementen Ihres Lebens, auf die Sie sehr wohl Einfluss haben. Das erste Element sind

KAPITEL XI

die Menschen, mit denen Sie sich umgeben. Suchen Sie die Nähe von Menschen, die wagemutig sind, sich nach einem Scheitern wieder aufrappeln und Erfolg haben. Oft unterschätzen wir die Bedeutung, die Gleichgesinnte, Kollegen und Freunde haben, denn sie können ein Beispiel für uns setzen. Ein zweites Element sind die Bücher, die wir lesen. Es gibt in der Literatur so viele eindrucksvolle Geschichten über Widerstandsfähigkeit, darunter Homers *Odyssee* über die lange Irrfahrt des Königs von Ithaka; *Gates of Fire* von Steven Pressfield über die todgeweihten Spartaner bei den Thermopylen; *The Red Badge of Courage* von Stephen Crane, das im Amerikanischen Bürgerkrieg spielt; *The Cruel Sea*** von Nicholas Monsarrat über das kleine Kriegsschiff *Compass Rose* im Zweiten Weltkrieg oder Cormac McCarthys dystopisches Meisterwerk *The Road.***** Suchen Sie sich Bücher, die Sie zur Stärkung Ihrer Widerstandskraft inspirieren. Und schließlich ist es bei der Entwicklung von Resilienz für uns alle wichtig, einen inneren Monolog zu führen, der uns sagt: »Ich weigere mich, mich als Opfer zu betrachten. Ich suche keine Schuldigen. Ich werde die widrigsten Umstände überwinden, und wenn ich nicht auf Anhieb Erfolg habe, werde ich es immer und immer wieder versuchen.«

Sich an Churchills Worte zu erinnern – »Gib nie auf!« – ist dabei sehr hilfreich. Dieser innere Monolog muss Teil unserer tiefsten Selbstempfindung sein. Wir alle scheitern irgendwann, aber wir haben oft die Wahl, wie wir darauf reagieren. Seien Sie zäh und widerstandsfähig.

---

*   deutsche Übersetzung: *Grausamer Atlantik*, Wissen Verlagsgesellschaft (1989) (A.d.Ü.)
**   deutsche Übersetzung: *Die Straße*, Rowohlt Taschenbuch, 13. Auflage (2016) (A.d.Ü.)

Schlussfolgerungen

Ich möchte mit einigen Gedanken über meine eigene Geschichte auf See schließen, die vielleicht einen kurzen Einblick in die guten und schlechten Erfahrungen eines Seemanns geben, der mit den charakterlichen Herausforderungen ringt. Im Verlauf von fast vier Jahrzehnten auf See habe ich gelernt, dass eine Handvoll Charaktereigenschaften den Kern eines guten Charakters und einer effektiven Führung ausmacht. Ich glaube, dass sie in den Erfolgen und Misserfolgen der hier porträtierten Admirale widerhallen, und ich will sie nachfolgend noch einmal nennen und jede mit einem kurzen Kommentar versehen.

Ganz oben auf meiner Liste steht die *Kreativität*. Immer wieder sehen wir in den Geschichten der zehn Admirale, wie wichtig die Bereitschaft ist, Neues anzunehmen, trotz der Schwierigkeiten und Herausforderungen, die damit verbunden sind. Vor allem bei den Admiralen Fisher, Mahan, Zumwalt und Hopper haben wir die Herausforderungen, aber auch den letztendlichen Erfolg ihrer Innovationsbestrebungen gesehen. Diese Kreativität hat ihren Preis. Ich selbst habe bei meinen eigenen Innovationsbemühungen mehrmals aufreibende Erfahrungen gemacht, insbesondere in meiner Zeit als Befehlshaber des Südlichen Kommandos in Miami mit Verantwortung für alle militärischen Operationen südlich der Vereinigten Staaten, aber auch als Leiter der innovativen Denkfabrik »Deep Blue«, die in den grauenhaften Tagen nach dem Terroranschlag vom 11. September 2001 von dem damaligen

SCHLUSSFOLGERUNGEN

Stabschef für Marineoperationen ins Leben gerufen wurde. Das war eine Zeit, in der die Navy im globalen Kampf gegen den Terror eine besondere Rolle spielte. Die eine Aufgabe brachte positive Erfahrungen und Erfolg, die andere eher nicht.

Beginnen wir mit Deep Blue. Vor dem 11. September konzentrierte sich die Navy vorrangig auf traditionelle globale maritime Missionen – Seekontrolle (Erhalt unserer maritimen Überlegenheit über die Tiefsee), Machtprojektion auf das Land (die Fähigkeit zum Abschuss von Lenkraketen und Flugzeugangriffe auf Ziele an Land), strategische Abschreckung (unsere U-Boot-gestützten ballistischen Raketen) und globale Transporte (von Nachschub, US Marines und anderer militärischer Fracht). Wir hatten keine Idee, wie sich Seemacht auf die Welt nach dem 11. September anwenden ließ. Der Stabschef für Marineoperationen Vern Clark, der einen schnellen Zugang zu einer leistungsfähigen Denkfabrik wollte, schuf eine strategische Studiengruppe mit der Bezeichnung »Deep Blue« (ein Name, der auf den Ozean und IBMs berühmten Schachcomputer anspielt), die angesichts der neuen militärischen Herausforderungen innovative neue Konzepte für die Navy entwickeln sollte.[*] Ich wurde für die Leitung von Deep Blue ausgewählt, weil ich mir im Verlauf meiner Karriere einen Ruf als Innovator, Herausforderer der orthodoxen Lehre und Verfasser kontroverser Artikel erworben hatte. Ich denke oft, dass ich mich womöglich als Ein-Stern-Offizier zur Ruhe gesetzt hätte, wenn der 11. September nicht diese Art des Denkens verlangt hätte. Ich hatte das Glück, dass meine dominante Charaktereigenschaft – ein großer Innovationshunger – auf eine Situation traf, die diese Eigenschaft erforderte.

Clark ermöglichte mir, eine kleine Gruppe handverlesener überaus kluger Vordenker der Navy zusammenzustellen. Ich rekrutierte die Spitzenleute aus jeder Einheit und verpflichtete mich, dem Stabschef für Marineoperationen mindestens zwei bis drei innovative Vorschläge pro Woche zu unterbreiten. Wir arbeiteten endlose Stunden, zapften über das War College, die Marineakademie und verschiedene Ausbildungskommandos das gesamte intellektuelle Kapital der Navy

---

[*] Deep Blue entwickelte zahlreiche, zum Teil hoch geheime neue Konzepte und wurde 2008 wieder aufgelöst. (A.d.Ü.)

SCHLUSSFOLGERUNGEN

an und generierten eine Vielzahl neuer Ideen. Einige waren großartig und werden bis heute angewendet, andere verliefen im Sand. Das ist die Natur von Innovation. Was ich dabei entdeckte, war, dass man mit einer gemeinsamen Mission, einem gewissen Maß an qualitativ erstklassigen (vor allem personellen) Ressourcen, einer starken Führung an der Spitze (wir berichteten direkt an den Stabschef für Marineoperationen) und der Entschlossenheit, Risiken zu wagen, Berge versetzen kann. Die Methoden der Implementierung innovativer Ideen, die ich bei Deep Blue lernte und aus eigener Anschauung erlebte, sind grundlegende Instrumente, die ich im Verlauf der verbleibenden zehn Jahre meiner Karriere und auch danach noch verwendete.

Wenn die Charaktereigenschaften Kreativität und Innovationsfähigkeit auf etablierte, festgefügte Vorstellungen prallen, geht das nicht immer gut aus. Einige Jahre nach Deep Blue wurde ich für eine Vier-Sterne-Mission ausgewählt, und zwar für die Leitung des Südlichen Kommandos der Vereinigten Staaten, und hatte für diese Aufgabe eine bestimmte Vision, die sich aus den verschiedenen Gesprächen herauskristallisiert hatte, die ich mit dem damaligen Verteidigungsminister Donald Rumsfeld und dem ehemaligen Sprecher des Repräsentantenhauses Newt Gingrich geführt hatte. Beide hatten den Eindruck, das alte Paradigma der Kampfkommandos – eine massive, schwerfällige Organisation, die streng auf die Durchführung von Kampfeinsätzen ausgerichtet und dementsprechend organisiert ist – werde den Anforderungen des 21. Jahrhunderts nicht mehr gerecht. Beide hielten es zudem für sehr unwahrscheinlich, dass wir als Nation einen Krieg gegen ein lateinamerikanisches oder afrikanisches Land führen würden. Die Idee war also, die zwei Kampfkommandos, die für diese Regionen verantwortlich waren, dazu zu bewegen, sich an die neuen Anforderungen anzupassen und eine Vision zu verfolgen, die zwar die Kampfbereitschaft einschloss, aber ein hohes Maß an sogenannten Soft-Power-Kompetenzen beinhaltete – humanitäre Einsätze, medizinische Diplomatie, Rechtsstaatlichkeit, Personalaustausch, Drogenbekämpfung, strategische Kommunikation, innerbehördliche Zusammenarbeit und so weiter.

Angesichts dieses Mandats war ich voller Enthusiasmus – vielleicht war mein Enthusiasmus zu groß. Ich unterschätzte das ausgeprägte Bestreben vieler Leute innerhalb des massiven Kommandos, an den

SCHLUSSFOLGERUNGEN

traditionellen Kriegsführungsstrategien festzuhalten. Als ich das gesamte Personalwesen neu organisierte und das traditionelle napoleonische Militärpersonalsystem abschaffte, löste ich enorme Verwirrung aus und stieß auf viel Ablehnung. Zwar machte der größte Teil des Teams mit, aber in vielen Fällen erfolgte die Kooperation nur widerwillig und halbherzig. Nach wie vor bin ich überzeugt, dass wir die richtige Mission für das Kommando formuliert hatten, aber ich trieb die Veränderung zu aggressiv voran und provozierte damit heftigen Widerstand. Nach meinem Ausscheiden aus dieser Position löste sich das ganze Projekt in Wohlgefallen auf, womit drei Jahre anstrengender Arbeit praktisch zunichtegemacht wurden. Die Lektion, die ich daraus zog, lautete, dass Innovation überaus wichtig ist, es aber nicht ausreicht, die richtige Antwort zu haben – man muss auch in der Lage sein, die Verweigerer ins Boot zu holen.

Das ist also die Geschichte zweier Manifestationen der Charaktereigenschaft Innovationsfähigkeit, die von demselben Innovator vorangetrieben wurden und von denen eine zum Erfolg und die andere zum Scheitern geführt hat. Ich glaube noch immer, dass Charakterstärke der Motor für Innovation ist und dass diese in den richtigen Umständen zu erstklassigen Ergebnissen führen kann.

Eine zweite überaus wichtige Charaktereigenschaft ist *Resilienz*. Es reicht nicht aus, kompetent und fähig zu sein, wenn alles gut läuft, weil sich die Dinge früher oder später auch einmal zum Schlechten wenden. Dafür liefert jeder einzelne Admiral Beispiele; am deutlichsten (und schmerzvollsten) lässt es sich am Beispiel des jungen Zheng He erkennen, der als Junge zwangskastriert wurde. Oder im Falle von Lord Nelson, der zwei äußerst schwere Verwundungen – den Verlust seines rechten Arms und eines Auges – verkraften musste. Zwar blieben mir solche physischen Herausforderungen erspart, aber auch ich habe meine Karriererückschläge erlebt, unter anderem in meiner höchsten Position. Wie ich im vorhergehenden Kapitel kurz erwähnt habe, gab es während meiner Zeit als NATO-Oberbefehlshaber für Europa von 2011 bis 2012 ein äußerst problematisches Ermittlungsverfahren gegen mich, das meine Karriere und mein Leben sehr stark belastete. Aber ich lernte aus dieser Erfahrung, setzte mir neue Ziele, von denen ich viele auch erreichte, und machte weiter. Die Generäle Allen, McChrystal und Petraeus, die jeder für sich ganz ausgezeichnete Führungspersönlichkeiten sind, mussten

SCHLUSSFOLGERUNGEN

ähnliche Karriererückschläge verkraften, haben sich alle wieder davon erholt und haben ein neues, sehr erfolgreiches Kapitel in ihrem Leben aufgeschlagen. Admiralin Michelle Howard musste ethnische und geschlechtsspezifische Barrieren überwinden und Admiral Bill McRaven überwand eine lebensbedrohliche Leukämie-Erkrankung, um die Spezialeinheit Navy SEALs zu kommandieren. Resilienz ist ein Schlüsselelement des menschlichen Charakters und gehört zu den wichtigsten Erfolgseigenschaften.

Auf der Suche nach den besten Charaktereigenschaften begegnen wir als Drittes der *Demut*. Arroganz ist bei Führungspersönlichkeiten eine toxische Eigenschaft, vor allem im heutigen Zeitalter der Transparenz. Schon vor 2500 Jahren führte Themistokles' wahrgenommene Arroganz schlussendlich zu seiner öffentlichen Demütigung und Verbannung. Die dunkle Seite des Erfolgs ist allzu oft die Arroganz, vor der wir uns auf unserer Charakterreise hüten müssen. Auch ich habe das oftmals versäumt.

Den vielleicht eindringlichsten Beleg dafür liefert eine Begebenheit Mitte der 1990er-Jahre, als ich das Glück hatte, den brandneuen Zerstörer USS *Barry* der *Arleigh-Burke*-Klasse zu kommandieren. Ich liebte dieses Schiff, das außerdem eine Superstar-Besatzung hatte. Wir gewannen einen Wettbewerb nach dem anderen an der Küste von Norfolk, und viele von uns – vor allem dieser junge Schiffskapitän – begannen, unserer Presse zu glauben. Ein großer Fehler. Eines schönen Tages wurden wir auf See geschickt, um eine wichtige und umfassende technische Inspektion durchzuführen. Alles fing gut an und wir fuhren mit großem Selbstvertrauen, um nicht zu sagen, großer Arroganz, hinaus, in dem Glauben, wir würden nach einem weiteren umwerfenden Erfolg in den Hafen zurückkehren. Stattdessen erlitten wir eine fürchterliche technische Havarie, die so schwerwiegend war, dass wir anhalten, unsere Wellenanlage fixieren und anschließend in den Hafen *zurückgeschleppt* werden mussten. Für einen Kommandeur gibt es nichts Peinlicheres als ein Kriegsschiff, das abgeschleppt werden muss. Anschließend leuchtete unser Glorienschein nicht mehr so hell.

Mit viel Hilfe von anderen Schiffen konnten wir unsere Probleme am Ende beheben und bestanden die technische Inspektion mit der niedrigsten Bewertung – einem »Befriedigend«, das weit von dem

SCHLUSSFOLGERUNGEN

»Exzellent« oder sogar »Herausragend« entfernt war, das wir erwartet und bis dahin regelmäßig erzielt hatten. Mein Ausführender Offizier, der später zu einem Drei-Sterne-Admiral befördert wurde, nannte es »das beste BEFRIEDIGEND, das je erzielt wurde«. Ich versuchte zu lächeln, als er das sagte. Ich lernte dabei viel über Demut und darüber, dass die Dinge irgendwann schieflaufen und man dann ein großes Maß an Resilienz benötigt. Es ist übrigens viel leichter, widerstandsfähig zu sein, wenn man von vornherein eine gewisse Demut mitbringt.

Eine vierte wichtige Charaktereigenschaft ist die *innere Balance*. Die alten Griechen wussten das und meißelten zwei Inschriften in den Tempel von Delphi: »Erkenne dich selbst« und »Nichts im Übermaß«. Im modernen Sprachgebrauch heißt das, dass wir einen Ausgleich zwischen unseren natürlichen Ambitionen und unserem Erfolgsdrang auf der einen Seite und unserer Liebe zu unserer Familie und Zeit zur Kontemplation auf der anderen Seite finden müssen. Die meisten Admirale, die in diesem Buch porträtiert wurden, haben diesen Test nicht bestanden und jagten stattdessen im Verlauf ihrer langen Lebensreise ständig von einem Erfolg zu anderen. Das ist auf jeden Fall ein Bereich, in dem auch ich wiederholt versagt habe.

Als besonders drastisch empfand ich den Widerspruch zwischen den vielfältigen Aktivitäten, die mein Ehrgeiz und mein Erfolgsstreben mir vorgaben, und dem Wunsch, mich mehr um meine wunderbare Familie zu kümmern, im Jahr 1998. Am 7. August verübte die Terrororganisation al-Qaida Bombenanschläge auf die US-Botschaften in Tansania und Kenia, bei denen 224 Menschen ums Leben kamen, darunter auch zwölf Amerikaner, und 4000 weitere verletzt wurden. Die meisten von uns hörten bei dieser Gelegenheit zum ersten Mal von Osama bin Laden. Im Anschluss ordnete Präsident Clinton eine Reihe von Vergeltungsschlägen mit Tomahawk-Raketen auf al-Qaida-Stützpunkte in Afghanistan und im Sudan an. Als Kommodore des Zerstörergeschwaders 21 war ich unter dem Oberbefehl des Kommandeurs des Zentralkommandos der Vereinigten Staaten (US Central Command, CENTCOM) General Tony Zinni (der wegen seiner inneren Balance und seines Charakters übrigens einer meiner Idole ist) in der Arabischen See stationiert.

Zu meiner Mission, die ich am 20. August ausführte, gehörte der Abschuss von Marschflugkörpern von vier Zerstörern und einem U-Boot

SCHLUSSFOLGERUNGEN

unter meinem Kommando. Ich verbrachte den Großteil des Tages im Tomahawk-Abschusszentrum – ein sehr langer Tag, angefüllt mit Planung, der Vorbereitung der Raketen, der Zielbestimmung und dem Abfeuern und der Bewertung der Ergebnisse. Es war aufregend und erschöpfend zugleich. Am Ende dieses langen Tages ging ich in meine kleine Kabine auf dem Flugzeugträger *Lincoln* und legte mich aufs Bett. Irgendetwas nagte an mir. Und dann traf es mich wie ein Blitz: Heute war der zwölfte Geburtstag meiner Tochter Christina. Und ich hatte den Tag damit verbracht, Präzisionsraketen abzufeuern. Ich betrachtete ihr Foto und das Foto meiner Frau Laura und dachte: *Was zur Hölle mache ich nur mit meinem Leben?* Ich schwor, ein besserer Ehemann und Vater zu sein – und kehrte dann ins Pentagon zurück, wurde Konteradmiral und tappte prompt erneut in die Falle, die Balance in meinem Leben zu vernachlässigen.

An jenem schicksalsträchtigen Tag im August hätten wir Osama bin Laden fast erwischt. Kurz bevor unsere Raketen in seinem afghanischen Ausbildungslager einschlugen, hatte er sich abgesetzt. Die Raketen, deren Abschuss ich befohlen hatte, hätten ihn beinahe getötet. Eine Ironie des Schicksals sorgte dafür, dass er mich Jahre später, am 11. September 2001, beinahe getötet hätte. An jenem Tag befand ich mich im Pentagon, und zwar auf der Seite des Gebäudes, in das der Flug AA 77 der Fluggesellschaft American Airlines stürzte – vielleicht 50 Meter vom Einschlagsort entfernt. Ich frage mich, was bin Laden an jenem Tag wohl machte. Ich glaube, keinem von uns gelang es, Balance in unserem Leben zu finden, aber ich bin noch hier und versuche es weiter. Ehrlich gesagt ist meist persönlicher Ehrgeiz für dieses Versäumnis verantwortlich. Dieser innere Kampf ist eine gute Charakterübung für uns alle.

Eine fünfte entscheidende Charaktereigenschaft ist *Ehrlichkeit*, egal was es kostet. Das lernt man gleich zu Beginn in Annapolis, wo der Ehrenkodex, demzufolge »ein Midshipman weder lügt, betrügt noch stiehlt«, bereits den 18-Jährigen eingebläut wird, die jeden Sommer auf dem Severn-River-Campus eintreffen. Wie wir täglich vor Augen geführt bekommen, versagt unsere Gesellschaft als Ganzes in dieser Hinsicht oft, vor allem in der Politik, in der die Lüge manchmal wie eine eigene Kunstform wirkt.

SCHLUSSFOLGERUNGEN

Wie schon erwähnt hängt in meinem Büro ein Gemälde der USS *Maine* an der Wand – jenes Kriegsschiffes der US Navy, das Mitte Februar 1898 im Hafen von Havanna explodierte und sank. Ohne genau die Ursache der Explosion zu kennen, versteifte sich die Navy auf die Vorstellung, das sei die Tat von »Terroristen« unter spanischem Kommando gewesen – Kuba war damals noch spanische Kolonie. Aufgehetzt von der Sensationspresse – den damaligen »Fake News« von William Randolph Hearst und anderen Verlegern – stürzten wir uns in einen »*splendid little war*« – einen wunderbaren kleinen Krieg, wie der junge Theodore Roosevelt den Spanisch-Amerikanischen Krieg nannte. Er verdiente sich bei San Juan Hill die Ehrenmedaille, viele Menschen auf beiden Seiten ließen ihr Leben und die Vereinigten Staaten traten ins moderne Zeitalter ein und wurden zum ersten Mal zu einer Kolonialmacht.

Eine Lektion, die ich aus dem *Maine*-Zwischenfall gezogen habe, ist wie gesagt, dass Resilienz enorm wichtig ist. Als Person von Charakter muss man einfach akzeptieren, dass das eigene Lebensschiff jeden Moment Schlagseite bekommen und kentern kann, und dafür muss man einen Plan B haben. Leugnen, Jammern und Schwäche sind inakzeptable Verhaltensweisen. Männer und Frauen von Charakter beweisen in widrigen Situationen ihre Widerstandskraft. Das Gemälde hat für mich aber auch noch eine andere Bedeutung, und sie hat mit der Eigenschaft der Ehrlichkeit und des Respekts vor Wahrhaftigkeit zu tun.

Welche Rolle spielen Wahrheit und Wahrhaftigkeit? Als die Navy das Schiff Jahrzehnte später barg, entdeckten wir, dass die Explosion mit an Sicherheit grenzender Wahrscheinlichkeit interne Ursachen hatte. Es gab keine Mine, die von spanischen »Terroristen« am Schiffsrumpf befestigt worden wäre. Dennoch hatten wir uns Hals über Kopf in einen Krieg gestürzt und mit der Beherrschung von Kuba und den Philippinen der Weltgeschichte eine andere Wendung gegeben. Selbst zum Zeitpunkt der Ereignisse gab es keine echte Gewissheit über die Ursache der Explosion, daher füllten die Regierung und die Medien die Informationslücke mit ihrer eigenen Version. Dieser Krieg fußte also auf einer Lüge und hatte bittere Folgen. Wahrhaftigkeit ist für uns alle wichtig, aber vor allem für Führungskräfte, deren Entscheidungen das Weltgeschehen beeinflussen. Ein wahrhaft erstrebenswerter Charakter ist einer, der auf Respekt vor der Wahrheit, um nicht zu sagen, ihrer Verehrung, gründet.

SCHLUSSFOLGERUNGEN

Natürlich haben wir in dieser Hinsicht alle unsere Schwächen, im Kleinen wie im Großen. Wahrhaftigkeit kann man aber kultivieren, und dann wird sie zur Gewohnheit.

Die sechste wichtige Charaktereigenschaft, *Empathie*, ist ein grundlegendes und äußerst prägendes Charaktermerkmal. Die meisten von uns sind sehr egozentriert. Die Welt programmiert uns einfach darauf, um uns selbst zu kreisen. Nichts geschieht, ohne dass wir im Zentrum unseres kleinen Lebensdramas stehen. Die beste Beschreibung dieser Eigenschaft, die ich kenne, kommt in der brillanten, eindrücklichen Abschlussrede mit dem Titel »*This Is Water*« (»Das hier ist Wasser«) zum Ausdruck, die David Foster Wallace am Kenyon College hielt. Darin ermahnt er die jungen Absolventen, gegen die Neigung anzukämpfen, alles stets auf zutiefst persönliche und selbstbezogene Art und Weise zu betrachten, und stattdessen damit zu beginnen, die lebenslange Gewohnheit zu entwickeln, sich in die Lage anderer zu versetzen.

Im Kern ist dies eine Frage des Charakters. Ein kluger, empathischer Mensch betrachtet jede Begegnung mit der Welt nicht nur aus seiner eigenen Perspektive, sondern versucht, die Situation, die Denkhaltung und die Herausforderungen anderer Menschen zu verstehen. Dafür gibt es moralische und pragmatische Gründe. Das lernte ich am besten gegen Ende meiner Karriere, als ich zum NATO-Oberbefehlshaber ernannt wurde. Dabei handelte es sich um eine Aufgabe, die eine tiefe Wertschätzung für jeden der anderen 27 NATO-Mitgliedsstaaten erforderte. Ich fand, dass einer meiner Vorgänger, General Wes Clark, das sehr schön zusammengefasst hatte, als er von dem damaligen Verteidigungsminister dafür kritisiert wurde, die Belange und Interessen der Vereinigten Staaten nicht genügend zu berücksichtigen. General Clark erwiderte: »*Mr. Secretary*, ein Zwanzigstel meines Geistes hört Ihnen aufmerksam zu.« (Damals gab es 20 NATO-Mitgliedsstaaten.) Damit wollte er zum Ausdruck bringen, dass er als NATO-Oberbefehlshaber die Interessen aller Mitgliedsstaaten berücksichtigen musste.

In dieser Position musste ich nicht nur Empathie für Amerikaner, sondern auch für Bulgaren, Rumänen, Deutsche, Briten und alle anderen NATO-Länder aufbringen. Jeden Morgen wachte ich auf und dachte: *Wie wirkt das auf Paris/Madrid/London/Berlin/Rom und alle anderen Hauptstädte der NATO-Länder?* Der Dienst für die NATO ist eine Bewährungsprobe für Empathie, etwas, was viele erfolgreiche Menschen nicht immer empfinden und richtig zum Ausdruck bringen. Umfassende Empathie zu entwickeln ist eine Lebensaufgabe. Die NATO war für mich in dieser Hinsicht eine Erfahrung, die diese Notwendigkeit auf den Punkt brachte. Allerdings muss man sich dafür nicht zwangsläufig in international exponierter Stellung befinden. Die Lektüre der Rede »*This Is Water*« half mir, die Notwendigkeit von Empathie in den profansten Momenten des Lebens zu verstehen – von der Warteschlange an der Supermarktkasse bis hin zur Erziehung unserer Kinder.

Siebtens ist der Glaube an das *Gerechtigkeitsgefühl* ein bedeutender Teil des Charakters. Von John F. Kennedy stammt das berühmte Zitat, dass das Leben ungerecht ist. Kein noch so guter Charakter wird die massive Ungerechtigkeit und Ungleichheit in der Welt beseitigen können. Wie ein russisches Sprichwort jedoch besagt, ist es besser, eine einzige Kerze anzuzünden, als wie ein Hund die Finsternis anzuheulen. Darauf habe ich mich nach meinem Ausscheiden aus dem Militär noch intensiver konzentriert. Im Militärdienst strebt man instinktiv nur nach Ergebnissen. Wir senden unsere Truppen in den Krieg, um unsere Nation zu schützen, unsere Feinde abzuschrecken, die Schwachen zu beschützen und Missbrauch zu stoppen. Während der langwährenden Dämmerung des Kalten Krieges zweifelte ich nie daran (und tue es auch heute nicht), dass unsere Werte die richtigen sind – Demokratie, persönliche Freiheit, Redefreiheit, Gleichberechtigung der Geschlechter und ethnische Gleichberechtigung. Ihre Umsetzung gelingt uns nicht immer, aber die Werte an sich sind richtig. Und die vielen Male, die ich an Kampfeinsätzen beteiligt war – auf dem Balkan, im Nahen Osten, genauer gesagt, im Irak und in Kuwait, in Afghanistan, Libyen und im Kampf gegen die Piraterie –, haben wir entweder Menschen oder Werte verteidigt.

Nachdem ich aus dem Militär ausgeschieden und praktisch zum ersten Mal in meinem Leben als Erwachsener ein Zivilist war, begann ich öfter und in größeren Zusammenhängen über Gerechtigkeit nachzudenken und die vielen täglichen Ungerechtigkeiten zu bemerken. In den vergangenen fünf Jahren sind mir wie auch vielen anderen in dieser Hinsicht wiederholt Zweifel an unserer Gesellschaft gekommen. Ich versuche, mich in die Lage der unterschiedlichen Bevölkerungsgruppen unserer Nation zu versetzen, was ich während der gesellschaftlichen Pufferzone

SCHLUSSFOLGERUNGEN

des Militärdienstes nie gemacht habe. Heute denke ich über Armut ganz anders und frage mich, wie Familien in Amerikas berühmtem Rostgürtel – den ehemaligen Industrieregionen – ohne Arbeit zurechtkommen beziehungsweise auf Besserung hoffen. Ich erkenne die Ungerechtigkeit darin und versuche, Diskussionen anzuregen, die sich diesem Thema widmen. Auf ähnliche Weise versuche ich mir vorzustellen, wie es sein muss, als junger Afroamerikaner in Armut und ohne echte Chancen zu leben und dabei ständig unter der misstrauischen Beobachtung der Polizei zu stehen. Wie gehen wir damit um? Ich frage mich, warum einige Gemeinden mit guten Schulen, sauberem Trinkwasser und einer professionellen Polizei gesegnet sind – und andere nicht.

Das soll nicht heißen, dass wir fatale oder überhaupt große Schwächen haben. Ich halte es mit Winston Churchill, der einst den berühmten Satz sagte: »Demokratie ist die schlechteste aller Regierungsformen – abgesehen von all den anderen Formen.« Wir besitzen Instrumente und Ideen zu ihrer Verwendung, die uns dabei helfen können, unsere Probleme zu lösen. Ich habe keine Patentrezepte dafür, aber im Kontext der Charakterbildung glaube ich, dass die Chancen, eine gerechtere Gesellschaft zu schaffen, umso größer sind, je mehr von uns bereit sind, einzugestehen, dass diese und andere Probleme große Ungerechtigkeiten darstellen, und je mehr wir versuchen, über praktische, sinnvolle Lösungen nachzudenken. Charakterstärke kann dazu beitragen, hierfür die kritische Masse zu erreichen.

Dabei sollte man nicht vergessen, dass gelebte Gerechtigkeit zum Teil auch in Selbstbeherrschung besteht. Selbstbeherrschung ist eine Tugend, die von den alten Griechen sehr hochgehalten wurde, und sie ist Teil der Lebensphilosophie der Stoiker. In unserer heutigen turbulenten, schnelllebigen Welt fallen Führungskräfte in puncto Gerechtigkeit und Selbstbeherrschung oft mit Pauken und Trompeten durch. Wenn das geschieht, versagen sie vor allem in charakterlicher Hinsicht.

Eine achte Eigenschaft, die die zugegebenermaßen feine Trennlinie zwischen Führungsqualitäten und Charakterstärke ausmacht, ist *Entscheidungsfreude*. Zwar sind gute Führungskräfte im Allgemeinen entscheidungsfreudige Menschen, ich habe jedoch auch für einige sehr kompetente Führungspersönlichkeiten gearbeitet, die sehr, sehr lange brauchten, um eine abschließende Entscheidung zu treffen. Einer von

SCHLUSSFOLGERUNGEN

ihnen war ein Anwalt, der einfach nicht aufhören konnte, das Für und Wider eines Arguments abzuwägen. Ich befand mich damals als Captain in einer unterstützenden Rolle und arbeitete ihm zu. Auf liebenswürdige Art konnte er einen in die Verzweiflung treiben, wenn er immer noch weitere Fokusgruppen einbrachte, jeden im Raum dazu ermunterte, seine Meinung zu äußern, und sich einfach zu keiner Entscheidung durchringen konnte. Das kollidierte mit dem militärischen Ansatz, das heißt einer schnellen Entscheidung, einer konsequenten Umsetzung und im Bedarfsfall einer anschließenden Nachjustierung. Nach meiner Beförderung in ranghohe Positionen arbeitete ich für US-Präsident Obama (nicht direkt, aber über den Verteidigungsminister) und erlebte erneut das lange Abwägen eines typischen Rechtsanwalts. Zwar befürworte ich die Idee, dass man vor jeder Entscheidung immer noch mehr Informationen einholen kann, aber meiner Meinung nach gibt es oft Zeiten, in denen ein Entscheidungsträger mit einem entschlusskräftigen Vorgehen Chancen ergreifen kann.

Eine Geschichte, die mich bis heute verfolgt, war meine eigene Unfähigkeit zu entschlossenem Handeln, als ich als Kapitän der USS *Barry* den Suezkanal durchquerte. Wir näherten uns dem Kanal von Norden, und die Kanalbehörde sandte uns das vorgeschriebene Lotsenschiff. Der Lotse war nicht sehr vertrauenerweckend und schien mehr daran interessiert, stangenweise Zigaretten aus unserem Bordshop zu verlangen, als unser Schiff sicher durch das flache und schlecht markierte Gewässer des Kanals zu steuern. Frustriert über die geringe Zigarettenausbeute (wir hatten ihm stattdessen eine Baseballkappe des Schiffes angeboten, an der er aber nicht interessiert war), ging er in eine Art Ministreik und schmollte auf einem Klappstuhl auf einer Seite der Brücke vor sich hin.

Auf halber Strecke der Passage befindet sich der Great Bitter Lake. In diesem Teil des Kanals müssen die Schiffe, die Richtung Süden fahren, zur Seite fahren und ankern, damit der Schiffskonvoi Richtung Norden passieren kann. Als wir an diesem Punkt ankamen, war ich bereits seit 24 Stunden auf den Beinen, leicht benommen und dehydriert, weil ich die ganze Zeit nur Kaffee getrunken hatte, um wach zu bleiben. Als wir die Mündung des Great Bitter Lake passierten und langsam über den See fuhren, wurde der Lotse plötzlich wieder wach und rief uns zu, welchen

SCHLUSSFOLGERUNGEN

Kurs wir nehmen sollten. Trotz meiner Vorbehalte gegenüber seiner Person war er immerhin ein zertifizierter Kanal-Lotse und ehemaliger ägyptischer Marineoffizier, daher wies ich den Steueroffizier an, den Anweisungen des Lotsen zu folgen.

Plötzlich rief der junge Leutnant, der hinter mir am Navigationstisch saß: »Captain, das Schiff gerät auf diesem Kurs in Gefahr!« Ich war perplex und hin- und hergerissen – unentschlossen – zwischen meinem eigenen Offizier, der ehrlich gesagt noch nicht viel Erfahrung hatte, und dem deutlich erfahreneren langjährigen ägyptischen Lotsen. Ich schwankte, und das Schiff fuhr mit fünf bis sieben Knoten weiter. Der Steuermann rief erneut: »Sir, wir steuern auf eine Sandbank zu; wir müssen stoppen und den Kurs ändern.« Der Lotse sagte: »Ihr zugewiesener Ankerplatz befindet sich genau vor uns, Captain.« Andere Schiffe fuhren hinter uns, auf dem Weg zu ihren jeweiligen Ankerplätzen, und das Risiko einer Kollision nahm zu. Ich war jedoch viel zu benebelt und übermüdet, um entschlossen zu handeln. Glücklicherweise war mein 26-jähriger Steuermann, der erst wenige Jahre zuvor die Militärakademie abgeschlossen hatte, sehr entschlussfreudig. Er sagte einfach: »Hier spricht der Steuermann. Ich steuere das Schiff, alles zurück 2/3.« Der ägyptische Lotse explodierte, ich erwachte plötzlich aus meiner Benommenheit und ließ den Lotsen durch einen Bootsmann zum Brückenflügel begleiten und dort bewachen, und dann leitete ich die Ankerung.

Nachdem wir Anker geworfen hatten (und beinahe von einem sich nähernden Tanker gerammt worden wären), ließen wir ein Boot zu Wasser und sandten es zu unserem eigentlich zugewiesenen Ankerplatz, um mithilfe von Bleileinen die tatsächliche Wassertiefe zu messen. Mein Steuermann hatte recht gehabt – das Wasser war gut 30 Zentimeter zu niedrig für uns; wir wären im Schlick des Great Bitter Lake sanft aufgelaufen. Das hätte das augenblickliche Ende meiner Karriere bedeutet, selbst wenn ich hätte nachweisen können, dass ich nur den Anweisungen des Lotsen gefolgt war. Der Steuermann machte eine steile Karriere, die bis zum heutigen Tag andauert, und ich wette jede Summe, dass er schon bald einen Admiralsstern tragen wird. Er war der entschlussfreudige Akteur, der in jener Situation gebraucht wurde, und ich lernte mehrere wertvolle Lektionen – nicht nur über ihn, sondern auch

SCHLUSSFOLGERUNGEN

über Charakterstärke und die Tatsache, dass Übermüdung negative Auswirkungen auf Persönlichkeitseigenschaften haben kann.

Eine neunte Charaktereigenschaft, die aus den Porträts deutlich wird, ist *unbeirrbare Entschlossenheit*. Jeder der hier beschriebenen Admirale bewies in äußerst schwierigen Situationen grimmige Entschlossenheit. Denken Sie an die extrem ungünstigen Bedingungen, mit denen Themistokles bei Salamis konfrontiert war; die riesige spanische Armada, gegen die Drake ankämpfen musste; die tief verwurzelte, rückwärtsgewandte Bürokratie, die Fisher überwinden musste; die mangelnde Vision der Navy, mit der Rickover konfrontiert war, und so weiter. In jedem einzelnen Fall sehen wir den Wert großer Entschlossenheit. Der immer zitierfähige (und oft falsch zitierte) Winston Churchill kleidete das im Oktober 1941, als seine Nation in den ersten Jahren des Zweiten Weltkrieges vor dem Vorrücken der deutschen Truppen erzitterte, in folgende einfache Worte: »Gib niemals auf, gib nie auf, nie, nie, nie, nie – weder in großen Dingen noch in kleinen, in wichtigen oder unbedeutenden; gib niemals auf, außer aus Gründen der Ehre oder des gesunden Menschenverstands.«

Ein wertvoller Rat. Allerdings müssen wir uns darüber im Klaren sein, dass unbeirrbare Entschlossenheit eine Charaktereigenschaft ist, mit der man sorgfältig umgehen muss. Ich selbst wurde in dieser Hinsicht während meiner Zeit als NATO-Oberbefehlshaber im Krieg gegen Afghanistan auf die Probe gestellt. Als ich 2009 in diese Position berufen worden war, hatten wir mehr als 150 000 Truppen im Land und einen milliardenschweren Verteidigungsetat. Wir opferten Geld und Menschenleben für ein scheinbar unlösbares Problem. Meine Aufgabe bestand darin, unsere bisherigen Anstrengungen zu bewerten und dem Präsidenten Empfehlungen zu unterbreiten. Nach Rücksprache mit Vier-Sterne-General Stan McChrystal, der als taktischer Kommandeur die Bodentruppen befehligte, schlugen wir schließlich eine deutliche Verstärkung der Truppenkontingente vor. Wir waren fest zum Sieg entschlossen. Siege sind das, was von Gefechtskommandeuren erwartet wird.

Im Rückblick frage ich mich jedoch, ob unsere Unbeirrbarkeit uns am Ende nicht auf die falsche Fährte lenkte. Vielleicht wären weniger massive Kampfkraft und dafür mehr Spezialeinheiten, eine aggressivere

SCHLUSSFOLGERUNGEN

politische Annäherung an die Taliban und der Aufbau von Einfluss-
bereichen innerhalb des Landes die bessere Strategie gewesen. Für jedes
dieser Argumente gibt es starke Gegenargumente, und am Ende optierten
wir für eine massive Truppenverstärkung. Das Ergebnis waren entsprechende Gefechtserfolge und eine Verbesserung der Gesamtsituation,
die am Ende dazu führte, dass 90 Prozent der US- und NATO-Truppen
beziehungsweise der Koalitionskräfte abgezogen werden konnten. Im
Jahr 2014 übergaben wir die Fortsetzung des Kampfes an das afghanische
Militär, das inzwischen eine schwache Kontrolle über einen Großteil
der afghanischen Städte verteidigt. Heute frage ich mich jedoch oft, ob
das tatsächlich eine Situation war, auf die Churchills Ausnahme des
»gesunden Menschenverstands« anwendbar war, oder ob unser Kalkül
womöglich von unserer wilden Entschlossenheit beeinflusst war. Wir
werden es nie erfahren, und ich bin vorsichtig optimistisch, dass sich
in Afghanistan eine Friedensvereinbarung erzielen lässt – wenn ja, sind
die Truppenverstärkung und die spätere Übergabe an die afghanischen
Streitkräfte vielleicht die richtige Strategie gewesen. Ich erzähle diese
Episode, um etwas zu verdeutlichen, was auch in Churchills berühmtem
Satz zum Ausdruck kommt: Unbeirrbare Entschlossenheit zeugt von
Charakterstärke, aber nicht, wenn sie dem gesunden Menschenverstand
zuwiderläuft.

Als Zehntes und Letztes müssen wir erkennen, dass wir auf unserer
Charakterreise in einer Nussschale auf einem grenzenlosen Ozean
schwimmen. Damit ist die Fähigkeit gemeint, alles in die richtige
Perspektive zu rücken. Sie bildet die Grundlage für Humor und die Fähigkeit, sich selbst nicht so wichtig zu nehmen. Wenn wir die Weltmeere
und die mächtigen Wellen betrachten, breitet sich die Ewigkeit vor uns
aus, und wir müssen erkennen, dass wir nur eine kurze Zeit auf dieser
Erde verweilen. Auf meinem Schreibtisch auf der USS *Barry*, meinem
ersten und heißgeliebten Kommando, stand ein Schild mit der Auf-
schrift: »HIER GESCHIEHT NICHTS WIRKLICH WICHTIGES.«

Das war natürlich augenzwinkernd gemeint – natürlich waren die
Missionen dieses Schiffes, die der Wahrung der nationalen Sicherheit
dienten, notwendig und wichtig; unsere Tomahawk-Marschflugkörper
trafen ihre Ziele noch über eine Entfernung von 1500 Meilen, und das
Leben meiner Seeleute lag mir sehr am Herzen. Ich erinnerte mich aber

SCHLUSSFOLGERUNGEN

auch stets daran, dass die Missionen der USS *Barry* angesichts der Ewigkeit nichts weiter waren als ein kurzes kosmisches Flackern in einem endlosen Meer. Diese Sichtweise machte es mir wesentlich leichter, das Gute und das Schlechte zu akzeptieren, Ruhe und Gelassenheit zu bewahren, meinen Ehrgeiz zu zähmen und über Dinge zu lachen, die schiefliefen und auf die wir so oft keinen Einfluss hatten. Wie schon erwähnt stehen auf dem Grabstein des griechischen Schriftstellers Nikos Kazantzakis die schlichten Worte: »Ich begehre nichts. Ich fürchte nichts. Ich bin frei.« Am Ende werden wir alle im ultimativen Sinne frei sein. Wenn man sich das in Erinnerung ruft, kann man bei der Bewältigung der täglichen Herausforderungen die Dinge in die richtige Perspektive rücken. Das ist wahre Charakterstärke.

An jedem Spätnachmittag begab ich mich, nachdem ich die Decks abgeschritten und meine Besatzung am Ende des Arbeitstages verabschiedet hatte, zum Brückenflügel und verbrachte ein wenig Zeit mit der stillen Betrachtung des Ozeans und des Himmels. Beide Elemente verschmelzen am Ende des Horizonts miteinander, und wann immer ich diesen Horizont auf hoher See sehe, sage ich mir, dass ich etwas ganz Einfaches und zugleich unglaublich Mächtiges betrachte: die Ewigkeit. Charakterstärke bedeutet zu wissen, dass unsere Existenz endlich ist und wir unser Leben daher so gut wie möglich gestalten sollten.

Ein abschließender Gedanke, der dazu beitragen kann, Ihre Vorstellung von Charakterstärke zu erhellen, ist die Frage: Wer sind Ihre Helden? Idealerweise sind das Menschen, die Sie aus Gründen bewundern, die nichts mit ihren vordergründigen Leistungen zu tun haben – das, was David Brooks in seinem Werk *Charakter – Die Kunst, Haltung zu zeigen* als »Lebenslauf-Tugenden« bezeichnet hat –, sondern wegen ihrer Charakterwerte – die Brooks »Grabreden-Tugenden« nennt, denn das sind Dinge, die die Menschen (hoffentlich) bei Ihrem Begräbnis über Sie sagen werden. Zu den erstgenannten Tugenden gehören die Schulen, die wir besucht, und die Noten, die wir dort erzielt haben; die Preise, die wir gewonnen haben; das Gehalt, das wir verdienen; das Haus, das wir kaufen, und das Buch, das wir schreiben. Die sogenannten Grabreden-Tugenden sind Charakterwerte, die wir verkörpern. Zu den wichtigsten Eigenschaften, von denen dieses Buch handelt, gehören

SCHLUSSFOLGERUNGEN

Ehrlichkeit, Gerechtigkeitssinn, Humor, Kreativität, innere Balance, Empathie, Demut und Resilienz.

Eine gute Übung, die Sie auf Ihrer höchstpersönlichen Charakterreise machen können, ist, sich die Namen Ihrer Helden zu notieren. Wählen Sie sie aus jedem beliebigen Bereich aus – Familie, Freunde, historische oder aktuelle Führungspersönlichkeiten. Anschließend notieren Sie neben jedem Namen eine Charaktereigenschaft, die Sie an dieser Person besonders bewundern.

Das ist nicht sonderlich schwierig – Sie müssen dafür nur einen Moment innehalten und bewusst über die Personen nachdenken, die Sie zutiefst bewundern. Auf meiner Liste würden meine Eltern stehen (für die grenzenlose Liebe, die ich als Kind erfahren habe), General George Marshall (der als Verteidigungs- und Außenminister und Generalstabschef des Heeres selbst unter großem Druck stets standhaft blieb), Simón Bolívar (für die Kühnheit seiner Vision, alle spanischen Kolonien Südamerikas zu befreien); Condoleezza Rice (für ihre Disziplin) und Juan Manuel Santos, ehemaliger Präsident von Kolumbien (für seinen politischen Mut bei der Verfolgung einer Friedensvereinbarung trotz der zahllosen Zweifler). Ihre Liste wird anders ausfallen, aber die Idee ist dieselbe – wählen Sie eine Handvoll Persönlichkeiten aus, die Sie zutiefst bewundern.

Und dann folgt der schwierigste Teil. Notieren Sie in der Spalte neben den Charaktereigenschaften, die Sie bewundern, wie *Sie* dabei jeweils abschneiden. Ich frage mich ständig: Bin ich ein so guter Elternteil für meine Töchter, wie es meine Eltern für mich waren? Besitze ich die gleiche Standhaftigkeit wie George Marshall? Ist meine Vision so kühn wie die von Simón Bolívar? Bin ich bei allen meinen Vorhaben so diszipliniert wie Condi Rice? Besitze ich den gleichen Mut wie Juan Manuel Santos? In einigen Kategorien schneide ich besser ab als in anderen, aber der Punkt, um den es eigentlich geht, ist, *dass Sie sich selbst besser kennenlernen*. Das ungeprüfte Leben ist nicht lebenswert, sagte Sokrates bei seinem Prozess (in dem er der Korruption der Jugend beschuldigt wurde). Dieser kontinuierliche Prozess der Selbstprüfung ist notwendig, um den eigenen Charakter zu verbessern. Und das ist die lebenslange Aufgabe, die wir alle erfüllen müssen.

SCHLUSSFOLGERUNGEN

Niemand von uns ist perfekt; einige haben jedoch eine längere Reise vor sich, um sich schonungslos mit sich selbst zu konfrontieren und große Anstrengungen zur Selbstverbesserung zu unternehmen. Das ist die Reise, zu der Sie sich, wie ich hoffe, voller Elan aufgemacht haben. Und dafür wünsche ich Ihnen gute Fahrt und ruhige See an allen Tagen Ihres Lebens.

Danksagung

Als Erstes möchte ich dem Team von Penguin Press meinen Dank aussprechen, vor allem meinem großartigen Verleger und Freund Scott Moyers. Er hatte die Idee zu meinem vorherigen Buch *Sea Power*, begleitete das Buch bis zu seiner großartigen Veröffentlichung im Jahr 2017 und sorgte dafür, dass es einen Beitrag dazu leistet, das Bewusstsein der Menschen auf der ganzen Welt für die zentrale Bedeutung der Geopolitik und der Geschichte der Weltmeere zu schärfen. Scott war von der Idee zu dem vorliegenden Buch begeistert, mithilfe der Porträts verschiedener Führungspersönlichkeiten, die die Geschichte der Weltmeere maßgeblich mitgeprägt haben, wertvolle Lebenslektionen zu vermitteln.

Mein großer Dank gilt auch Captain Bill Harlow, einem früheren Sprecher sowohl des Weißen Hauses als auch der CIA. Er hat mir erstklassigen beruflichen Rat und redaktionelle Hilfestellung gegeben und ist außerdem seit Jahrzehnten ein hochgeschätzter Freund.

Meine beiden Rechercheassistenten, Colin Steele und Matt Merighi, die mich bei diesem Projekt unterstützt haben, sind brillante Absolventen der Fletcher School of Law and Diplomacy der Tufts University, an der ich in den zwei Jahren, in denen dieses Buch entstanden ist, als Dekan tätig war. Sowohl Colin als auch Matt sind äußerst fähige Gelehrte und waren auf dieser Reise unverzichtbare Kameraden, die im Verlauf des gesamten Projekts zuverlässig und genau recherchiert haben.

DANKSAGUNG

Ich habe das große Glück, im Buchgeschäft von meinem Agenten Andrew Wylie repräsentiert zu werden, der selbst ein enthusiastischer Leser und aufmerksamer Kritiker ist. Seine Arbeit trug dazu bei, dieses Buch zu verbessern, und ich freue mich darauf, auch in Zukunft Teil seines Teams zu sein.

Und schließlich gilt meine tiefste Liebe und mein innigster Dank meiner Frau Laura und meinen Töchtern Christina und Julia. Sie sind der strahlende Mittelpunkt meiner persönlichen Marinegeschichte und werden es immer sein.

Ausgewählte Bibliografie und Lektüreempfehlungen

KAPITEL I. DIE MACHT DER ÜBERREDUNG: THEMISTOKLES

Hale, John R. *Lords of the Sea: The Epic Story of the Athenian Navy and the Birth of Democracy*. New York: Penguin, 2009. Eine sehr gut geschriebene und äußerst lesenswerte Reise durch die Geschichte der Athener Seeflotte aus dem Altertum. Sie enthält viele Details über Themistokles' Leben und seine Rolle bei der Gründung der Flotte.

Herodot. *The Histories*. New York: Penguin, 2003. Dieses großartige historische Werk, verfasst vom »Vater der Geschichtsschreibung«, wie Herodot liebevoll genannt wird, handelt von den Persischen Kriegen und Themistokles' Glanzzeiten. Herodot ist die maßgebliche Referenzquelle für jene Zeit.

Thukydides. *History of the Peloponnesian War*. Indianapolis: Hackett Publishing Company, Inc., 1998. Jeder Student, der Internationale Beziehungen studiert oder ein Militär-College besucht, kennt Thukydides, den eigensinnigen, aber äußerst präzisen Kommentator des Peloponnesischen Krieges. Sein Werk enthält

AUSGEWÄHLTE BIBLIOGRAFIE UND LEKTÜREEMPFEHLUNGEN

Informationen über Themistokles' spätere Jahre und beschreibt, wie er im
Anschluss an die Persischen Kriege in Ungnade fiel und schließlich zum Feind
überlief. Sein einfühlsames Porträt des Themistokles steht in krassem Gegensatz
zu Herodots Verachtung und liefert interessante Einsichten in Themistokles'
polarisierenden Charakter.

KAPITEL II. DER MARINEKOMMANDEUR AUS DEM REICH DER MITTE: ADMIRAL ZHENG HE

Levathes, Louise. *When China Ruled the Seas: The Treasure Fleet of the Dragon Throne,
1405–1433.* New York: Oxford University Press, 1994. Eines der grundlegenden
Werke über Zheng Hes Leben, seine Reisen und die Ereignisse nach dem Ende
seiner Karriere, verwoben mit chinesischer Geschichte und Sprache. Dieses Werk
hilft westlichen Lesern, Zheng Hes Leben in einem größeren Zusammenhang zu
begreifen.

Viviano, Frank. »China's Great Armada.« *National Geographic*, Juli 2005. Ein
visuell beeindruckender und historisch beeindruckender Überblick über Zheng
Hes Leben und seine Reisen, einschließlich qualitativ hochwertiger Karten und
Abbildungen.

KAPITEL III. PIRAT UND PATRIOT: SIR FRANCIS DRAKE

Corbett, Julian. *Sir Francis Drake.* New York: AMS Press, 1890. Eine mitreißende
Darstellung von Drake und seinem Leben aus der Feder von Sir Julian Corbett,
einem der herausragenden Denker der britischen Marine des 19. Jahrhunderts.

Kelsey, Harry. *Sir Francis Drake: The Queen's Pirate.* New Haven, CT: Yale University
Press, 1998. Kelsey zieht eine vernichtende Bilanz über Sir Francis' Leben
und Wirken. Gelegentlich wird er zu persönlich und misst den Abenteurer
an heutigen moralischen Standards, anstatt ihn in den Kontext seiner Zeit
einzuordnen. Allerdings gelingt es ihm in herausragender Weise, viele kleine,
faszinierende biografische Details einzustreuen, die zum Teil keinen Eingang in
den Drake-Mythos gefunden haben. Das Buch bietet den besten Überblick über
das komplizierte, umstrittene Leben von Sir Francis Drake.

AUSGEWÄHLTE BIBLIOGRAFIE UND LEKTÜREEMPFEHLUNGEN

Wilson, Derek. *The World Encompassed: Drake's Great Voyage 1577–1580*. New
York: Harper & Row, 1977. Dieses Buch liefert eine umfassende Schilderung
über die operativen Einzelheiten von Drakes Weltumsegelung mit einer Fülle
nautischer Details. Es enthält Illustrationen, anhand derer dargestellt wird, wie
die Besatzungen verschiedener Schiffe im Zeitalter der Segelschiffe manövrierten,
und bietet einen breiten Kontext, sodass nicht seeerfahrene Leser die Gefahren
von Drakes Seeunternehmungen besser verstehen und die immensen
Herausforderungen würdigen können, die mit einer einfachen Fahrt von A nach
B verbunden waren.

KAPITEL IV. BRÜDER IM GEISTE: VIZEADMIRAL LORD VISCOUNT HORATIO NELSON

Callo, Joseph F. *Nelson Speaks: Admiral Lord Nelson in His Own Words*. Annapolis,
MD: US Naval Institute Press, 2001. In diesem schmalen Band ist die Stimme
des nicht sehr gesprächigen Admiral Nelson gut wiedergegeben. Eine äußerst
beeindruckende und ansprechend gestaltete Version der äußerst umfassenden
Sammlung Nelsons Schriften, die Sir Nicholas Niclas im 19. Jahrhundert
zusammengestellt hatte.

Forester, C. S. *Lord Nelson*. Indianapolis: The Bobbs-Merrill Company, 1929.
Eine sehr lesenswerte Biografie dieses Admirals aus der Feder des Autors der
Romanserie über den fiktiven britischen Seehelden Horatio Hornblower, dessen
Charakter von Nelson inspiriert ist.

Hibbert, Christopher. *Nelson: A Personal History*. London: Viking, 1994.

Howarth, David. *Trafalgar: The Nelson Touch*. New York: Atheneum, 1969.
Eine faszinierende, detaillierte Abhandlung über die Schlacht, die Nelsons
»unsterbliches Andenken« zementierte.

Mahan, Alfred Thayer. *The Life of Nelson: The Embodiment of the Sea Power of
Great Britain*. Boston: Little, Brown, 1899. Das Buch schildert die strategischen
Auswirkungen von Seemacht aus dem Blickwinkel eines Nationalhelden,
geschrieben von Amerikas herausragendstem Vordenker und Schriftsteller der
Marine.

Niclas, Sir Nicholas Harris. *The Dispatches and Letters of Vice Admiral Lord Viscount
Nelson*. London: Henry Colburn, 1846. Eine profunde klassische Sammlung
der Schriften des Admirals. Seine höchstpersönlichen Worte in großer
Ausführlichkeit.

Oman, Carola. *Nelson*. London: Hodder & Stoughton Limited, 1947. Die
Standardbewertung aus der Mitte des 20. Jahrhunderts.

AUSGEWÄHLTE BIBLIOGRAFIE UND LEKTÜREEMPFEHLUNGEN

Sontag, Susan. *The Volcano Lover*. New York: Farrar, Straus and Giroux, 1992. Ein stimmungsvoller, atmosphärisch dichter und großartig geschriebener Roman über die unglückselige Dreiecksbeziehung zwischen Lord Nelson, Emma Hamilton und ihrem Ehemann Sir William Hamilton, einem Vulkanologen.

Southey, Robert. *The Life of Horatio Lord Viscount Nelson*. London: John Murray, 1813. Zeitgenössisches Porträt und Heldenverehrung zugleich, nichtsdestotrotz nützlich, um die soziologischen Quellen der Verherrlichung des Admirals zu verstehen.

Sugden, John. *Nelson: The Sword of Albion*. London: Henry Holt, 2013; and *Nelson: A Dream of Glory: 1758–1797*. London: Henry Holt, 2012. Dieses umfangreiche und sorgfältig recherchierte zweibändige Werk gilt aufgrund seiner Ausgewogenheit und seines Tiefgangs bei Marinehistorikern der Gegenwart als Klassiker.

Tracy, Nicholas. *Nelson's Battles: The Art of Victory in the Age of Sail*. Annapolis, MD: US Naval Institute Press, 1996. Dieses Buch fokussiert auf das taktische und operative Geschick des Admirals.

KAPITEL V. DER EINFLUSSREICHE: KONTERADMIRAL ALFRED THAYER MAHAN

Armstrong, Benjamin, (Hrsg.): *21st Century Mahan: Sound Military Conclusions for the Modern Era*. Annapolis, MD: Naval Institute Press, 2013. Dieses Buch besitzt drei Eigenschaften, die heute kaum noch mit Mahan in Verbindung gebracht werden: Es ist kurz, äußerst lesenswert und ein Standardwerk. Durch die editierte Auswahl kürzerer Abhandlungen Mahans mit gut durchdachten kontextuellen Einleitungskommentaren vermittelt dieser schmale Band jedem Leser ein Grundverständnis über Mahans Denkweise.

Lehman, John. *On Seas of Glory: Heroic Men, Great Ships, and Epic Battles of the American Navy*. New York: Free Press, 2001. Dieses Werk eines dynamischen ehemaligen Marinestaatssekretärs, der selbst in der Marinereserve gedient hat, liefert einen umfassenden historischen Überblick über die US Navy von ihren Anfängen über das gesamte 20. Jahrhundert, schildert – wie der Untertitel bereits andeutet – historische Episoden über maßgebliche Persönlichkeiten, Schiffe und Ereignisse. Neben Mahan enthält dieses Buch auch kurze biografische Abrisse der Admirale Nimitz, Rickover und Hopper sowie eine Beschreibung ihrer prägenden Einflüsse.

Mahan, Alfred Thayer. *The Influence of Sea Power upon History, 1660–1783*. Mineola, NY: Dover, 1987. Zwar müssen Nichtexperten nicht unbedingt das ganze Opus

AUSGEWÄHLTE BIBLIOGRAFIE UND LEKTÜREEMPFEHLUNGEN

magnum lesen, aber es lohnt sich, im Internet nach Auszügen aus diesem Werk zu suchen, um ein Gefühl für seine Handschrift zu bekommen.

Seager, Robert II. *Alfred Thayer Mahan: The Man and His Letters*. Annapolis, MD: Naval Institute Press, 1977. Dieses Werk, das 2017 als einbändiges Taschenbuch veröffentlicht wurde, ist wahrscheinlich die beste Abhandlung über Mahans Leben und Werk. Dieses Buch, das sich auf Mahans umfangreiche Schriften stützt und umfangreich daraus zitiert, ist eine Kombination aus Biografie und Primärquelle für ein umfassendes Verständnis dieses herausragenden Marinestrategen und Autors.

Wimmel, Kenneth. *Theodore Roosevelt and the Great White Fleet: American Sea Power Comes of Age*. Dulles, VA: Brassey's, 1998. Eine kurze, sehr lesenswerte Abhandlung über eines der praktischen Ergebnisse von Mahans Schriften – die »Große Weiße Flotte«, die unter der Regierung von Präsident Theodore Roosevelt gebaut wurde.

KAPITEL VI. RUM, SODOMIE UND DIE KNUTE: ADMIRAL LORD JOHN ARBUTHNOT FISHER

Fisher, John Arbuthnot, Admiral of the Fleet. *Records*. London: Hodder & Stoughton. Bei diesem Werk, das aus der Feder des Admirals höchstpersönlich stammt, handelt es sich um so etwas wie eine eigenwillige »Autobiografie«, zum Teil recht weitschweifig erzählt und mit äußerst scharfsinnigen Beschreibungen, aber stets unterhaltsam – und das aus dem Munde des Admirals selbst inklusive all seinem Charme, seinem Überschwang und seiner gelegentlich kindischen Art.

Gough, Barry. *Churchill and Fisher: Titans at the Admiralty*. London: Seaforth Publishing, 2017. Dieses Buch handelt von einer ziemlich kurzen Zeitspanne, beleuchtet aber sehr schön die komplexe Beziehung zwischen diesen beiden komplizierten Männern.

Massie, Robert K. *Dreadnought: Britain, Germany, and the Coming of the Great War*. New York: Ballantine Books, 1991. Massie ist ein Meister der narrativen Geschichtsschreibung, und seine früheren Werke über das Russische Reich sind Klassiker. In diesem Buch verwebt er Geschichte mit der Porträtierung der maßgeblichen politischen Persönlichkeiten jener Zeit und geopolitischen Fragestellungen zu einer Erzählung wie aus einem Guss, die ein ausgesprochen feines Gespür für den Admiral vermittelt.

Morris, Jan. *Fisher's Face: Or, Getting to Know the Admiral*. New York: Random House, 1995. Diese kurze und atmosphärisch dichte Biografie erfasst sehr gut Fishers exotische Persönlichkeit und seine außergewöhnliche äußere Erscheinung. Die

AUSGEWÄHLTE BIBLIOGRAFIE UND LEKTÜREEMPFEHLUNGEN

Anekdoten sind scharf konturiert herausgearbeitet; Jan Morris liefert ein kurzes, aber sehr kluges Porträt von Admiral Fisher.

KAPITEL VII. DER ADMIRAL DER ADMIRALE: FLOTTENADMIRAL CHESTER W. NIMITZ

Borneman, Walter R. *The Admirals: Nimitz, Halsey, Leahy, and King—The 5-Star Admirals Who Won the War at Sea.* Boston: Back Bay Books, 2013. Voluminöse Biografien der einzigen Flottenadmirale in der Geschichte der Vereinigten Staaten. Dieses zeitgenössische Werk stützt sich auf vertraute Quellen über Nimitz, liefert aber grundlegende Details über seine Arbeitsbeziehungen zu anderen Offizieren.

Hornfischer, James D. *The Fleet at Flood Tide: America at Total War in the Pacific, 1944–1945.* New York: Bantam, 2016. Eine temporeiche, sehr gut lesbare Geschichte des Ausnahmejahres des Pazifikkriegs und eine hervorragende Quelle, um die aufeinander abgestimmten Operationen des US-Militärs im Sinne einer wahrhaft „gemeinsamen« Kriegsführung und die unterschiedlichen Kommandostile von Halsey und Spruance auf See zu verstehen. Sowohl die gemeinsame Kriegsführung als auch die Halsey-Spruance-Dynamik verdeutlichen Nimitz' Rolle bei der Lenkung der Kriegsanstrengungen.

Potter, E. B. *Nimitz.* Annapolis, MD: Naval Institute Press, 1976. Die maßgebliche autorisierte Biografie des größten Helden der amerikanischen Marine. Potter, ein langjähriger Professor der US-Marineakademie, stützt sich für diese umfassende (wenngleich bisweilen etwas »bereinigte«) Sicht auf den Admiral auf dessen Unterlagen und viele Stunden an Gesprächen, die er mit Nimitz' Familie geführt hat.

Spector, Ronald H. *Eagle Against the Sun: The American War with Japan.* New York: Vintage, 1985. Eine zentrale Quelle, um die Vorkriegsplanung der US Navy und das strategische und taktische Vorgehen im Pazifikkrieg zu verstehen.

KAPITEL VIII. DER MEISTER DES ZORNS: ADMIRAL HYMAN RICKOVER

Duncan, Francis. *Rickover: The Struggle for Excellence.* Annapolis, MD: US Naval Institute Press, 2011. Diese ausgewogene und prägnante Biografie nimmt 25 Jahre nach Rickovers Tod den Faden seines Vermächtnisses wieder auf.

AUSGEWÄHLTE BIBLIOGRAFIE UND LEKTÜREEMPFEHLUNGEN

Lehman, John E. Jr. *Command of the Seas*. New York: Charles Scribner's Sons, 1988. Die Einführung und das erste Kapitel »Rickover and the Navy Soul« sind ein kurzes Meisterwerk über Hyman Rickovers schwierigen, starrköpfigen und klugen Charakter.

Oliver, Dave, Konteradmiral, US Navy (a.D.). *Against the Tide: Rickover's Leadership Principles and the Rise of the Nuclear Navy*. Annapolis, MD: US Naval Institute Press, 2014. Diese Studie über und große Laudatio auf Rickovers Führung und Managementprinzipien wurde von einem ranghohen und sehr respektierten Marineoffizier geschrieben, der Admiral Rickover direkt unterstellt war.

Polmar, Norman, and Thomas B. Allen. *Rickover: Controversy and Genius: A Biography*. New York: Simon & Schuster, 1982. Eine ausgewogene, tiefgründige Arbeit zweier angesehener Marinehistoriker, die zahlreiche unschätzbare Anekdoten enthält (darunter auch die über die berüchtigten Interviews zum Nuklearprogramm). Dieses Buch, das in dem Jahr erschien, als Rickover sich nach über sechs Jahrzehnten im Dienste der Navy verabschiedete, gilt als Standardfrühwerk über sein Leben und sein Vermächtnis.

KAPITEL IX. DER REFORMER: ADMIRAL ELMO R. »BUD« ZUMWALT JR.

Berman, Larry. *Zumwalt: The Life and Times of Elmo Russell »Bud« Zumwalt, Jr*. New York: Harper, 2012. Eine gut geschriebene, eingängige und umfassende Biografie, die mehr als ein Jahrzehnt nach Zumwalts Tod erschien. Sie ergeht sich bisweilen ein wenig in Lobhudelei, liefert jedoch eine gut recherchierte Chronologie seiner Karriere und viel Hintergrundwissen.

Zumwalt, Elmo R., Jr. *On Watch*. New York: Quadrangle, 1976. Zumwalts Autobiografie schildert vor allem sein Bemühen, in den Senat gewählt zu werden, einige Jahre nach seinem Ausscheiden aus der Navy. Obwohl größtenteils aus der Ich-Erzählperspektive geschrieben und auf einer Linie mit dem modernen Enthüllungsbuch-Trend durch kürzlich pensionierte Amtsträger, ist es nichtsdestotrotz äußerst aufschlussreich im Hinblick darauf, wie Zumwalt sich selbst und seine Karriere sah. Darüber hinaus ist das Buch aufgrund der vielen Briefauszüge, Memos und anderer Originaldokumente aus Zumwalts Leben interessant.

AUSGEWÄHLTE BIBLIOGRAFIE UND LEKTÜREEMPFEHLUNGEN

KAPITEL X. NICHT ZU NAH ANS WASSER GEHEN! FLOTTILLENADMIRALIN GRACE HOPPER

Beyer, Kurt W. *Grace Hopper and the Invention of the Information Age*. Cambridge, MA: MIT Press, 2010. Der Autor ist ein Marineoffizier, der von Grace Hopper dazu inspiriert wurde, in den Dienst der Navy einzutreten. Das Buch beschreibt die ersten Jahrzehnte der Computerindustrie und Grace Hoppers Beitrag zu dieser Entwicklung. Das Werk führt über die üblichen Klischees von »Amazing Grace« hinaus und liefert ein umfassenderes Porträt.

Gilbert, Lynn, with Gaylen Moore. *Grace Murray Hopper: Women of Wisdom*. Eigenverlag, 1981. Im Wesentlichen ein Ausschnitt aus einer längeren Abhandlung der Autorin, die Grace Hoppers Geschichte in ihren eigenen Worten wiedergibt.

Pelleschi, Andrea. *Mathematician and Computer Scientist Grace Hopper*. Minneapolis: Lerner Publications, 2016. Eine gut geschriebene Version von Grace Hoppers Lebensgeschichte für Kinder.

Williams, Kathleen Broome. *Grace Hopper: Admiral of the Cyber Sea*. Annapolis, MD: US Naval Institute Press, 2012. Eine traditionelle Darstellung von Grace Hoppers Lebensgeschichte mit zahlreichen Anekdoten von überlebenden Familienmitgliedern, die dem Buch einen sehr persönlichen Touch verleihen.

KAPITEL XI. RESILIENZ UND ADMIRALE AUS DER HEUTIGEN ZEIT

»Admiral William H. McRaven, USN: The Art of Warfare.« American Achievement Academy. www.achievement.org/achiever/admiral-william-h-mcraven/.

Fenn, Donna. »5 Tough Leadership Lessons from the Navy's Top Female Commander.« *Fortune*. 25. Mai 2015.

Graves, Lucia. »For Michelle Howard, Saving Captain Phillips Is Her Least Impressive Accomplishment.« *The Atlantic*. 15. Mai 2015.

Mazzetti, Mark, et al. »SEAL Team 6: A Secret History of Quiet Killings and Blurred Lines.« *The New York Times*. 6. Juni 2015.

Whitlock, Craig. »Adm. William McRaven: The Terrorist Hunter on Whose Shoulders Osama bin Laden Raid Rested.« *The Washington Post*. 4. Mai 2011.

Personen- und Sachregister

SYMBOLE

90-Prozent-Regel 40

A

Admiral 24, 29, 34, 44, 45, 52, 90, 100, 124, 127, 134, 135, 140, 141, 142, 143, 146, 147, 150, 153, 154, 158, 163, 168, 169, 173, 175, 176, 177, 181, 190, 193, 199, 210, 211, 219, 240, 241, 244, 258
Drei-Sterne-Admiral 168, 180, 209, 260
Ein-Stern-Admiral 80, 139
Flottenadmiral 38, 45, 146, 147, 165, 172, 180
Konteradmiral 76, 91, 104, 106, 115, 130, 173, 229, 261
Vier-Sterne-Admiral 17, 24, 87, 168, 175, 181, 201, 242, 248
Vizeadmiral 86, 92, 132, 199
Zwei-Sterne-Admiral 78
Admiralität 77, 81, 91, 124, 130, 131, 132, 133, 134, 137, 139, 170, 242
Admiralsstabschef 112
Aegis-Kampfsystem 75, 115
Afghanistan 40, 241, 251, 260, 264, 268, 269
Afloat Forward Staging Base (AFSB) 80
Agent Orange 191, 199, 207, 212
Ägide 215, 246

Aide-de-Camp 46, 130
Aiken, Howard 223, 224, 226
Allen, John 241
al-Qaida 260
Altertum 36, 44, 53, 275
Altherrenklub 203
Amerikanische Revolution 88,
    89
amerikanischer Imperialismus 113
Andrić, Ivo 61
Anführer 15, 31, 35, 37, 38, 40,
    77, 94, 158
Anglikanismus 67
Angriffsschiff 131
Animosität 134
Arabischer Golf 141
Arabisches Meer 50, 260
Arbeitsethik 78
Arbeitskraft 140
Arbeitsmoral 178, 180, 181, 204,
    213
Arbeitswelt 77, 208
Archonten 25
Argentinien 70
Arkustangens 224
Ärmelkanal 86
Arroganz 17, 37, 118, 259
Artaxerxes 33
Artemision 28
Artillerie 114, 130, 133, 138, 141,
    236
Asquith, H. H. 135
Assistant Secretary (Referatsleiter)
    113

Athen 16, 22, 23, 25, 26, 27,
    28, 29, 30, 31, 32, 33, 35
Atomenergiekommission 172
Aufopferungsbereitschaft 136
Auge-Gehirn-Koordination 79
Auge-Hand-Koordination 79
Ausbildung 88, 110, 117, 118, 132,
    133, 146, 170, 191, 194, 201,
    208, 221, 223, 232, 244, 252
Außenseiter 137, 201
Autorität 54, 59, 60, 70, 109,
    137, 174, 184

B

Babel, Isaac 104
Baker, James 176
Baltisches Meer 135
Bauer, Hermann 171
Beamtenschaft 55
Bednowicz, Eleonore 178
Befehlsverweigerung 90
Beharrlichkeit 79, 114, 116, 120,
    143, 182, 223
Belastbarkeit 12, 16, 55, 240
Belgien 108
Beresford, Charles 134, 137
Berufsleben 182
Bescheidenheit 100
bin Laden, Osama 251, 260, 261
Bloch, Richard Milton 224, 226
Blue-Water-Navy 198
Bolívar, Simón 271
Brasilien 70
britische Marine 276

britisches Königshaus 130
British Empire 124
Brooks, David 270
Brown-Water-Navy 198, 199
Bureau of Naval Personnel 195
Bureau of Naval Personnel 152
Bureau of Navigation (BUNAV) 195
Bureau of Ships 223
Burke, Arleigh 105
Byrd Jr., Harry F. 207

C

Cádiz 72, 80, 92
Captain Jack Sparrow 66
Chafee, John 201
Chairman of the Joint Chiefs 142
Charakter 13, 14, 15, 16, 24, 27, 29, 31, 33, 34, 36, 38, 40, 44, 45, 55, 56, 57, 58, 66, 67, 69, 70, 77, 78, 86, 87, 93, 96, 98, 111, 114, 119, 135, 136, 137, 142, 148, 149, 159, 161, 175, 178, 179, 183, 185, 194, 211, 215, 230, 236, 247, 253, 262, 264, 271
Charakterbildung 13, 16, 17, 18, 38, 58, 60, 76, 87, 96, 181, 184, 265
    profunde Charakterbildung 16
Charaktereigenschaften 12, 39, 53, 62, 75, 98, 117, 120, 143, 161, 182, 192, 194, 230, 235, 236, 252, 255, 257, 259, 271

Charaktergewohnheit 79
Charakterlektion 75, 180
Charakterprüfung 99
Charakterreise 24, 39, 95, 147, 215, 240, 259, 269, 271
Charakterschwäche 17
Charakterstärke 26, 219, 245, 248, 258, 265, 268, 269, 270
Charaktertest 138, 240
Charisma 23, 31, 33, 211, 214
Chief of the Bureau of Navigation 152
Chief Petty Officer 202
Chile 70
chinesische Mythologie 183
Chinesische Volksrepublik 44
Churchill, Winston 33, 124, 131, 133, 134, 135, 136, 254, 265, 268, 269
Clark, Vern 256
Clark, Wes 263
COBOL 219, 227, 228, 233
Codeknacker-Einheit 223
Collingwood, Cuthbert 90
Computerprogrammierung 218
Computersprachen 219, 227, 231
Computerwissenschaften 225, 227, 235
Computerzeitalter 219, 225, 226, 235
Corbett, Julian 80, 276
Courage 75, 76, 92, 118, 247, 254
Coutelais-du-Roche, Mouza 195

PERSONEN- UND SACHREGISTER

Crane, Stephen 254
Cybersicherheit 125
Cyber-Zeitalter 16

D

Dampfschiff 128, 131, 169, 219
Danzig, Richard 44, 45, 61, 190,
192, 209, 210
Dardanellen-Invasion 135
Darth Vader 76
da Vinci, Leonardo 142
Dean, Howard 211
Deckoffizier 133
Deep Blue 80, 251, 255, 256, 257
Demokratie 14, 25, 28, 33, 36,
95, 264, 265
Demut 17, 147, 219, 232, 259,
260, 271
Denkfabrik 251, 255, 256
Denkgewohnheiten 34, 35
Desertion 76
de Tocquevilles, Alexis 14
deutsche Handelsmarine 148
Deutschland 108, 112, 128, 152,
225
Dienst an der Nation 95, 231
Diensteinsatz 128, 228
Dienstleistungsmentalität 118
Diesel-Elektro-Antrieb 152
Diplomatie 61, 124, 181, 231, 257
Diskriminierung 192
   Geschlechterdiskriminierung
   234
Disziplinierungsmethoden 204

Disziplinlosigkeit 204
Diversität 57, 62
Doughty, Thomas 70
Drachenthron 51
Drake, Francis 268
Drei-Fronten-Bürgerkrieg 59
Drei-Sterne-Kommandeur 198
Dritter Seelord 131
Dynastiewechsel 46
Dysenterie 74, 129

E

Eckert, J. Presper 226
Ecuador 70
Effektivität 81, 150, 200
Ego 136, 137, 150, 160, 240
Egozentrik 214
Ehebruch 94
Ehrenkodex 261
Ehrgeiz 37, 100, 127, 171, 244,
260, 261, 270
Ehrlichkeit 12, 261, 262, 271
Eigenmotivation 181
Eigensinnigkeit 116
Einflusssphäre 128
Einfühlungsvermögen 214
Ein-Stern-Offizier 249, 256
Elisabeth I., Königin 69
Elite 125, 221, 224, 229
Elite-Sondereinheiten 125
Elitetruppe 22, 175
Emotion 140
Empathie 17, 58, 60, 86, 202,
212, 213, 263, 271

PERSONEN- UND SACHREGISTER

Energiepegel 140, 141
England 67, 69, 71, 73, 93, 94,
  100, 125, 127, 129, 132
Enthusiasmus 71, 132, 135, 140,
  236, 257
Entscheidungsfreude 265
Entschlossenheit 33, 40, 67, 110,
  114, 119, 120, 138, 164, 177,
  180, 225, 227, 243, 245, 257,
  268, 269
episkopaler Glauben 170
Episkopalkirche 111
Erfolgslektionen 93
Ernsthaftigkeit 140
Erster Seelord 133, 134
Ethos 44, 132
Eunuch 46
Executive Assistant 44, 190, 191,
  197
exogene Faktoren 140

F

Fähigkeit zur Selbstbeeinflussung
  15
Fanatismus 214
Fashoda-Krise 132
Fischereiflotten 50
Fisher, John Arbuthnot 152, 211,
  255, 268
Fishpond 130
Flaggensignal 94
Flaggoffizier 131, 151, 169, 191,
  248
Fleiß 117, 179

Flotte 27, 28, 30, 31, 32, 38, 40,
  47, 48, 49, 50, 51, 56, 57,
  58, 69, 73, 89, 90, 91, 92,
  93, 96, 97, 100, 109, 124,
  133, 134, 135, 147, 152, 155,
  205, 220
Flottenkommandeur 45, 240
Flottenorganisation 142
Flottenrotation 196
Flottille 18, 198
Flüssigbrennstoffe 131
Ford, Gerald R. 158, 162
Franklin, Benjamin 142
Frankreich 90, 93, 108, 132, 241
Frauen 14, 32, 119, 162, 202,
  205, 206, 209, 219, 221, 223,
  229, 232, 234, 243, 244, 245,
  247
Freiheitsmedaille 178, 230
Freude/Schmerz-Kalkül 56
Freud, Sigmund 15
Freundschaft 175, 198, 249
Friedman, George 182
Frobisher, Martin 72
Führen 38
Führung 12, 14, 15, 17, 40, 49,
  60, 72, 74, 79, 87, 98, 116,
  120, 150, 158, 164, 183, 184,
  241, 247, 255, 257
  operative Führung 130
Führungsdynamik 38
Führungsinstrumente 185
Führungskompetenz 16, 38, 89,
  242
Führungskultur 54

Führungspersönlichkeit 11, 14, 16, 124, 130, 133, 141, 201, 212, 214, 236, 258, 259, 265, 271
Führungsqualität 29, 88, 96, 185, 244, 265
Führungsriege 197
Führungsstil 14, 33, 44, 45, 73, 75, 77, 86, 93, 114, 127, 162, 202, 212, 234
Führungsverantwortung 219
Fünf-Sterne-Admiral 151, 157
Fürsorge 86, 97, 98, 213

G

Gallipoli-Feldzug 135, 136
Gates, Robert 181, 212, 233, 254
Gefechtsalarm 75, 76
Gelassenheit 56, 270
Geltungsdrang 86, 100
General 46, 127, 240
Genialität 114, 161, 183
Genozid 15
Geopolitik 104, 107
geopolitische Komplexität 125
Gerechtigkeitsgefühl 264
Gerechtigkeitssinn 271
Geschichte der Seefahrt 50
Gingrich, Newt 143, 257
gläserne Decke 240
Gleichberechtigung 95, 206, 244, 264
Gleichgültigkeit 13
Goldenes Zeitalter 68
Golfkrise 60

Golf von Bengalen 50
Google 96
Götter des Olymps 22
Great White Fleet (Große Weiße Flotte) 113
Grenzkonflikte 46
griechische Antike 16, 22
Große Depression 14
Große Weiße Flotte 113, 279
Großkreisdistanz 194
Gruppendynamik 77

H

Halsey-Spruance-Dynamik 280
Halsey, William \»Bull\« 149, 150, 157, 159, 160, 161, 162, 280
Hamilton, Lady Emma 86, 91, 99, 278
Hamilton, Sir William 92, 278
Handel 49, 52, 68
Handelsmonopol 109
Hardy, Thomas 93
Havarie 259
Hawaii 153
Hearst, William Randolph 262
Heinrich VIII., König 67
hellenische Welt 25
Hemingway, Ernest 75
Henrikson, Dr. Alan 124
Herodot 24, 36
He, Zheng 258
High Church 111
Hiob 241

PERSONEN- UND SACHREGISTER

Hochseeflotte 47
Höchstleistung 133, 232
Holmes, Oliver Wendell 18
Hopper, Grace 16, 116, 180, 211, 255, 278
Hopper, Vincent 221
Howard, Charles 73
Howard, Michelle 16, 242, 244, 245, 248, 252, 253, 259
Hybride 134

I

Idealismus 236
Ikonoklasmus 214
Indien 108, 157
Indischer Ozean 49, 71
innere Balance 260, 271
innerer Kompass 139
innerer Monolog 14, 254
Innovation 131, 133, 139, 192, 218, 229, 257, 258
Innovationsfähigkeit 39, 257, 258
Innovationshunger 256
Inspiration 23, 36, 81, 105, 124, 139, 218, 236
Institutionalisten 201
intellektuelles Kapital 133, 256
internationale Gewässer 44
internationales Recht 68
Investoren 72
Irak 75, 251, 264
Iran 28, 75, 251
Isaacson, Walter 142

J

Japan 45, 108, 152, 154, 156, 202, 225
Jellicoe, John 130
Jervis, John 89, 90, 99
Jobs, Steve 119, 142, 228
Johannes Paul XXIII., Papst 202
Joint Special Operations Command (JSOC) 251
Jungfernfahrt 86

K

Kadare, Ismail 61
Kaiserliche Japanische Marine 156
Kaiser von China 51
Kalikut 49, 50, 51
Kambodscha 15
Kampfstoff 191, 207
Kap der Guten Hoffnung 71
Kap Horn 70
Kapitän 38, 54, 60, 71, 76, 86, 88, 93, 117, 126, 127, 129, 132, 141, 161, 204, 219, 247, 253, 266
Kapitulation 45, 154, 202, 225
Kapverden 70
Karibik 44, 66, 67, 68, 69, 71, 72, 73, 74, 92, 129, 132, 181
Karriereleiter 190, 193
Katalysator 184
Katholizismus 67
Kazantzakis, Nikos 56, 270
Kenia 51, 260

PERSONEN- UND SACHREGISTER

Kennedy, John F. 264
Kettenreaktion 184
Kimmel, Husband 150, 153, 154, 155
King, Ernest 38, 105, 149, 150, 155, 157, 159, 162, 280
Kitchener, Herbert 135
Knox, Frank 153
Kolonialisierung 109
Kolonialmacht 108, 262
Kolumbien 271
Kolumbus, Christoph 49
Kommandeur 27, 30, 36, 40, 59, 70, 71, 73, 88, 89, 97, 126, 128, 132, 133, 146, 147, 156, 199, 200, 209, 212, 219, 248, 250, 251, 252, 259, 268
Kommandeurswechsel 154
Kommando 23, 39, 48, 54, 55, 70, 73, 74, 76, 81, 88, 89, 92, 98, 104, 129, 142, 153, 155, 170, 171, 190, 194, 198, 199, 200, 202, 207, 213, 258, 261, 262, 269
Kommandostil 58, 70
Kommodore 44, 60, 79, 190, 229, 260
kommunistische Ideologie 15
Kompetenz 36, 88, 151, 152, 159, 173, 194, 211, 220
König von Kalikut 51
König von Malindi 51
Kontext 26, 56, 96, 114, 116, 202, 208, 225, 245, 265
Kontinentaleuropa 28

Kontrolle 46, 49, 69, 73, 76, 98, 108, 197, 269
Konzept der \»dienenden Führung\« 97
Kreativität 17, 39, 45, 196, 255, 257, 271
Krieg
  Amerikanischer Bürgerkrieg 128, 148, 219, 254
  Anglo-Ägyptischer Krieg 129
  Erster Persischer Krieg 34, 35
  Erster Weltkrieg 113, 115, 124, 133, 134, 220
  Kalter Krieg 181, 210, 264
  Koreakrieg 22
  Krimkrieg 126
  Pazifikkrieg 155, 280
  Peloponnesischer Krieg 25
  Perserkriege 25
  Religionskriege 67, 71
  Spanisch-Amerikanischer Krieg 149, 220, 262
  Tankerkrieg 75
  Trojanische Kriege 22
  Vietnamkrieg 164, 191
  Zweiter Opiumkrieg 127
  Zweiter Persischer Krieg 28
  Zweiter Weltkrieg 14, 33, 38, 45, 147, 149, 151, 156, 158, 161, 164, 171, 180, 206, 220, 222, 223, 228, 235, 254, 268
Kriegseintritt 223
Kriegsfieber 109

PERSONEN- UND SACHREGISTER

Kriegsmarine 33, 36, 80, 86, 87, 88, 104, 113, 125, 132, 133, 137, 140, 149

Kriegsschiff 23, 27, 50, 69, 76, 81, 126, 129, 146, 178, 184, 247, 254, 259

Kriegsschiffe 29, 30, 32, 48, 50, 51, 75, 107, 109, 130, 154, 155, 171, 205, 220, 221

Kuba 109, 181, 262

künstliche Intelligenz 54, 236

Kuwait 264

L

langfristige Perspektive 182

Laos 46

Lateinamerika 66, 181

Leahy, William 229

Lehman, John 175, 176, 177

Leistungsbedürfnis 179

Leistungsfähigkeit 120, 141, 162

Leonidas, König 28

Leutnant 17, 127, 173, 199, 204, 267

Libyen 40, 264

Lockhart, Ted 76

Lockwood, Charles 158

Loyalität 48, 62, 76, 87, 88, 211, 234, 235

Luce, Stephen B. 106

M

MacArthur, Douglas 151, 157

Mack, Bill 168

Magellan, Ferdinand 71, 74

Magellanstraße 70

Mahan, Alfred Thayer 26, 51, 124, 148, 193, 194, 195, 197, 206, 211, 220, 255

Major des Marinekorps 22

Malaria 125, 129

Managementstil 76

Marine 22, 44, 45, 53, 54, 61, 66, 88, 89, 104, 105, 107, 110, 114, 116, 119, 120, 126, 128, 136, 137, 148, 159, 169, 172, 175, 203, 226, 250, 277

Marineakademie der Vereinigten Staaten (US Naval Academy) 33

Marine-Aristokratie 200

Marineartillerie 128, 130, 142

Marineattaché 22

Marineausbildung 111, 133

Marinegeschichte 77, 105, 118

Marineinnovation 128

Marinestaatssekretär 44, 45, 61, 111, 153, 172, 175, 176, 177, 184, 191, 197, 200, 209

Marineverband 126

Marokko 70

Marshall, George 271

Maschinenraumoffizier 203

Masters, Ruth 178

Mathematik 170, 221, 235

Mauchly, John 226

McCarthy, Cormac 254

McChrystal, Stan 241, 258, 268

PERSONEN- UND SACHREGISTER

McRaven, Bill 16, 242, 248, 249,
    250, 251, 252, 253, 259
Meditation 141
Meerenge an den Dardanellen 135
Meinungsverschiedenheit 124, 141
Mentalität 202
Mentor 89, 99, 106, 197, 223,
    244
Meriten 118, 244
Merkantilismus 107
Methoden 38, 61, 67, 69, 75,
    77, 94, 98, 110, 210, 257
Mexiko 69
Midshipman 88, 96, 104, 126,
    146, 152, 168, 194, 197, 202,
    211, 244, 261
Militär 34, 80, 125, 231, 244,
    264, 269
Militärgeschichte 124, 151
militärische Kooperation 66
Minderheiten 202, 206, 212,
    245, 247
Ming-Dynastie 46, 49, 50, 51
Misserfolge 39, 79, 255
Mitarbeitermanagement 196
Mitgefühl 98
Mittelmeer 23, 91, 129
Mittelmeerflotte 91, 132
Mittelschicht 25
Monsarrat, Nicholas 254
moralischer Kompass 17
moralische Stärke 16
Mullen, Mike 229, 232
Müßiggänger 179

Mut 33, 39, 74, 75, 163, 203,
    250, 271
Myanmar 46

N

Nachwuchskräfte 209, 231, 232,
    244
Naher Osten 13, 264
Nationaler Sicherheitsrat 251
NATO-Mitgliedsstaaten 263
NATO-Oberbefehlshaber 26, 61,
    139, 181, 241, 258, 263, 268
Naval War College 104, 106, 111,
    115, 118, 195, 197
Navigation 47, 49, 127, 236
Nelson, Horatio 77, 126, 133, 136,
    148, 156, 158, 180, 258
Neue Welt 67
Niederlande 108
Nimitz, Chester 45, 53, 172, 193,
    194, 195, 198, 202, 206, 229,
    236, 278
Nimitz, Steve 146
Nitze, Paul 191, 197, 214
Nixon, Richard 193, 200, 201,
    215
Norman, William 205, 212
Nuklearantrieb 169, 171, 172, 173,
    185
Nuklearwaffen 174
Nullsummenspiel 108
Nurse Corps 169, 178

O

Obama, Barack 213, 266
Oberster Steuermann 79
O'Brian, Patrick 94
Obrigkeit 174
Odysseus 22
Offizier für militärische und takti-
    sche Operationsführung 75
Onassis Foundation 26
Operation Eagle Claw 251
Operation Neptune Spear 251
Operationszentrale 76, 253
operative Denkfabrik 139
Optimismus 71, 142, 164
Organisationen 78, 96, 114, 118,
    119, 139, 151, 158, 160, 162,
    173, 208, 212, 214, 247
Organisationskompetenz 196
Orientierung 17, 62
Ostafrika 51
Ostsee 135
Ottomanisches Reich 47
Oval Office 175, 176, 177

P

Pädagogik 24, 118
Pakistan 108, 157, 251
Panama 66, 73
Panetta, Leon 233
Panzerung 130
Papst 112, 202
Paralyse durch Analyse 159
Parker, Edward 97

Patriotismus 94, 95, 100, 230,
    231
Patton, George 150
Pazifikflotte 79, 150, 153, 154, 195
Pearl Harbor 150, 152, 153, 154,
    155, 164, 171, 222, 223, 230,
    231
Pentagon 80, 151, 190, 249, 261
Perserreich 25
persische Invasion 22
Personalmanagement 196
Personenkult 130
Persönlichkeit 24, 31, 53, 66,
    76, 87, 94, 99, 113, 114, 115,
    120, 140, 143, 150, 157, 160,
    161, 162, 173, 181, 201, 208,
    211, 219, 252, 279
Persönlichkeitseigenschaften 139,
    268
Persönlichkeitsentwicklung 211
Persönlichkeitstypen 12
Peru 70
Petraeus, David 241, 258
Pflichtgefühl 94, 213
Philip II., König 69
Phillips, Richard 247
Physiologie 140
physische Präsenz 236
Pionierarbeit 226, 228
Pioniergeist 242
Piraterie 15, 27, 38, 50, 68, 247,
    264
    Freibeuter 66
    Pirat 51, 65, 66, 68, 69, 78
Piräus 25, 29

Plan B 262
Politik 34, 37, 38, 46, 170, 261
politische Intrige 38
Portugal 73, 108
Potter, E.B. 158
Powell, Colin 142, 232
Pragmatismus 38
Präzedenzfall 44
Prinzipien der nautischen Kriegs-
    führung 106
Privatleben 91, 94, 182
Privatwirtschaft 126, 226
Problemlösungsansatz 54
Programmierung 226, 231
Proto-Globalisierung 69

Q

Querdenker 208

R

Rampenlicht 99, 160, 240, 247,
    251
Rang 127, 137, 168, 202, 229,
    243, 252
Rassenfeindlichkeit 192
Rassenkonflikte 204
Rassenvorurteile 201
Rassismus 196, 203, 205, 245
Reagan, Ronald 175, 176, 177
Redefreiheit 264
Reformation 67
Reformatoren 201
Reformierung 133, 196

Reibungsverluste 150
religiöse Minderheit 57
Rembrandt-Effekt 138
Reputation 89, 92, 119, 127, 215
Resilienz 57, 240, 241, 242,
    247, 252, 253, 258, 260, 262,
    271
Respekt 40, 57, 58, 87, 137, 174,
    248, 262
Restricted Line 171
Rhetorik 23, 38
Rice, Condoleezza 271
Rickover, Hyman 211, 229, 233,
    268, 278
Ritter 71
Roberts, Ed 228
Roosevelt, Franklin Delano 14
Roosevelt, Theodore 107, 109, 113,
    130, 153, 262, 279
Rose, George 93
Rote Khmer 15
Royal Navy 86, 88, 90, 94, 124,
    126, 127, 128, 130, 131, 132,
    133, 137, 139
Rumsfeld, Donald 180, 209, 210,
    257

S

Sampson-Schley-Kontroverse 149
Santos, Juan Manuel 271
Satelliten 210, 236
satrap 34
Schiffe
    Abfallentsorgungsschiffe 50

PERSONEN- UND SACHREGISTER

Aegis-Lenkwaffenkreuzer 75
Dampfpaddelschiff 127
Docklandungsschiff 247
Fregatte 76
Großkampfschiff 131
Kanonenboot 127, 194
Küstendampfer 50
Lenkwaffenzerstörer 44, 86,
115
Panzerkriegsschiff 128
Schatzschiffe 48, 49
Schlachtkreuzer 129, 134
Schlachtschiff 134, 155, 170
Schlachtschiffe 154
Segelfregatte 127
Segelschiff 48, 49, 128, 277
Trawler 50
Triere 23, 30
Turmschiff 129
Zerstörer 44, 54, 79, 86, 117,
147, 161, 170, 183, 192, 194,
202, 204, 218, 219, 259
Schiffsdesign 138, 142
Schlacht
Schlacht von Marathon 22
Schlachten
Schlacht bei den Thermopylen
23
Schlacht bei Salamis 23
Schlacht um Midway 156
Schlacht von Marathon 26
Schlacht von Trafalgar 86, 88,
90, 93, 98
Seeschlacht bei Abukir 91, 92,
96

Seeschlacht bei Kap St. Vincent
89, 90
Seeschlacht von Kopenhagen
92
See- und Luftschlacht im Golf
von Leyte 193
Schlüsselentscheidungen 155
Schmerzvermeidung 56
Schwächen 40, 86, 95, 96, 99,
114, 119, 137, 263, 265
Scott, Percy 130
See-Expedition 49
Seefahrtskommando 60
See-Invasion 72
Seekadett 126, 169
Seekontrolle 256
Seekrieger 88
Seekriegsführung 131, 132, 193
Seemacht 25, 26, 51, 104, 106,
108, 109, 110, 111, 112, 113, 115,
118, 133, 146, 256, 277
Seemachtstheoretiker 112
Seeschlacht 23, 93, 107, 114, 118,
149
Seestreitkraft 26, 27
Seeversorgungstechnik 152
Selbstbesessenheit 13
Selbstdisziplin 77, 78, 160, 184
Selbstvertrauen 29, 31, 37, 79,
118, 127, 150, 164, 214, 244,
259
Selbstwahrnehmung 127, 161
Selektionsverfahren 133
Senior Military Assistant 180,
209

Sexismus 196, 203, 205, 245
Shakespeare, William 67, 89, 244
Sieg 14, 23, 31, 33, 34, 36, 38, 92, 93, 98, 117, 149, 193, 268
Signalflaggen 89, 98, 220
Sklaven 32, 67
Sklavenhandel 68
Smith, Leighton W. \»Snuffy\« 147, 245
Sodomie 124
Soft-Power-Kompetenzen 257
Sokrates 197, 271
Sonarsysteme 128
Sondereinheit Special Operations 66
sowjetische Flotte 181, 202
sozioökonomischer Status 140, 179
Spanien 69, 72, 73, 93, 108, 109
spanische Armada 67, 73
Sparta 23, 33
Spruance, Raymond 149, 158, 159, 160, 280
Sri Lanka 59, 60
Staatsbegräbnis 93
Stabschef für Marineoperationen 81, 87, 139, 157, 158, 174, 191, 193, 195, 196, 198, 200, 201, 203, 205, 206, 207, 208, 211, 214, 215, 229, 245, 256
Stadtstaat 16, 25, 26, 27, 50
Steuermann 126, 194, 267
Stockdale, James 105

Stoizismus 56, 57
Straße von Hormus 75
Straße von Malakka 50
strategische Geduld 182
strategisch-visionäres Denken 128
Streitgespräche 124
strenges Regelwerk 171
Stressimmunisierung 55
Stützpunkt 109, 260
Sudan 260
Südchinesisches Meer 44
Südliches Kommando der Vereinigten Staaten (SOUTHCOM) 66, 181, 257
Suezkanal 60, 266
Sullivan, John 172

T

Tabu 215
Taktgefühl 55, 199
Taliban 269
Tansania 260
Tapferkeit 88, 116, 129, 194
Taskforce 247
Tatendrang 120, 132
Teambildung 96, 97
Teamwork 96
Tempel von Delphi 260
Temperament 31, 48, 70, 100, 119, 138, 175, 183
Teneriffa 91
Terrorismus 139, 251
Terrorismusbekämpfung 80, 250
Texasdeutsche 148

PERSONEN- UND SACHREGISTER

Themistokles 16, 50, 236, 268
Thermopylenpass 28
Thinktank 80
Thukydides 24
Tianfei 57
Toleranz 57, 58, 60, 62
Tomahawk-Abschusszentrum 261
Tomb, Paul 173
Torpedos 128, 130, 131, 133, 138
Treuepflicht 212
Turner, Kelly 158
turning a blind eye 92

U

Überwasserseekrieg 244, 246,
  252
Überzeugung 27, 36, 38, 95,
  104, 116, 138, 153, 179, 180,
  191, 194, 199, 213
Überzeugungskraft 27, 211
U-Boot 15, 117, 131, 132, 133, 134,
  151, 152, 153, 154, 170, 172, 173,
  175, 178, 180, 184, 185, 209,
  220, 260
U-Boot-Abwehr 117
Unabhängigkeitsgeist 90
Unbeirrbarkeit 183, 268
Ungeduld 12, 71, 171, 182, 184,
  185
Ungleichheit 264
US Marines 24, 256
US Naval Institute 104, 105, 152
US Navy 11, 16, 22, 24, 26, 80,
  81, 104, 106, 111, 112, 114, 116,

117, 118, 119, 139, 146, 147,
  148, 149, 152, 156, 157, 158,
  161, 163, 165, 168, 169, 171,
  172, 178, 179, 191, 193, 194,
  195, 199, 201, 223, 230, 262,
  278, 280
US Navy SEALs 24, 81, 252

V

Verantwortung 54, 55, 90, 133,
  139, 151, 154, 156, 160, 171, 173,
  175, 193, 194, 195, 215, 246,
  248, 255
Verdienstmedaillen 171
Vereinigte Generalstabschefs
  229, 232, 249
Vereinigte Staaten 18, 22, 33, 44,
  45, 48, 53, 58, 66, 81, 107,
  108, 109, 110, 111, 112, 113, 115,
  120, 155, 169, 171, 177, 179,
  181, 205, 207, 210, 212, 222,
  223, 226, 251, 255, 262, 263
Vereinte Nationen 157
Verne, Jules 172
Versagensängste 39, 185
Verteidigungsminister 177, 180,
  181, 209, 212, 233, 257, 263,
  266
Vielfalt der Glaubensrichtungen
  57
Vielfalt des Lebens 57
Vietnam 46, 198, 199, 200, 201,
  207, 212

PERSONEN- UND SACHREGISTER

Vision 16, 25, 26, 27, 34, 35,
36, 117, 120, 152, 172, 181, 182,
183, 185, 235, 236, 257, 268,
271
Visionär 115, 116, 119, 120, 182,
208
visionäre Kraft 34
Visionäres Denken 120, 235
Visionskraft 26, 182
Vitalität 142, 201
Volksbefreiungsarmee 45
von Aquin, Thomas 112
von Bismarck, Otto 128

W

Waffengattung 128
Wagnisse 39, 218
Wahlrecht 25
Wallace, David Foster 58, 263
Warner, John 168
Washington, George 108
Weinberger, Caspar \»Cap\« 177
Weißes Haus 175, 176, 177, 241,
249, 251
Weitsicht 35
Weltmeere 11, 48, 67, 69, 115,
119, 220, 269
Weltraum 236
Weltumsegelung 70, 71, 78, 277
Wertschätzung 57, 110, 136, 147,
179, 231, 234, 263
Westafrika 68, 132
Widerstandsfähigkeit 17, 55, 62,
240, 249, 253

Widerstandskraft 55, 56, 57, 245,
248, 253, 254, 262
Wiederaufstieg 154
Wilde, Oscar 34
Wilder Westen 68
Wilhelm II., Kaiser 113
Wilhelm I., Kaiser 128
Wille 37, 69, 110, 154
Wilson, Woodrow 175
Wirtschaft 34
Wissbegier 142, 222
Wooden, John 15
Wozniak, Steve 228
Würdenträger 192

X

Xerxes I., Kaiser 28

Y

Yongle-Kaiser 47, 49
Yuan-Dynastie 46
Yunnan-Kampagne 46

Z

Zeithorizont 181
Z-Grams 203, 205, 206, 214
Zhu Di, Prinz 46
Zielstrebigkeit 173
Zinni, Tony 260
Zorn 74, 169, 183, 184, 185, 233
Zukunftsfähigkeit 128

PERSONEN- UND SACHREGISTER

Zumwalt, Elmo 116, 174, 180,
229, 245, 246, 255
Zumwalt, Elmo III. 192, 195,
199, 207
Zumwalt, Elmo IV. 207

Zuyi, Chen 51
Zwei-Sterne-Leutnant 151
Zweiter Seelord 133
Zweites Vatikanisches Konzil 203

Über den Autor

James G. Stavridis war Admiral der US Navy und militärstrategischer Oberbefehlshaber des Bündnisses für Operationen der NATO. Er lebte als Kind einige Jahre in Deutschland.

Er studierte an der Fletcher School of Law and Diplomacy, an der er auch mehr als fünf Jahre als Dekan tätig war. Laut der New York Times war er im Stab der Präsidentschaftskandidatin Hillary Clinton als Vizepräsident im Gespräch.

Der Kompass für das Leben

Kazuo Inamori

Wir leben in einem Zeitalter der Angst, der Verwirrung und fehlender Tugenden. Es scheint, als hätten wir den inneren Kompass, der uns den Weg zur persönlichen Erfüllung leitet, verloren. Stattdessen irren wir durch das Leben, ohne die Antwort auf die Frage nach dem Zweck des Lebens zu kennen.

Kazuo Inamori gibt Ihnen in seinem mehr als 5 Millionen Mal verkauften Bestseller eine konstruktive Lebensphilosophie an die Hand. Das von ihm entwickelte System von Glaubens- und Grundsätzen hilft Ihnen dabei, die richtige Richtung in Ihrem Leben und schließlich den Weg zum Erfolg zu finden. Der Gründer zweier international erfolgreicher Unternehmen beschränkt die Prinzipien dabei nicht nur auf das Privatleben, sondern führt auch Leitlinien für den beruflichen Erfolg an.

208 Seiten | Softcover | 16,99 € (D) | 17,50 € (A) | ISBN 978-3-95972-292-6

Das kleine Handbuch des Stoizismus

Jonas Salzgeber

Die stoische Philosophie war schon in der Antike eine der erfolgreichsten lebensphilosophischen Schulen. Um 300 vor Christus von Zenon von Kition gegründet und von großen Denkern wie Seneca, Marc Aurel und Epiktet vertreten, ist sie bis heute unschlagbar in ihrer stringenten Art, Gelassenheit und Gleichmut gegenüber den Untiefen des Lebens zu vermitteln. Das kleine Handbuch des Stoizismus stellt die wesentlichen Lehrsätze der maßgeblichen Philosophen vor und gibt einen Einblick in den historischen Hintergrund. Der Autor Jonas Salzgeber zeigt, wie sich diese Grundsätze auf das eigene Leben übertragen lassen, um Kraft, Selbstvertrauen und innere Balance zu erlangen.

304 Seiten | Softcover | 16,99 € (D) | ISBN 978-3-95972-270-4

Haben Sie Interesse an unseren Büchern?

Zum Beispiel als Geschenk für Ihre Kundenbindungsprojekte?

Dann fordern Sie unsere attraktiven Sonderkonditionen an.

Weitere Informationen erhalten Sie bei unserem Vertriebsteam unter **+49 89 651285-252**

oder schreiben Sie uns per E-Mail an:
vertrieb@m-vg.de